DES

CORPORATIONS MONASTIQUES

AU SEIN DU PROTESTANTISME.

IMPRIMERIE DE CH. MEYRUEIS ET COMP., ÉDITEURS
Paris. — Rue Saint-Benoît, 7.

DES

CORPORATIONS MONASTIQUES

AU SEIN DU PROTESTANTISME

PAR

L'Auteur du MARIAGE AU POINT DE VUE CHRÉTIEN

TOME I

PARIS

LIBRAIRIE DE CH. MEYRUEIS ET Ce, EDITEURS,

RUE TRONCHET, 2.

1854

INTRODUCTION.

Ce n'est point mon goût qui me ramène au combat; c'est ma conscience et c'est la nécessité.

Plus qu'un autre j'ai l'intelligence paresseuse; volontiers j'aurais l'âme indifférente; les questions me font peur, la discussion m'est antipathique; je sais le charme du repos, je connais les ineffables douceurs de la vie chrétienne alors qu'elle marche à petits pas, sans bruit, au milieu d'œuvres toutes modestes, toutes incontestées; et je connais aussi pour y avoir trempé mes lèvres d'autres coupes amères, celles dont on dit, les voyant s'approcher portées par une irrésistible main : S'il est possible, qu'elles passent loin de moi!

Mais cela n'est pas possible. — Non, quelque chèrement qu'un chrétien aime ses aises, quelque bonheur qu'il trouve à rencontrer chez ses frères cette sorte de bienveillance banale tout acquise aux gens qui ne remuent jamais les idées; quelque tentation qu'il ait, voyant une vérité méconnue, de la laisser là, se tirer d'affaire comme elle pourra ; quelque envie qu'il sente, voyant un mensonge en faveur, de s'écarter un peu pour lui faire le chemin libre; il vient un moment où il faut que le chrétien se décide ; il vient un temps où la vérité dit à l'homme : Celui qui n'est pas avec moi est contre moi. Cet instant, pour tous, âmes pacifiques, cœurs timides ou caractères forts, cet instant est l'instant des résolutions suprêmes, des actes de foi, et faut-il le dire, des déchirements.

Je crois qu'on me comprend. On pourra trouver que j'entends mal mon devoir; nul ne se donnera la licence de penser, j'en ai la confiance, que le devoir ici est un prétexte, tandis que le vrai mobile serait je ne sais quel inqualifiable besoin de guerroyer. Toute conscience est respectable, bien plus la conscience qui traîne son esclave au travers des épines de la contradiction.

La nécessité m'oblige, ai-je dit. Oui ; les institutions que je combats prennent une extension immense; leurs fondateurs se leurrent eux-mêmes et trompent involontairement le public par d'apparentes concessions faites à l'esprit évangélique qui les condamne; enfin, d'année en année, les rapports des diverses congrégations constatent les victoires gratuitement supposées du principe monastique sur les répugnances des masses, sur l'opposition raisonnée d'Eglises très vivantes et très fidèles aux Ecritures.

Ces trois faits : les progrès de l'œuvre, les semblants de réforme qu'elle s'impose, les succès qu'elle pense avoir remportés sur l'opinion qui lui est contraire, ces trois faits ont une gravité telle, qu'en leur présence, se taire lorsqu'on croit avoir pour soi, et la Bible, et la raison ; ce serait une lâcheté.

L'œuvre se développe partout, elle couvre de ses rameaux les pays où la critique évangélique ne s'exerçant pas contre elle, personne ne s'est demandé : « Ce que nous faisons est-il conforme, oui ou non, à ce que veut l'Ecriture? » Là, en Allemagne, par exemple, où la lettre de la Bible, où les modèles apostoliques sont tombés dans un discrédit étrange, chaque année voit les maisons de sœurs s'implanter dans de nouvelles provinces et les sœurs elles-mêmes s'emparer de fonctions qu'accomplissaient, que remplissent à la gloire de leur Maître des institutrices, des garde-malade, des femmes dévouées, ou encore de simples chrétiennes, diaconesses à la façon de Phœbé.

Dans les contrées où la lutte s'est déclarée, les progrès sont moins rapides, mais l'entraînement des fondateurs et des partisans de l'institution a cette ardeur un peu fiévreuse que donne la contestation et qui nous rend plus âpre au triomphe.

Partout l'erreur que je combats agit d'après un mode redoutable, le mode qu'affectionnent les idées qui n'ont pas la Bible pour fondement : l'action et le silence. On parle peu, on discute rarement ; si on répond aux attaques, c'est en affirmant qu'on ne les mérite point ; on ne prouve rien ; de l'Evangile, seul juge en cette affaire, on ne dit pas un mot ; on déclare que les préventions sont tombées, on signale une adhésion générale qui n'existe pas, on s'adresse aux Eglises évangéliques comme si les Eglises évangéliques avaient adopté l'institution dont on veut les doter malgré elles ; et puis l'on bâtit des maisons, on met des sœurs à la tête des asiles, des hospices, des écoles, des refuges, on s'écrie : « Voyez ! il en faut partout, elles font du bien partout, il y en a partout ! » Les gens faibles, les gens qui raisonnent peu, les gens encore qui ont un parti pris de ne jamais regarder au delà du commode et de l'heure présente trouvent que tout va bien, et sans qu'il y paraisse, avec nous, sans nous, contre nous, l'institution s'avance, elle pénètre jusqu'aux moindres fibres du protestantisme, et quand vous voudrez l'arracher il se trouvera que c'est elle qui vous maîtrise

Rarement une erreur se présente sous la forme de principe. Le loup montrait patte blanche ; pensez-vous qu'à l'exhibition de sa double mâchoire, les biquets lui eussent ouvert la porte du logis? L'erreur ne commet pas cette imprudence de se résumer en une thèse ; celui qui la lance dans le monde sait la puissance des faits accomplis : des faits donc, encore des faits ! le fait éblouit les ignorants, domine les paresseux, assouplit les revêches; des faits partout, et le fait une fois seigneur et maître, il appelle la théorie, il appelle le principe : principe faux, théorie pernicieuse, peu importe, car grâce au fait accompli il n'y a plus dans la place que des aveugles ou des esclaves.

Après l'extension de l'œuvre, j'ai signalé les concessions apparentes. Celles-ci sont perfides, non dans l'intention des fondateurs, mais dans la réalité. Elles semblent céder quelque chose à la vérité, elles ne lui abandonnent que de la fumée. Les amis de l'institution qui croient avoir fait un pas du côté de la Bible tandis qu'ils n'ont pas bougé se disent : Nous marchons, nous dépouillons notre fondation de ce qu'elle avait de suspect, nous voilà sur le bon terrain, bientôt nous serons en règle avec toute l'Ecriture et d'accord avec tous les chrétiens. Le public, celui-là très nombreux qui aime à croire sur parole s'écrie : Ceci est excellent; voici une modification qui ne laisse plus rien à désirer, plus rien à reprendre; enfin la question est résolue, le débat vidé, l'affaire en règle, nous pouvons avoir des sœurs, nous pouvons les soutenir, il n'y a plus à examiner, plus à douter, c'est fini!... et partout on entend un soupir d'aise.

Cette satisfaction m'épouvante; c'est de l'étourdissement, ce n'est pas de la conviction. J'aime mieux les conquêtes à ciel ouvert que la sape et que la mine; celle-ci perdra ceux qui la creusent très innocemment comme ceux qui la sentent sourdement avancer sous leurs pas : elle veut être éventée.

Enfin les fondateurs des congrégations monastiques se flattent, ai-je dit, d'avoir étouffé la contradiction.

En cela ils se trompent, et comme cette illusion est funeste, je dois la détruire.

Dans notre temps, le triomphe est un grand conquérant; déclarez que vous êtes vainqueur, faites sonner devant vous les fanfares, tous les genoux ploieront.

Non, les préventions ne sont pas tombées; elles restent debout parce qu'elles relèvent d'un principe impérissable : l'obéissance exacte à ce qui est écrit. — Ces préventions se manifestent de plusieurs manières. Ici ce sont des protestations discrètes mais persévérantes, là c'est une insurmontable difficulté à trouver, au milieu de troupeaux très dévoués, de nouvelles sœurs ; ailleurs, partout où vit le respect de la Parole, ce sont des Eglises qui se prononcent contre les diaconesses conventuelles en nommant des diaconesses bibliques, choisies dans leur sein, parmi des femmes de toutes conditions, que n'assujettit aucune règle humaine, que leur vocation n'arrache à l'exercice d'aucun de leurs devoirs naturels. J'effleure en passant des points sur lesquels je reviendrai dans le cours de cet ouvrage, je les signale et je dis, m'appuyant sur les faits : Vous n'avez pas vaincu, Dieu en soit loué ; notre noble forteresse protestante ne s'est pas rendue, notre rocher n'a pas croulé ; je ne suis pas seul, nous sommes beaucoup, pleins d'amour pour vous, pénétrés de respect pour vos intentions, mais résolus jusqu'à la mort à combattre vos institutions monastiques.

La question est difficile ; je serai sincère tout à fait et je dirai qu'elle est pleine de fiel. Non qu'il y ait en elle rien d'obscur ; elle se présente nettement à tout esprit impartial, elle est vite résolue pour quiconque examine avant d'avoir pris parti. Mais elle s'est posée dans le monde sous forme de fait avant de s'être présentée sous forme de principe ; mais elle n'a pas permis qu'on la discutât en qualité d'idée avant de s'appliquer aux œuvres chrétiennes protestantes. Les esprits qui, réveillés un peu tard de leur timide somnolence, ont voulu l'étudier au point de vue biblique, au lieu de se trouver en face d'une pensée modeste, soumise d'avance aux investigations des chrétiens et toute prête à se retirer dès qu'il se manifestait à son sujet une opposition fondée sur la Bible ; ces esprits-là se sont trouvés en face d'une institution armée de toutes pièces, passée à l'état de vérité acquise, entourée de l'enthousiasme de ses fondateurs. Nous étions en droit d'attendre de communes recherches du vrai, nous étions en droit de provoquer le rejet absolu d'un élément étranger à la Révélation, suspect à beaucoup de chrétiens, odieux aux âmes jalouses de la conformité des œuvres évangéliques avec l'Evangile; nous avons rencontré l'indignation; nous nous sommes heurté contre un refus péremptoire, absolu de ramener l'institution au modèle apostolique.

Oui, on vous pardonnera d'exprimer des doutes, plus que cela, de l'incrédulité à l'égard de la Révélation ; vous pourrez fort bien, sans qu'un sourcil se fronce, laisser dans la pratique et dans l'esprit tel ordre ou telle défense de Dieu qui vous gêne. Ne vous avisez pas de mettre en suspicion l'excellence de nos institutions monastiques, n'ayez pas cette hardiesse de les étudier au plein jour des Ecritures, ne soyez pas ennemi de vous-même à ce point de les déclarer mauvaises ; cela, c'est un péché : aux yeux des amis de l'œuvre, c'est presque la faute irrémissible.

Une telle aberration ne vient pas seulement de la tactique ingénieuse qui soustrait le principe au tribunal de l'opinion pour l'appliquer partout; elle vient de cette puissance d'enivrement qui n'appartient guère qu'aux idées fausses. Le vrai n'a point ces charmes, il ne parle point cet entraînant langage, il ne répond pas si bien aux besoins d'un cœur qui a cessé d'être droit et dont les plus nobles aspirations sont trompeuses bien que sincères; le vrai n'aura ni ces boursouflures, ni cet éclat un peu théâtral, ni cette régularité mathématique; le vrai est sobre, il est très simple, il a des ombres comme il a des clartés; s'il a des hauteurs inaccessibles il a des plaines presque monotones; surtout il est imprévu, désordonné par moments; on ne l'enfermera jamais dans un cadre; jamais un bois de chêne couvrant les clairières de sa verte ramée, abritant les daims sous ses retraites ombreuses, cachant les nids dans ses dômes feuillés, jamais le verger venant à la grâce de Dieu, avec ses pommiers aux troncs tordus, avec ses cerisiers dont les branches basses trempent dans le sainfoin des prés, jamais cette nature agreste n'offrira l'aspect noblement régulier d'une charmille taillée en labyrinthe: les chênes, les pommiers, c'est le vrai; la charmille mutilée au cordeau, c'est le faux; et le monde entier de nos aïeux détournait avec dédain ses pas de la forêt ou du verger pour les aller promener dans ces belles allées dont pas une feuille insolente n'osait altérer la pompeuse symétrie.

Une femme chrétienne qui soigne les pauvres de son village en même temps qu'elle soigne sa famille; une jeune fille qui instruit les enfants de la salle d'asile ou de l'école et qui le soir retourne chez sa mère, une demoiselle, une dame qui dirige une maison de refuge, cela ne nous dit rien; quand on nous demande quelques secours pour ces œuvres-là, nous les donnons avec indifférence; cela, ce n'est après tout que l'Evangile mis en pratique; mais une grande maison où vivent soumises à une règle commune vingt à trente femmes en costume, qu'on appelle dévotement *ma sœur;* qui obéissent toutes, fussent-elles aux extrémités du royaume, à la même autorité directrice; qui sont célibataires; qui ont renoncé à ce salaire dont saint Paul constatait la légitimité; oh! voici qui nous émeut, voilà l'œuvre des œuvres; notre cœur, nos efforts, notre confiance, tout, tout à ces institutions-là, et malheur à qui les regarde d'un autre œil.

Le mot de cette irritabilité singulière est encore ailleurs. Je le trouve dans l'un des caractères de l'esprit monastique, et ce caractère le voici: faire de la cause de l'œuvre la cause de Dieu.

Expliquons-nous. Prenez les ordres monastiques de tous les temps, de tous les pays, et vous les verrez unanimes sur ce point: qu'eux et la sainteté de Dieu, c'est une seule, c'est une même chose. Ils se campent d'emblée, par le fait unique de leur existence, dans l'unité avec Dieu. Eux et les intérêts de Dieu, eux et l'avancement de la foi, eux et le service du Seigneur Jésus, c'est tout un. De là il arrive que tous les fondateurs d'ordres religieux, souvent très humbles pour leur propre compte, se sont regardés néanmoins comme la main de l'Eternel. De là vient que tous les amis des institutions monastiques ont regardé ces établissements comme des temples à l'Eternel et ce qu'ils faisaient en faveur des congrégations comme autant d'œuvres pies. De là résulte l'horreur qu'ont dans tous les siècles inspirée aux zélateurs de l'organisation conventuelle les hommes qui l'ont critiquée au nom de l'Evangile, combattue en vertu des droits de leur conscience. Là, à cette intarissable source de méprises, les simples fidèles, spectateurs indécis de la lutte, puisent une sorte de respect superstitueux pour les institutions monastiques, une sorte d'effroi lorsqu'on les soumet à l'examen, une répugnance invincible à prendre nettement parti.

Ce joug est terrible, il pèse même sur ceux qui l'ont brisé. Nous n'en sommes pas à l'abri, nous qui avons la Bible pour nous et qui, parce que nous l'avons, cherchons à saper votre édifice humain. Il y a des moments où la tradition, refluant vers notre cœur, est tout près d'y étouffer la révélation de Dieu; elle ne nous tue pas, mais elle nous déchire. Elle en a meurtri bien d'autres. Savez-vous ce qui tourmentait Clément XIV alors qu'empoisonné par les jésuites, huit mois après avoir signé le bref *Dominus ac Redemptor* qui supprimait leur ordre, il achevait sa vie dans des angoisses terribles? Etait-ce le voisinage de la mort, était-ce cette sinistre pensée du poison? Non. C'est que Clément XIV se croyait damné. Il ne se croyait pas damné pour avoir péché contre Dieu, il se croyait damné pour avoir anéanti la société *sacro-sainte*; pour cela seulement. Cette idée infernale, qui était assez puissante pour le torturer, ne le fut jamais assez pour lui faire rétracter son bref. Dernière victoire de la conscience sur les tyrannies de la tradition! Mais l'homme mourait; et s'il mourait invariable dans sa résolution, il mourait désespéré dans son âme.

Certes, les fondateurs de nos ordres religieux ne sont pas des jésuites, et pourtant ils font ce qu'ont fait leurs devanciers, ce que feront leurs successeurs : ils confondent absolument la gloire de Dieu avec la prospérité de leurs établissements. Pour eux la vocation de sœur c'est le service de Dieu; favoriser les progrès de l'œuvre c'est amener le règne de Dieu; s'y opposer c'est lutter contre Dieu! Et nous sommes sous cette influence, et lorsqu'en 1850 s'ouvrit le débat, tandis que les partisans des congrégations monastiques criaient au blasphème, le public religieux, pris à la gorge par la question, asservi par le fait avant d'avoir pu étudier le principe, se demandait si toucher aux congrégations de sœurs, ce n'était point toucher à l'arche sainte? l'auteur lui-même, épouvanté par moments, s'interrogeait pour savoir s'il n'était pas sacrilége? La sainteté immaculée de l'institution risquait de passer à l'état de fait acquis, sans examen, de plein saut, comme naguère l'idée.

Nous n'en sommes plus là, nous n'en sommes pas loin, et si un impardonnable silence laissait le champ libre à l'esprit monastique, nous nous courberions tous devant l'idole sacrée.

Qu'on ne me croie pas un plus grand courage que je ne l'ai. Je ne suis pas stoïque. Ce n'est pas avec un cœur tranquille par froideur, ce n'est pas avec une âme forte par fierté que je reprends le débat. Je vais paraître odieux à mes adversaires, je vais être fatiguant à mes amis; je ne m'y résigne point sans douleur. Je sais ce que je possédais, et je sais ce que j'ai perdu.

Plaire, n'est-ce pas la grande séduction? et plus lumineuses sont les affections, plus triste n'en est-elle pas l'éclipse!

Doux courants sympathiques, unité d'idées, préventions aimables, aromes charmants qui parfument les régions où s'épanouit l'affection chrétienne, nul ne vous a mieux aimés que moi ; pourtant, si je vous sacrifie mes convictions, je deviens indigne de vous. Pour vous posséder dans l'éternité, il faut vous perdre dans le temps. Je m'y résigne, je vous dis adieu, mais c'est en vous pleurant.

Hélas! je suis fort accoutumé à déplaire, je n'en suis pas consolé. Je ne m'y habituerai point; toutefois, encore moins m'habituerai-je à plaire au détriment de ma foi.

Il y a des choses qui doivent être dites et qui le seront, dût-on se boucher les oreilles pour ne les entendre pas.

Non, il n'arrivera point qu'en plein dix-neuvième siècle, au milieu du réveil des Eglises protestantes, une reculade effrayante s'opère vers le catholicisme romain sans que du sein de ces mêmes Eglises partent d'énergiques protestations. Si nos enfants doivent assister au triomphe d'une telle erreur, il faut qu'à côté ils voient l'invincible résistance des esclaves de la vérité. Ce n'est pas pour rien que sur la route de plus en plus ténébreuse de la chrétienté aux premiers siècles, Dieu plaçait des Vigilance pour lui servir de témoins d'âge en âge. S'ils n'ont rien empêché, ils ont constaté que la vérité n'était pas morte.

Il existe un prétendu bon ton, je le sais, qui consiste à ne prendre feu ni pour ni contre, surtout à ne point prendre feu du tout. Ce bon ton-là veut qu'on laisse dormir les questions, qu'on ne se mêle point aux querelles, qu'on les regarde, s'il faut les regarder, du haut d'un orgueilleux *peut-être!* Le fond de cette élégance de l'esprit, c'est un scepticisme universel. Il y en a plus qu'on ne croit dans le christianisme tant soit peu raffiné de nos jours. Je ne le possède pas, et je ne regrette point de ne pas l'avoir. Bien plus, ce que je crois, je le voudrais croire mille fois davantage. Je ne me soucie point de faire du bon goût au mépris de ma conscience ; nous ne sommes pas ici-bas pour nous promener sous les oliviers de l'Académie, rivalisant de bien dire et jouissant d'autant mieux des murmures du Céphise qu'au loin grondent les orages de la tribune athénienne ; nous sommes ici pour nous décider et pour agir conséquemment à notre décision.

— D'accord me dit-on, mais pour une petite divergence d'idées, pour une tache légère qui dépare les institutions modernes, irez-vous mettre nos Eglises en combustion ?

Nous n'avons qu'un mot à répondre : Vous parlez d'une divergence ; cette divergence est pour nous l'abîme qui sépare le vrai du faux. Vous parlez d'une tache, cette tache est pour nous la désobéissance la plus formelle à la Parole de Dieu. Vous parlez d'un mal léger compensé par les bienfaits de l'institution ; ce mal est pour nous immense, irréparable, c'est le poison de Rome infusé dans nos veines. — Dès lors je pense que vous nous comprenez.

— Eh bien, oui, mais n'y a-t-il pas assez d'ennemis à combattre au dehors, sans tourner votre plume contre le cœur de vos frères ?

Encore ici, nous sommes aux antipodes. Pour nous, il y a quelque chose de beaucoup plus redoutable que l'ennemi qui est aux portes de la ville ; c'est l'ennemi qui est dans la ville. Il y a quelque chose de beaucoup plus affligeant que les erreurs qui perdent le monde, ce sont les erreurs qui égarent les chrétiens. Il y a quelque chose de beaucoup plus révoltant que les prédications de Satan par la bouche de ses anges, ce sont les prédications de Satan par la bouche des serviteurs de Dieu. Vous avez vu Paul devant Pierre qui judaïsait. Il y avait alors de communs adversaires à combattre ; le devoir de marcher contre eux ne détourna pas saint Paul du devoir d'arracher le formalisme par peur, du sein de l'Eglise naissante. Paul pensa qu'une mouche gâtée corrompt le parfum ; il pensa que ce qui importe avant tout, c'est que les colonnes de la vérité soutiennent la vérité ; il pensa que des chrétiens servant un mensonge c'est un fait monstrueux, capable de ramener les ténèbres sur la terre ; il le pensa, et se tournant vers Pierre, il le reprit en face.

Depuis ce temps-là, le devoir du chrétien n'a pas changé.

Les lettres adressées en 1850 au rédacteur de l'*Avenir* traitaient surtout des principes engagés dans la question. Le travail que je publie aujourd'hui est une étude plus spéciale des faits. Je m'attacherai à l'application, sans m'interdire de revenir fréquemment à l'idée. L'Allemagne, l'Angleterre, la Suisse, la France formeront successivement l'objet de cet examen. Chemin faisant et selon que l'exigera mon sujet, je remonterai de la région pratique à la région philosophique, je relierai les conséquences au principe. Dans un chapitre spécial, je constaterai les caractères de l'œuvre monastique au sein des Eglises protestantes; puis je m'adresserai successivement aux fondateurs de nos établissements conventuels, aux sœurs qui les desservent, au public qui les soutient ou qui laisse faire, et je me résumerai dans la conclusion en disant ce que je demande, ce que tous, nous chrétiens de l'obéissance littérale, nous demandons au nom de la révélation de Dieu.

Ce travail, résultat de quatre années de réflexions, de la lecture assidue des Rapports, de l'examen attentif de l'œuvre dans les diverses parties de sa marche, ce travail n'est ni pensé ni exécuté à la légère. Le plan comme les détails, tout en a été élaboré avec soin. L'auteur n'a pas coutume de faire autrement lorsqu'il présente ses pensées au public. Il y aura des chapitres longs et il y en aura de courts, il y aura forcément des retours vers les mêmes pensées amenés par l'analogie des sujets. Il me semble que l'importance de la question veut qu'on supporte ces inconvénients.

L'auteur prie humblement les lecteurs de vouloir bien suivre l'ordonnance de ses idées à lui, au lieu de s'attacher au plan mieux combiné sans doute de leurs idées à eux. *Désordre* est bien vite dit lorsqu'il s'agit de l'ouvrage d'un autre. L'auteur en sait quelque chose; il le sait, et s'étant demandé plus d'une fois d'où venait qu'un dessin très net à ses yeux, dont toutes les lignes avaient été arrêtées d'avance, n'apparaissait à quelques-uns de ses lecteurs que sous la forme d'un amalgame assez incohérent, il a pensé qu'il lui arrivait ce qui arrive tous les jours à beaucoup d'autres, meilleurs écrivains que lui; c'est que les lecteurs en question, arrivant devant le livre avec leur ordre de bataille tout fait, sentant à rencontrer d'autres dispositions quelque surprise, s'attachent mal à comprendre l'intention de l'auteur et ne pardonnent que difficilement au livre d'avoir été conçu sur un plan différent du leur.

Au moment d'entrer dans le débat, je déclare ici

qu'adversaire déclaré des institutions monastiques dans le protestantisme, je ne le suis à aucun titre ni de leurs fondateurs ni de leurs partisans. Les uns et les autres pourront m'en vouloir beaucoup, ils me permettront bien de leur dire que je reconnais pleinement l'intégrité de leurs intentions, que je les respecte tous comme chrétiens, sans compter ceux que je distingue comme frères plus particulièrement aimés. Ils pourront affecter de faire cause commune avec leur œuvre, de confondre leurs personnes avec leurs congrégations, je les en sépare absolument. La liberté de discuter, de condamner quand il le faut les idées, n'est qu'à la condition de sauvegarder les sentiments avec les personnes. De grand cœur je m'humilie devant ceux que je vais contredire. Si la sanctification décidait les questions, ils auraient vite gagné celle-ci contre moi. Si je tiens haut ma bannière, je ne m'en considère pas moins comme un chétif soldat. Surtout je désire constamment être animé de charité. Il est très facile, aux ardents plus qu'à d'autres, de blesser l'homme tout en visant l'idée, quand l'homme tient l'idée pressée sur son cœur. Il est très facile de passer de la haine d'une erreur à l'aigreur contre qui la favorise. Dieu me garde d'un péché dans lequel je tomberais certainement sans son secours. Grégoire le Grand, avec qui je n'ai pas trop coutume de m'entendre, tenait à ce sujet un discours que je voudrais graver en mon âme[1] : « L'homme est l'ouvrage de Dieu, mais le péché est celui de l'homme. Il ne faut pas confondre

[1] Epître à Euloge, évêque d'Alexandrie.

ces deux ouvrages : au contraire, il faut bien discerner ce que Dieu a fait et ce que l'homme a fait : et comme il faut bien prendre garde de ne pas haïr l'homme à cause de son péché, il ne faut pas aussi aimer le péché à cause de l'homme. »

Point de faiblesse pour le mal par amour du chrétien, point d'irritation contre le chrétien par horreur du mal ; voilà, c'est là, mon Dieu, ce que j'implore de toi.

Et maintenant, en avant. En avant au travers des angoisses de la pensée, au travers des souffrances de la désapprobation. En avant, jusqu'à l'heure où ma nef querellée par les flots, entrera dans les eaux de l'éternelle vérité.

PREMIÈRE PARTIE.

FAITS.

CHAPITRE I.

L'ALLEMAGNE.

KAISERSWERTH.

Je m'occuperai dans ce chapitre de Kaiserswerth, de Duisburg et du Rauhe Haus.

Kaiserswerth, la première des institutions de sœurs, la plus importante, celle d'où sortent à l'heure qu'il est les maisons mères qui couvrent les pays protestants de l'Allemagne sans compter la Hollande et la Suède ; Kaiserswerth qui introduit ses congrégations en Amérique, qui les inocule à l'Orient, Kaiserswerth veut une étude particulière.

Duisburg, le séminaire des frères fondé par le directeur de Kaiserswerth, étroitement relié par l'esprit à l'institution des sœurs, soumis à une règle où se montre avec plus de naïveté peut-être l'élément monastique, mérite une attention non moins spéciale.

Le Rauhe Haus, pépinière d'ouvriers offerts à la mission intérieure et création de M. Vichern, se distingue profondément par certains endroits, se rapproche par quelques points des deux autres établissements, et en conséquence demande, lui aussi, un examen sérieux.

Il m'eût été facile, résumant mes observations, de les classer dans un ordre tout intellectuel : les faits alors n'auraient figuré qu'au second plan et selon les exigences de l'idée. Mais ce livre n'aurait plus été qu'une thèse, tandis qu'avant tout je veux qu'il soit un tableau.

Il ne s'agit pas ici de surprendre l'opinion des chrétiens, il s'agit de les mettre en mesure de se décider.

Je prends donc les rapports écrits par les fondateurs de Kaiserswerth, de Duisburg et du Rauhe Haus; je les prends d'un peu loin, faisant à mesure les réflexions que me suggère la marche de l'œuvre, suivant sans interruption les comptes rendus pour Kaiserswerth, les analysant d'une façon plus sommaire pour Duisburg et pour le Rauhe Haus.

De la sorte le lecteur verra de ses yeux et jugera par lui-même.

Avant tout, donnons un extrait des statuts de Kaiserswerth.

On y remarquera les trois grands principes monastiques qui se trouvent à la base des congrégations de l'Allemagne, de l'Angleterre, de la Suisse et de la France : le célibat, l'obéissance conventuelle, le renoncement au salaire.

Article V[1]. — On ne reçoit à la vocation de sœur que des *filles* et des *veuves*[2] ayant plus de dix-huit ans et moins de quarante. — Voilà pour le célibat.

Article VI. — Le temps d'épreuve une fois écoulé, les diaconesses reçues s'engagent pour cinq ans. Les mineures pour un an, avec renouvellement annuel. Les unes et les autres servent dans l'établissement ou au dehors, *soumises aux décisions du conseil*. Elles ne peuvent quitter l'institution avant la fin de leur engagement, à moins de motifs très graves, *reconnus tels par la direction*. — La prolongation du temps de service,

[1] Onzième rapport de Kaiserswerth.

[2] C'est l'auteur qui souligne à peu près partout. La traduction est toujours libre bien que toujours exacte.

les dispositions qui en résultent se règlent avec la direction au moyen de conventions particulières. — Voilà, et pour le célibat encore dans ses conditions les plus nettes, et pour l'obéissance conventuelle sous sa forme la plus incisive.

Ces documents se complètent par l'*article VII*, qui, revenant sur l'article VI, répète que les diaconesses sont engagées pour cinq ans, ou *pour un temps prolongé* en vertu de contrats spéciaux; qu'elles sont employées à divers travaux, dans divers pays; que la direction arrête les conditions de leur position auprès des particuliers ou dans les établissements qui les réclament, et que les sœurs envoyées hors de la maison mère, restent assujetties à l'autorité de la direction. Les mêmes articles sous-entendent la gratuité du service des diaconesses établie partout dans les rapports, et leur assurent en échange l'entretien leur vie durant. — Voilà pour le renoncement au salaire.

J'ai laissé de côté l'article Ier qui essaye d'assimiler les sœurs aux diaconesses évangéliques, point sur lequel je vais revenir avec M. Fliedner, et je termine en signalant l'*article X*, qui nous donne la composition du conseil de direction. On y voit des hommes respectables, entre autres les présidents, les assesseurs des deux synodes du Rhin et de la Westphalie; mais ici, comme dans les institutions pareilles, le conseil dirige de haut, tandis que l'autorité pratique, quotidienne, celle qui prend vraiment possession de la vie et des facultés de la sœur, est exercée par un supérieur ou par une supérieure. A Kaiserswerth la supérieure n'a pas été établie dès le début, son entrée signale un des progrès de l'œuvre dans sa voie; nous la marquerons à son heure.

Maintenant, et tandis que nous sommes encore aux abords de la place, il me semble à propos de laisser

M. Fliedner lui-même nous dire ce qu'est une sœur à ses yeux. Les rapports de Kaiserswerth nous le révèleront sans doute, mais je trouve sa pensée plus ingénument exprimée dans une brochure publiée naguère[1] Pour bien comprendre le caractère de l'institution, il faut se placer au point de vue du fondateur.

Dans le discours prononcé le 8 juillet 1844 pour la consécration de sept diaconesses, M. Fliedner, que les textes de l'Evangile et que l'exemple des Eglises apostoliques inquiètent à son insu, s'efforce de confondre les sœurs de Kaiserswerth avec les diaconesses mentionnées par saint Paul. L'usurpation du nom suffit aux esprits passionnés pour unir des idées entièrement différentes : — Semblables aux sept diacres de Jérusalem, s'écrie-t-il, semblables à la diaconesse Phœbé, voici Elisabeth, Sophie, Louise, etc. (sans nom de famille), et il les présente à l'assemblée. — En quoi ces sœurs, vouées à un célibat de cinq années au moins, assujetties a une autorité conventuelle, renonçant au salaire évangélique, ressemblent aux diacres institués par les apôtres et à Phœbé; M. Fliedner serait embarrassé de nous l'apprendre; aussi il ne s'y arrête pas, et confondant, comme le veut la tradition romaine, les veuves de soixante ans assistées dont parle saint Paul dans sa première épître à Timothée, avec les diaconesses, fortes et vaillantes servantes de l'Eglise; mêlant celles-ci avec les diaconesses de Constantinople, alors que cette institution avait dégénéré comme toutes les autres, il fait de ces éléments opposés un ensemble confus duquel il rapproche les sœurs de Kaiserswerth. Voilà une affaire en règle; Phœbé se nommait diaconesse, nous appelons nos sœurs diaconesses, il y avait quarante diaconesses

[1] Consécration des diaconesses et discours pour l'ensevelissement d'une diaconesse.

à Constantinople, saint Paul ordonnait à l'Eglise de soutenir ses veuves âgées : donc nos sœurs sont diaconesses comme les quarante de Constantinople, comme les veuves, comme Phœbé, et notre institution est une institution évangélique.

Ce point arrêté, M. Fliedner, qui veut montrer dans *tout son sérieux* la *vocation* de *sœur* afin qu'elle effraye et retienne loin de l'établissement les êtres *mercenaires;* M. Fliedner déclare aux sept novices bientôt consacrées que, triplement assujetties au service de Jésus-Christ, elles ne seront pas *seulement* engagées comme tout chrétien à vivre pour l'honneur de leur Maître, mais qu'elles ont fait leur *vocation particulière* de le servir dans la personne des pauvres, des malades, et qu'en conséquence elles doivent *d'autant plus mourir aux choses de la terre.* Elles ne chercheront pas un *riche salaire terrestre ;* la nourriture et le vêtement, voilà ce qui leur suffit. — Vocation exclusive, quintescence de la consécration chrétienne, mépris des conditions normales où s'exerce le service de Dieu, raffinements qu'on chercherait en vain dans la Bible mais qu'on trouve à l'entrée de tous les édifices monastiques.

L'idée d'un dévouement extraordinaire crée nécessairement l'idée d'un état supérieur.— « Quel *honneur* vous appartient! poursuit M. Fliedner; c'est au *Seigneur des seigneurs* que vous vous consacrez comme *ses servantes.* » — Les autres chrétiens se consacrent, oui, sans doute, dans une certaine mesure, comme la masse des croyants, c'est la plèbe. Mais la sœur! Par une humilité plus effective, par un abandon plus absolu d'elle-même, par ce fait qu'elle donne à Dieu des choses qu'Il ne lui avait point demandées, elle s'élève souverainement. Celle-là est par excellence la *servante* de Jésus, à celle-là un honneur à part, et pour qu'elle ne s'y trompe pas, on le lui répétera à satiété tout en l'exhortant sincèrement à s'abaisser dans sa propre pensée; on lui répétera vivante, qu'elle est la *fille de Sion*, morte qu'elle est un des *cent quarante-quatre immaculés* qui suivent le Seigneur Jésus quelque part qu'il aille.

J'ai lu beaucoup de statuts monastiques, j'ai lu beaucoup de définitions de la sainte vie conventuelle, partout j'ai vu ce que je vois ici : la distinction entre le dévouement vulgaire des chrétiens, simples rachetés de Christ, et le dévouement surnaturel des chrétiens appelés à mener la vie parfaite.

L'heure de la consécration a sonné; M. Fliedner rappelle aux sept novices que, comme *servantes* chrétiennes, elles doivent à la direction une *obéissance filiale*. Il leur demande si elles sont décidées à remplir fidèlement les devoirs du diaconat dans la crainte de Dieu, elles prononcent le *oui* sacramentel, et M. Fliedner : — « Que Jésus, que le souverain Evêque et Pasteur scelle de son *oui* et *amen* votre déclaration et *votre vœu!*... Approchez-vous; tendez-moi la main droite, tendez-la à la directrice afin de confirmer votre promesse. *Mettez-vous à genoux*. Que le Dieu trois fois saint, Dieu Père, Fils et Saint-Esprit vous bénisse; qu'Il vous donne la *fidélité jusqu'à la mort* et ensuite la *couronne de vie*. Amen! » — Je ne sais, je suis peut-être plus faible qu'un autre, j'ai la conscience plus timorée, mais une fois vouée de la sorte, j'aurais beaucoup de peine à me dire que ceci est une consécration qui laisse l'âme indépendante; que c'est un engagement essentiellement temporaire; qu'il ne s'agit pas dans cette affaire d'une fidélité, d'une couronne de vie particulières, mais seulement des devoirs imposés, des promesses adressées à tout chrétien sincère.

L'assemblée se prosterne : — « Père de miséricorde,

qui as formé ces jeunes filles pour ton Fils, afin *qu'elles se donnent à Lui en propre!...»* et l'assemblée demande des bénédictions spéciales; les sœurs consacrées prennent la cène (on n'a rien oublié pour prêter à cette cérémonie un cachet de puissante gravité), les chants s'élèvent dans l'église, et M. Fliedner termine la fonction par une dernière allocution où je relève ces mots significatifs: «Vous êtes *maintenant entrées comme servantes de Christ,* dans son saint vignoble!» — Avant, vous pouviez être, vous étiez des enfants de Dieu, en cette qualité vous visitiez les pauvres, vous preniez soin des malades, vous faisiez tout à la gloire de l'Eternel, c'était votre œuvre raisonnable; mais vous étiez hors du saint vignoble, cela ne s'appelait point le service de Christ; nous vous avons consacrées, nous vous avons assujetties, nous vous avons costumées, nous vous avons faites *sœurs,* vous voilà *esclaves du Seigneur.*

Passons au service funèbre de la diaconesse Catherine Weintraut, célébré en 1843. M. Fliedner ne veut pas que les chants qui retentissent soient des chants de détresse, non, car la sœur partie adresse aux sœurs qui restent ces paroles de saint Paul: «J'ai combattu le bon combat, j'ai achevé ma course!» Ici la simple prudence voudrait qu'on ajoutât: parce que j'ai été chrétienne et non parce que j'ai été diaconesse; M. Fliedner ne le dit point, il est trop enveloppé par son œuvre pour y songer: «Oui, elle était *une de ces vierges qui suivent l'Agneau partout où il va!»* Cela est posé comme cela, dans le sens pleinement faux et romain de l'interprétation; il n'y a pas même dans le son étrange des paroles bibliques ainsi adaptées quelque chose qui donne l'éveil au respectable directeur; non, il continue et décrit la maladie de Catherine Weintraut: — Elle désirait arriver dans sa patrie céleste, elle désirait y prendre place entre deux âmes bien-aimées qui l'y avaient devancée : une diaconesse et la directrice de l'établissement ; sa douleur se changeait en un sourire quand on lui rappelait qu'elle allait revoir cette *mère* et cette *sœur*. — De la *mère*, des *sœurs* selon l'ordre naturel, pas un mot. Cette froideur, ce silence, si tristes aux approches de la mort, si tristes et si parfaitement monastiques, rendus plus saisissants par la tendresse exclusive vouée aux membres de la congrégation, ce silence et cette froideur s'expliquent bientôt. — « Pendant un voyage qu'elle avait fait une année auparavant dans sa patrie, *ses parents et ses amis voulurent lui persuader de rester au milieu d'eux et de se rendre utile d'une manière plus facile, mais elle ne se laissa pas ébranler le moins du monde* et revint ici avec joie, parce que le Seigneur *avait affermi son cœur dans sa vocation de diaconesse, et qu'elle la reconnaissait pour une vocation bienheureuse.* Aussi, la déclarons-nous *bienheureuse de ce qu'elle s'est tenue fidèle à sa vocation, jusqu'au moment où le Seigneur l'a rappelée.....* » Et plus loin : « Et vous, qu'apprendrez-vous devant ce tombeau, chères sœurs qui avez accepté *la même vocation précieuse?...* »

Ce qu'elles apprendront ? ce que vous leur enseignez avec une grande candeur. Elles apprendront que contrairement aux enseignements de Jésus, il y a pour le chrétien sincère deux espèces de dévouement : le dévouement banal qui nous regarde tous ; le dévouement exceptionnel, partage de quelques âmes d'élite. Elles apprendront qu'il y a une sainteté inférieure, celle de l'Eglise, et une sainteté supérieure, celle des religieux. Elles apprendront qu'on arrive à l'état parfait par le moyen d'une vocation spéciale ; que c'est cette vocation, qui à proprement parler le constitue. Elles apprendront que pour s'élever à cette hauteur il faut laisser le vulgaire bagage des devoirs naturels, des affections naturelles, qu'il faut cesser d'être fille, sœur, épouse, mère; qu'il faut se soumettre à de certaines règles humaines, abdiquer le légitime et saint exercice de la volonté, partant se débarrasser de la responsabilité. Elles apprendront que lorsqu'on est ainsi *séparé du monde* malgré Jésus qui a voulu le contraire; que lorsqu'on a gardé la sainte vocation et le saint célibat jusqu'au bout, on prend place au milieu des vierges qui suivent le Fils de Dieu partout où il va. Elles apprendront que les sœurs fidèles au diaconat monastique s'appellent bienheureuses. Elles apprendront qu'il faut, pour garder cette fidélité, résister à la mère, résister au père qui nous supplient de soigner les malades, de visiter les pauvres, d'enseigner les petits enfants du village qu'ils habitent. Elles apprendront que déchirer le cœur de ses parents par un refus saintement opiniâtre, c'est garder la foi, c'est triompher de la chair. Elles apprendront ce que saint Bazile, et saint Jérôme, et saint Ambroise leur avaient appris avant vous.

Ai-je besoin de répéter que je respecte sincèrement la diaconesse dont les funérailles ont donné lieu à cette analyse; ai-je besoin de dire que trompée sur un sujet bien grave elle a néanmoins agi dans la sincérité d'un cœur croyant? Il me semble inutile de revenir sur de telles réserves que j'ai solennellement exprimées, et pourtant ici, quand il s'agit d'une rachetée du Sauveur maintenant *dans la vérité*, j'ai besoin de redire ce qui désormais sera partout sous-entendu.

Entrons dans l'œuvre et prenons les rapports.

L'établissement de Kaiserswerth se compose d'une

maison mère, d'où sortent, et les diaconesses envoyées au dehors, et les institutions pareilles à celle de M. Fliedner; d'un séminaire où se forment chaque année une foule de maîtresses d'école, depuis la simple conductrice de salle d'asile jusqu'à la gouvernante de bonne maison; enfin d'un pensionnat d'orphelines dont nous verrons se développer progressivement le caractère significatif. Ce sont ces branches-là qui nous occuperont; leurs rapports avec la fondation principale, leurs pousses vigoureuses rentrent directement dans notre sujet; nous ne parlerons qu'en passant du refuge, des écoles, des hospices ouverts au sein de la maison mère dans le but de former les diaconesses à tous les emplois de la charité. Les postes pour lesquels on les prépare étaient remplis avant elles, un christianisme vivant les fournit toujours de serviteurs et de servantes fidèles, mais il faut que ce qui se faisait sans les corporations se fasse par elles, invariablement, partout, c'est l'esprit conventuel et M. Fliedner n'a garde d'y manquer.

De 1844 à 1845 (nous reculons jusque-là, et nous puisons nos renseignements dans le huitième rapport de Kaiserswerth); de 1844 à 1845 la maison mère où se fait le temps d'épreuve, où sont consacrées, d'où partent, où reviennent les sœurs, est dirigée par la digne femme de M. Fliedner; c'est elle qui est la mère supérieure; la famille exerce encore là son influence, elle ira vite déclinant.

Les aspirantes sont remises aux mains d'une sœur ancienne, instruite (la maîtresse des novices), qui les forme à leur vocation. Plus tard, on les associe aux sœurs en activité de service. Le temps d'épreuve dure de six à sept mois, au bout desquels la novice est *solennellement consacrée.*

C'est alors qu'il faudrait, si l'on était jaloux d'obéissance à l'Evangile, laisser cette femme sous la direction de Dieu, libre de se faire garde-malade ou maîtresse d'école, mariée, célibataire, comme Dieu voudrait, dépendante de Lui seulement et des autorités qu'Il a créées. C'est alors qu'on rive la chaîne. Cette femme sera consacrée, étroitement assujettie, elle appartiendra à la corporation, elle n'est plus chrétienne seulement, la voilà *sœur*.

M. Fliedner énumère les hôpitaux que dirigent les sœurs de Kaiserswerth. Le roi de Prusse leur a remis l'hôpital de la Vieille Charité à Berlin ; une maison mère va s'ouvrir dans cette ville sous les auspices du monarque ; M. Fliedner y a été appelé pour diriger la fondation de ce *grandiose établissement central*. Deux sœurs prennent en main la maison des diaconesses de Dresde, transformée en maison mère, ce sera une pépinière pour toute la Saxe ; on y recevra des novices, on les y formera, on les y consacrera. L'établissement primitif était gouverné par un pasteur et par sa femme, dernière lueur de respect pour la famille, de scrupule à l'endroit des entraînements monastiques ; cette lueur s'éteint, et toute nouvelle fondation est invariablement placée sous l'autorité d'une supérieure. La mère abbesse remplace le directeur avec la directrice, elle les remplace à Dresde, elle les remplace à Utrecht où deux novices envoyées de Hollande et formées à Kaiserswerth vont établir une maison mère, elle les remplacera à Berlin dans le couvent royal dont Kaiserswerth a inspiré l'idée. Il arrive à Kaiserswerth ce qui arrive à toutes les fondations monastiques, ses enfants la dépassent.

Ici nous trouvons une création nouvelle : les diaconesses d'Eglise. En donnant le modèle des diacres apostoliques l'Ecriture a donné le modèle des diaconesses, servantes de l'assemblée. Je ne reviendrai pas sur ce portrait, chacun le connaît. Bien plus, toute Eglise vivante possède ou doit posséder des diaconesses choisies dans un esprit exactement conforme aux directions inspirées. Ces diaconesses sont des femmes ou mariées, ou célibataires, ou veuves ; jeunes ou d'un âge moyen, que leur bonne volonté, que leurs aptitudes, que le temps dont elles disposent semblent désigner comme particulièrement propres à secourir les pauvres et les malades. Tout en se dévouant plus spécialement que d'autres à ces devoirs si doux, elles ne suppléent personne dans l'exercice de la charité : ni les parents, ni les autres membres de l'Eglise ; elles les suppléent d'autant moins qu'elles ont elles-mêmes des pères, des mères, des enfants, des frères à soigner, un ménage à diriger, des amis à voir et des affaires à conduire ; elles sont ce qu'était Phœbé, portant partout où le besoin s'en fait sentir une main intelligente qui soutient à propos, sans écarter jamais les bras que Dieu a mis là pour s'employer. Eh bien, dans cette œuvre si simple, si sainte, propriété inaliénable des femmes chrétiennes de toute Eglise évangélique, l'esprit conventuel a fait irruption. Il ne fallait pas que ce terrain échappât au flux qui monte. Kaiserswerth n'y avait pas songé, il y songe, et il envoie des *diaconesses d'Eglise* à Clèves, à Neuwied, dans de modestes communautés de campagnes.

Que font là ces sœurs? Ce que ne feront plus, et ce que ne faisaient pas, Dieu merci, les diaconesses à la façon biblique ; elles suppléent tout le monde. On se dit: Il y a une sœur ! Au lieu d'examiner par ses yeux la situation de tel ou tel individu pour y remédier, au lieu de s'occuper et de se préoccuper des pauvres et des malades pour approprier les secours aux besoins, on envoie son argent à *la sœur*, la sœur le distribue, la sœur s'y entend mieux que personne, et d'ailleurs la sœur est là pour cela, c'est son affaire.

Ces sœurs font ce que ne faisaient pas les diaconesses bibliques, ai-je dit. Comme elles suppléent les membres de l'assemblée dans la pratique de la charité, elles suppléent les membres de la famille. Ni les membres du troupeau, ni les membres de la famille ne peuvent se décharger de leurs devoirs sur une diaconesse évangélique. On sait bien que la diaconesse évangélique est la première à se dévouer; c'est bien à elle qu'on vient tout d'abord lorsqu'il y a quelque plaie à guérir; mais on sait aussi qu'elle a d'autres obligations, qu'elle ne fait pas tout, qu'elle ne le doit pas; on se sent soulagé, on ne se sent pas déchargé. Le fils, quelque conseil que lui donne son égoïsme, devra veiller près du lit de sa mère, le voisin devra visiter la pauvre vieille qui demeure à sa porte, les parents ne pourront pas tourner le dos à la maison, au malade, aux enseignements de Dieu, sous prétexte qu'*il y a une sœur* et qu'elle est là pour faire leur ouvrage. — Ce qu'ils ne peuvent pas en présence de l'institution divine ils le peuvent en présence de l'institution monastique. — Les sœurs d'Eglise sont, c'est M. Fliedner qui se charge de formuler notre pensée, les sœurs d'Eglise sont la *main* et le *pied* de l'assemblée. C'est clair et c'est fort.

Le rapport que j'examine enregistre les progrès de l'œuvre. On veut des sœurs d'Eglise à Nimègue en Hollande; les provinces rhénanes remettent l'une après l'autre leurs établissements de charité aux diaconesses de Kaiserswerth, l'enthousiasme est général, et la chaleur qui devait se concentrer au cœur des troupeaux pour rejaillir de là aux extrémités, s'extravase pour se porter vers cette forme commode qui favorise l'alliance de la torpeur individuelle avec l'accomplissement de certaines œuvres, qui permet d'agir sans se dépenser soi-même, d'être la bourse en un mot, sans être ni la *main* ni le *pied*.

Le *séminaire* a formé quarante-cinq maîtresses d'école pendant l'année qui vient de s'écouler; de ce côté aussi les limites s'étendent; la corporation qui se contentait des salles d'asile, saisit les écoles élémentaires et industrielles; elle s'empare de l'éducation privée comme elle s'est emparée de la charité des individus; elle met le pied dans le champ des missions en préparant une institutrice pour les Indes; bientôt tout ce qui se faisait sans elle ne pourra plus s'accomplir que par elle; nous allons avoir nos dames du Sacré-Cœur, nos abbés de bonne maison, comme nous avons nos Ignorantins, nos sœurs de charité et nos sœurs de Saint-Joseph.

Les séminaristines sorties de Kaiserswerth se relient à l'établissement par des relations fréquentes, par une conférence annuelle. De plus, en vertu d'un arrêté du ministre de l'instruction publique, M. Eichhorn, elles jouissent du privilége de passer leurs examens à Kaiserswerth même, dans l'institution qui les a formées.

Le pensionnat des orphelines est dirigé par une diaconesse *mère*, aidée d'une autre sœur.

Ce pensionnat est destiné aux filles des pasteurs et des instituteurs, on n'y reçoit pas les enfants vicieux.

M. Fliedner, qui s'affranchira tout à fait plus tard, ne dit pas encore et ne sait pas bien lui-même quel caractère le principe par lequel il est gouverné le forcera d'imprimer à cette œuvre. Il s'approche de l'idée sans la regarder en face; il l'applique avant de l'exprimer; la formule viendra en son temps.

Si les orphelines, écrit-il, profitent de l'apprentissage qu'on leur fait faire ici soit pour le soin des pauvres, soit pour le soin des malades, nous pourrons, avec le secours du Seigneur, leur procurer dès leur *seizième* année, une occupation du même genre. M. Fliedner ne dit pas laquelle, il ne dit pas comment, tout est large, flottant, un peu inquiétant pour des esprits mal faits comme le nôtre, mais l'esprit de M. Fliedner n'est pas de ceux-là; il ne voit encore rien que confusément, ce qu'il voit est bon après tout, et pour cette année nous en restons là, avec une vague pensée d'application aux bonnes œuvres, suspendue sur le séminaire.

M. Fliedner mentionne les marques de sympathie données à Kaiserswerth par les synodes du Rhin et de la Westphalie, puis il s'engage en l'honneur de l'institution, dans un défilé où nous sommes forcé de le suivre.

Un moment, les fondateurs avaient essayé de confondre leur œuvre très nouvelle avec les diverses organisations de la charité, créées par les Eglises protestantes dans les siècles qui ont suivi la Réforme. En fouillant dans les archives des paroisses on y avait retrouvé des associations de femmes visiteuses de pauvres, et l'on s'était efforcé de les assimiler aux modernes corporations de sœurs. Mais le contraste était trop frappant pour ne pas faire tort à ces dernières, on s'était vite dégoûté de pareils rapprochements, fort dangereux, et l'on s'était renfermé dans cette thèse bien mieux adaptée au vrai caractère de la question : Nous manquons d'ordres religieux voués à la charité pratique, la Réforme a été trop loin quand elle les a tous détruits; les catholiques nous reprochent avec raison de n'en point avoir, ayons-en.

M. Fliedner à son tour, essaye de défendre le poste abandonné par ses collègues; il n'y est pas plus heureux.

Dans l'organisation de la ville de Münden, nous dit-il ; en 1530, on voit à l'article 21 que quelques-unes des femmes assistées doivent servir auprès des malades en cas de nécessité. — Ce document-là ne me semble pas très éloquent en faveur des modernes établissements de sœurs.

Dans le premier synode général du Bas-Rhin, tenu à Wesel en 1568, on s'occupe de la création des diacres, et à cette occasion on dit qu'il serait convenable d'employer des femmes au même office ; il s'agit, bien entendu, de diacres pareils à ceux qu'emploient nos Eglises réformées. — Cette pièce à l'appui des congrégations de sœurs, me paraît de même force que la précédente.

Dans le synode particulier de Wesel, tenu en 1579, l'article 5 mentionne une question que se sont posée les membres de l'Eglise réformée de la ville. Ils se demandent s'il ne serait pas bon de rétablir l'emploi de diaconesse, qui jusqu'à présent n'existe dans aucune Eglise réformée ; et si on le rétablit, faut-il choisir des veuves seulement, et des veuves âgées de soixante ans, suivant les instructions de saint Paul à Timothée (prises à rebours depuis les Pères qui nous ont fait ce legs parmi tant d'autres), ou peut-on, avec la permission de leurs maris, choisir des femmes mariées ? —Nous sommes sur le terrain biblique, on le voit, et nullement dans l'enceinte d'une maison mère. La question ainsi posée est ajournée au prochain synode, afin que les Eglises en puissent délibérer avec maturité ; d'ici là, les diaconesses déjà nommées garderont leur emploi ou donneront leur démission, selon qu'il leur conviendra.

Le synode de l'année suivante, ouvert en 1580, décide par son article 12 qu'on doit rétablir l'emploi des diaconesses tel qu'il existait dans les Eglises primitives, qu'on choisira pour le remplir des veuves et des *femmes mariées*, et qu'on peut à la rigueur les prendre de quatre ou cinq ans au-dessous de soixante ans (toujours les malheureuses veuves traditionnelles), pourvu qu'elles possèdent les autres qualités requises par saint Paul; mais que toutefois on devra se tenir ***aussi près que possible des soixante ans.***

De tout ce qui précède, M. Fliedner conclut que les fonctions de diaconesse existaient dans l'Eglise primitive, qu'il faut les rétablir dans la nôtre, et que l'institution de Kaiserswerth qui appelle dans son sein des jeunes filles de dix-huit ans, qui les veut célibataires et ne les emploie que telles; qui les soumet où qu'elles aillent, quoi qu'elles fassent à une autorité centrale et souveraine; qui leur impose le renoncement au salaire; qui les enlève à leurs familles, qui les soustrait à leurs devoirs naturels, qui les dérobe à la sainte direction d'un père et d'une mère, qui les revêt d'un costume uniforme, qui les dote d'une appellation monastique : *sœur*. M. Fliedner pose en fait que cette institution-là, c'est l'institution primitive des diaconesses évangéliques.

Pour nous, il nous semble que M. Fliedner y met un peu de bonne volonté.

Durant le cours de l'année 1844 à 1845, M. Fliedner a imprimé plusieurs livres, des almanachs entre autres, pour soutenir l'institution. Dans le même but, il entretient ***deux voyageurs*** qui parcourent l'Allemagne, vendent ces ouvrages et quêtent en faveur de l'établissement.

M. Fliedner annonce l'ouverture de la maison de Duisburg. Duisburg est pour les hommes ce qu'est Kaiserswerth pour les femmes. Kaiserswerth forme des *sœurs*, Duisburg forme des *frères*. Ces frères, comme les sœurs, seront garde-malade, maîtres d'école, *instituteurs privés*, directeurs d'établissements de charité, *diacres d'Eglise*. Duisburg comme Kaiserswerth est la création de M. Fliedner. Duisburg aura bien pour directeur un élève du Rauhe Haus, M. Brandt, mais ce directeur n'y restera pas longtemps, et sera remplacé par un supérieur mieux approprié à l'œuvre. Cinq novices sont entrés dans la maison de Duisburg; on les dresse au soin des malades, dans la ville et au dehors; ils font leur apprentissage d'instituteurs en élevant dix enfants placés sous leurs soins.

Avant d'en finir avec le huitième rapport, je donne ici le relevé du nombre des sœurs et le chiffre des établissements qu'elles desservent hors de Kaiserswerth. Je n'y reviendrai plus durant le cours des dix années qui nous séparent de ce rapport, me bornant à marquer à mesure les progrès les plus saisissants, et réservant au tableau général de l'œuvre que présente le dernier compte rendu, le soin de faire apprécier l'extension usurpatrice de la corporation des sœurs en Allemagne

En 1844, il y avait 55 diaconesses consacrées;
34 novices;
11 hôpitaux desservis par les sœurs;
1 maison mère à Dresde, sans compter celles de Saxe, de Hollande, et celle de Berlin en formation;
3 diaconesses d'Eglise, et plusieurs sœurs près d'être affectées à cet emploi.

J'ajoute, à titre de simple réflexion et pour maintenir la question dans le vrai, que les sœurs placées dans les grands hôpitaux extérieurs à Kaiserswerth y remplissent encore plus les fonctions de surveillantes et de directrices que celles de servantes, et que les sœurs employées dans la maison mère, tout en s'y consacrant au soin des malades n'y usent point leurs forces : pas une ne veille la nuit plus de trois heures et demie ; elles se relèvent l'une l'autre dans ces fonctions, et le tour de service nocturne revient très modérément, vu le nombre des diaconesses[1].

Le neuvième rapport, 1845 à 1846, s'ouvre par le tableau des progrès vraiment prodigieux de l'œuvre. Le nombre des diaconesses s'est accru, on les expédie dans toute l'Allemagne, on en envoie à Saint-Gall en Suisse, trois sœurs vont se rendre à Londres, elles y desserviront l'hôpital allemand et y formeront une maison mère ; des sœurs sont parties pour Saint-Pétersbourg, d'autres sont placées en Allemagne comme diaconesses d'Eglise ; en outre, on a introduit un perfectionnement dans la maison de Kaiserswerth, on y a formé une, cela ne peut s'exprimer en français, une *apothekerinn* (*une apothicaire*), comme au couvent.

M. Fliedner adresse un appel aux jeunes filles. Il fait des vœux pour que les classes supérieures lui fournissent des novices ; il y en a bien une ou deux, mais nous verrons par la suite que ces dames tout en venant faire un apprentissage de quelques semaines à la maison mère, préfèrent exercer leur activité dans la liberté de l'Evangile : — « Des centaines pourraient accourir, s'écrie M. Fliedner, et elles restent *oisives sur le mar-*

[1] Hospitals and sisterhoods. London, Murray. 1854.

ché; elles désirent du travail, disent-elles, et ne *viennent pas*... pourtant il est bon d'être dans cette vigne!... oh! que personne ne reste dehors!... » — Cela n'est pas prudent, mais cela est très sincère et très conséquent. Hors de Kaiserswerth il n'y a guère que le *marché*, où les ouvriers restent sans emploi; quiconque veut *travailler*, qu'il vienne, *ici est la vigne.*

M. Fliedner mentionne une sœur morte *sur le lit d'honneur*, c'est-à-dire sans avoir abandonné sa vocation; puis il en vient au *Séminaire.*

Le séminaire s'attache à former des institutrices pour les trois classes d'écoles organisées dans le pays; de la sorte, l'éducation tout entière, qu'on le remarque bien, sera au pouvoir des séminaristines sorties de Kaiserswerth, rattachées à Kaiserswerth, et les enfants franchiront les divers degrés, sans jamais échapper à l'influence de l'institution mère.

Passons au pensionnat des orphelines. Pour la première fois peut-être, M. Fliedner commence à comprendre clairement ce qu'il veut en faire, et avec la droiture qui le caractérise, avec cette liberté dont on jouit dans les régions où la critique ne s'est jamais exercée; il le dit.

: — On se trompe, déclare M. Fliedner, si l'on prend l'établissement de nos orphelines pour un asile ou pour une pension ordinaires : « Notre établissement doit être une pépinière pour les vocations féminines en général, et aussi, en même temps, *une pépinière à l'usage de l'institution des diaconesses!* » — Quelques années encore, et ce que M. Fliedner entrevoit ici, il le verra tout à fait, ce qu'il veut à moitié, il le voudra d'une manière absolue; il ne pourra, il ne désirera pas plus se dérober aux conséquences du principe qui le mène, que le germe du blé ne se révolte contre la puissance qui fait de lui d'abord un tuyau vert et puis un épi.

Dans son dixième rapport, 1846 à 1847, M. Fliedner nous annonce que les statuts de l'œuvre ont été approuvés par le roi.

L'activité de l'institution va croissant. M. Fliedner a conduit à Londres les quatre sœurs destinées à desservir l'hôpital allemand, M. Fliedner a trouvé beaucoup de sympathie chez les chrétiens anglais (lorsqu'il s'agira de l'Angleterre, nous examinerons lesquels); ces chrétiens sentent le besoin d'introduire chez eux des institutions semblables à celle de Kaiserswérth. Les *Nursing sisters*, établies par madame Fry, ne peuvent le satisfaire pense M. Fliedner, parce qu'elles ne possèdent pas d'hôpital dans leur maison (elles ont l'entrée d'un hôpital public), et parce qu'il leur manque une *organisation*. Reproche caractéristique. Les *Sisters of mercy* de miss Sellon ne contentent pas davantage ce désir parce qu'elles fondent leur dévouement sur le principe du mérite des œuvres (c'est ce que nie fortement la fondatrice), et qu'elles ont des pratiques monacales.

M. Fliedner s'est ici trop avancé, il ne se doute pas des rapports très étroits qui relient la consécration des sœurs d'Allemagne à la consécration des sœurs de Devonport. Il oublie que pendant que les sœurs de Devonport ornent leur chapelle d'un tableau, les sœurs de Kaiserswerth peignent de petits agneaux symboliques, des croix, des fleurs de passion ; il ne songe pas que l'organisation des deux couvents est à peu près identique; il eût mieux fait de tenir à l'égard de l'ordre de la Mercy le silence prudent qu'ont gardé les fondateurs de France et de Suisse.

Une sœur placée à Duisburg en a été retirée à cause du mariage du directeur Brandt, dont la femme prend les fonctions que remplissait la sœur.

Une autre, après avoir achevé ses *cinq ans n'a pas renouvelé son engagement;* fait extraordinaire, qui ne se reproduira guère qu'une fois.

Des demoiselles nobles ont passé quelques mois dans l'établissement pour s'y former aux soins des malades, et puis sont retournées dans leurs familles.

La sœur Marianne de Rantzau, *nommée par le roi* directrice de l'hospice de Kœpnickerfelde, est partie pour Berlin accompagnée de trois diaconesses.

En Amérique, une ville importante (Pittsburg, habitée par des Allemands luthériens) demande des sœurs pour y fonder une maison mère.

Peu de faits saillants; en revanche une invitation pressante à entrer dans la corporation : — « Puisse ce feu brûler le cœur de milliers de jeunes filles qui vont leur chemin sans satisfaction pour leur âme, sans utilité pour le royaume de Dieu, se cherchant elles-mêmes ! » — C'est clair, il n'y a que deux chemins : celui du monde où l'on marche oisif, égoïste, le cœur mort, les facultés inutiles ; celui de Kaiserswerth où l'on trouve dès qu'on y entre, le dévouement, la joie chrétienne, l'activité selon Dieu.— « Oh ! combien il est bon d'être *mère* de maison là où Dieu est père de maison ! comme l'on y sent toutes ses douleurs apaisées, tous ses désirs satisfaits... comme on repose doucement *dans son sein!...»* —M. Fliedner complète ce tableau que ne désavouerait ni saint Augustin ni saint Benoît en y introduisant comme eux Marie, la sœur de Lazare, celle qui avait *choisi la bonne part*, par opposition à Marthe la femme engagée dans la vie terrestre, et si vous rapprochez ces douces peintures tant soit peu claustrales de la vignette puérile mais significative qui décore la couverture des comptes rendus : une espèce d'*arche de Noé* avec la colombe qui rapporte le brin d'olivier ; vous aurez une vue assez nette de cette sainteté, de ce bonheur, de ces vocations en dehors du monde, *véritable arche* construite par les fondateurs, et destinée à voguer sur les abîmes d'un monde corrompu.

Le onzième rapport, 1847 à 1848, est plus riche. Une importante modification a lieu dans l'organisation de la maison mère. Madame Fliedner y exerçait l'autorité de directrice, mais elle ne peut suffire à sa tâche, mais elle demeure hors de l'établissement, mais le principe pousse ses jets, et les sœurs sont invitées à nommer l'une d'entre elles à l'emploi de supérieure ou textuellement de : *sœur première*. Cette supérieure demeure encore sous les ordres de madame Fliedner, le chêne ne sort pas tout d'un coup du gland.

La maison mère de Berlin, Béthanie, a été solennellement consacrée le 10 octobre en présence du roi, du prince Adalbert, de plusieurs ministres d'État et dignitaires de la cour. Outre la supérieure et les trois sœurs placées sous ses ordres, six autres sont parties pour la même destination. A Berlin tout marche le plus nettement possible.

La cérémonie est imposante, l'évêque Neander *consacre* à son nouvel emploi M. Schultz, nommé pasteur de l'établissement. Puis les neuf sœurs, avec la sœur supérieure Marianne de Rantzau se rangent *devant l'autel*, l'évêque leur adresse un *discours sur leurs devoirs*, elles s'agenouillent et reçoivent la *consécration* au moyen de *l'imposition des mains*.

Mais posons un instant le rapport de M. Fliedner et laissons le *Journal des Débats*, conteur impartial, spectateur assez piquant dans une affaire de cette espèce, nous décrire à son tour une fonction du même genre qui avait lieu quatre années plus tard dans la moderne

Béthanie de Berlin : On écrit, dit-il dans son numéro du 15 octobre 1851, on écrit de Berlin à la date du 11 : « L'*ordre* des diaconesses a célébré hier le quatrième anniversaire de sa fondation. Cette solennité, qui a eu lieu dans la chapelle du vaste hôpital dit de Béthanie... a été honorée de la présence de S. M. la reine. Après le service divin, M. le pasteur Schultz a donné lecture du compte rendu de l'*ordre* depuis sa création... les sœurs ont soigné 3,000 malades, admis 72 novices dont 36 ont été promues au diaconat. »

« La solennité s'est terminée par la *collation* de cette *dignité* à quatre autres *novices, qui ont reçu à l'autel la bénédiction de la supérieure, et ont été immédiatement revêtues du costume de diaconesse.* » — Il n'y a pas cinq ans que l'*ordre* fondé à Kaiserswerth a été transporté à Berlin, et déjà s'y épanouit *la bénédiction à l'autel par la supérieure,* avec la *prise de voile.*

: Miss Sellon, supérieure de la Mercy, qui, d'Allemagne, osera le premier jeter la pierre contre vous?

Je reviens à M. Fliedner et au onzième rapport. Les sœurs continuent de rayonner du point central, Kaiserswerth, vers tous les points de la circonférence allemande, et ailleurs.

Duisburg subit la loi commune, le directeur marié M. Brandt, s'en va, un directeur célibataire lui succède, et Kaiserswerth envoie une diaconesse pour remplacer la femme de M. Brandt. Ainsi partout en Allemagne, la congrégation expulse de son sein le dernier élément d'esprit de famille. Quelques grandes dames continuent à se former dans l'établissement et, la baronne de Rantzau supérieure de Béthanie exceptée, à n'y pas entrer.

Le séminaire poursuit son œuvre, la maison des orphelines la sienne.

Ici, à propos des écoles de l'établissement, éclatent dans leur ingénuité des tendances romaines d'un autre genre. Elles ont trouvé leur terrain, elles s'épanouissent avec candeur. Nous voilà en face d'une crèche d'Italie ou de quelque représentation des mystères. Il s'agissait de faire comprendre aux enfants l'importance de l'*anniversaire* de la Pâque chrétienne. Une des sœurs a *peint sept fleurs de passion :* 1° *L'enfant Jésus dans la crèche,* entouré de violettes portant des passages dans les feuilles ; 2° *un lis blanc*, avec sept textes qui se rapportent à la vie du Sauveur ; 3° le *serpent d'airain* avec des *tournesols* (pourquoi des tournesols?) et les prophéties concernant les douleurs souffertes pour nos péchés ; 4° *la couronne d'épines*, qui rappelle l'abandon du Seigneur et son jugement ; 5° *un agneau de sacrifice* sur l'autel, avec hysope et passages ; 6° *la croix* entourée de fleurs de passion et de passages ; 7° *le tombeau de Jésus*, avec un palmier dans le fond et des textes relatifs à la mort et à la sépulture du Sauveur.

On pourra trouver cela touchant, moi je le trouve absolument contraire à la gravité, à la simplicité de l'Ecriture, absolument opposé au culte en esprit et en vérité, beaucoup trop semblable aux niaiseries profanes que colporte Rome au travers de nos villes et de nos campagnes sous forme de poupées de cire, de crucifix en plâtre, le tout décoré du saint nom de Jésus et pour la plus grande gloire de Dieu.

On n'en reste pas là, et la conférence annuelle des institutrices, naguère séminaristines, soulève la question de savoir si les enfants représenteront, dans les écoles, *l'enterrement avec la résurrection du fils de la veuve de Naïn!* Dans ce cas, remarquons-le, il faut de toute nécessité qu'un des enfants prenne le rôle du Seigneur Jésus-Christ ! Les institutrices ne s'arrêtent pas en aussi beau chemin, un lien plus étroit va les unir à la corporation; ce n'était pas assez des relations avec la maison mère, ce n'était pas assez des conférences, il faut un signe distinctif qui les rattache de plus près à la confrérie: le *tiers ordre* va se former. Les séminaristines actuelles, un grand nombre des institutrices placées hors de l'établissement se sont spontanément décidées à revêtir un costume en tout semblable, sauf la coiffe, à celui des sœurs. M. Fliedner exprime la joie que lui cause une telle résolution; il l'appuie d'une foule de raisons toutes utilitaires, toutes semblables à celles que donnent, en pareille matières, les moines et les nonnes: raisons où ne figure pas un argument biblique. M. Fliedner ne veut forcer personne, mais il pense que les institutrices revêtues de l'habit engageront leurs *Mitschwestern* à l'adopter, il est persuadé que l'exemple agira plus fortement que la contrainte, je le crois avec lui, et je crois de plus que l'uniforme exercera son action, immense, sur celles qui l'accepteront. Elles étaient indépendantes encore à bien des égards, simples maîtresses d'écoles et de salles d'asiles; elles deviendront *sœurs*.

La majorité des institutrices réunies en conférence, se prononce pour l'adoption du costume.

Les témoignages de sympathie arrivent journellement d'Angleterre, dit M. Fliedner. On comprend de quel côté ils viennent, la visite que sir Robert Inglis fait à la maison mère, dans l'intention d'en fonder une pareille à Londres, d'autres marques d'intérêt non moins significatives par le caractère de ceux qui les donnent, le disent assez.

Le douzième rapport, 1848 à 1849, constate l'accroissement de l'œuvre dans toutes ses branches.

Des sœurs ont été envoyées à Plesz en Bohême, on y avait aussi placé des frères de Duisbourg, mais les aides du Rauhe Haus, institution bien plus libérale, les ont remplacés.

Tout doucement, tout naturellement, les orphelines passent du pensionnat à l'hôpital comme novices, au séminaire comme diaconesses d'école ; quand il en est autrement, c'est par raison de santé. Une fois seulement il arrive (voyez le onzième rapport qui signale ce fait étrange) qu'une orpheline retourne chez ses parents.

On continue à célébrer la Pâque évangélique dans un esprit romain, et cette année nous voyons poindre le Carême. *Quarante-neuf* fleurs de la passion auxquelles on avait attaché autant de passages relatifs aux douleurs de Christ, réjouissent le cœur des membres de la corporation et des enfants des écoles, pendant les *sept semaines* qui précèdent le jour de la résurrection. M. Fliedner va faire imprimer et mettre en circulation les peintures de fleurs et l'arrangement des saintes semaines. Voilà pour le douzième rapport.

Le treizième rapport, 1849 à 1850, n'offre de remarquable, outre le développement rapide de l'institution, que l'établissement d'une maison mère à Pittsburg, Amérique. M. Fliedner y a escorté quatre diaconesses. L'hôpital de la ville, habité par des Allemands appartenant à la communion luthérienne, leur a été remis. M. Fliedner se fait l'illusion de penser que son institution est vivement désirée en Amérique, il prend les vœux du synode luthérien de New-York pour ceux du peuple des Etats-Unis, en cela il se trompe, et la réalité va démentir ses espérances. Une lettre du Révérend M. Baird, écrite au moment même de l'arrivée de M. Fliedner à Pittsburg, prédisait un insuccès complet à la corporation des sœurs : « Nous n'avons jamais eu de sœurs de charité protestantes jusqu'à l'arrivée de M. Fliedner, ainsi s'exprimait M. Baird ; l'institution *est trop semblable à Rome pour convenir à notre peuple.* » M. Baird ne se trompait pas, et je tiens à signaler en passant ce fait remarquable, c'est que l'institution ne prend pied, ne s'étend librement que sur un sol favorable, là où la Réforme, mal dégagée encore des langes romains n'a pas rejeté loin d'elle tout ce qui contredit ou dépasse la Bible ; c'est que partout, au contraire, où règne un esprit d'obéissance exacte aux Ecritures, elle est ou repoussée ou contestée.

M. Fliedner, dans les appels chaleureux qui accompagnent chacun de ses comptes rendus, persiste à représenter son œuvre comme la suprême forme de l'activité pieuse. Les sœurs, de même que par le passé, sont consacrées le jour de la fête annuelle de la maison mère, afin que tout concoure à rendre la cérémonie impressive, l'engagement solennel.

Le quatorzième rapport, 1850 à 1851, nous apprend que le nombre des diaconesses d'Eglise s'accroît rapidement.

M. Fliedner a des nouvelles de Pittsburg. Si d'un côté l'enthousiasme des habitants luthériens de la ville est immense, s'il se prouve par des dons tellement généreux que le pasteur, M. Passavent, a pu fonder un nouvel hospice et le confier aux sœurs ; si aux Etats-Unis plusieurs synodes luthériens reconnaissant l'importance de l'œuvre ont promis de lui venir en aide ; d'un autre côté il ne se présente pas, en Amérique, *une seule novice, pas une seule postulante.* Je me trompe, l'année dernière une jeune Américaine est entrée dans la corporation, mais cette Américaine était Allemande et luthérienne. Chose étonnante! parmi ces chrétiennes si sincères, parmi ces caractères si forts, parmi ces âmes qui transigent si peu avec le devoir, parmi ces intelligences si vite et si complétement éclairées sur le sens de la Bible, dans ce pays, le pays de la charité pratique, le pays des sacrifices, le pays de la logique chrétienne, pas une femme, pas une ne s'est trouvée qui ait pensé que pour visiter les pauvres, tenir des écoles ou soigner des malades, il fallût entrer dans une corporation, se vêtir d'une manière uniforme, faire vœu d'obéissance, rester célibataire, renoncer à gagner sa vie par le travail des mains ou de l'esprit! Elles ne l'ont pas compris, ces filles de la biblique Amérique, elles continuent à servir dans les hôpitaux, à élever les enfants qu'on leur confie, à s'adonner aux œuvres de charité sans cesser pour cela d'être épouses, mères, sœurs, sans déserter la vie telle que Dieu nous l'a faite, et quand M. Fliedner ordonne aux Eglises de l'Amérique du Nord de se *réveiller de toute leur puissance* sur ce sujet, quand il leur enjoint de chercher dans leur sein des chrétiennes pour les envoyer à la maison mère de Pittsburg, les Eglises, tout comme leurs membres, pensent qu'un tel réveil ne serait qu'un mauvais rêve, et se sentant fort peu endormies, elles restent silencieuses.

Rentrons dans le langage sérieux, et disons que là où il y a de la vie, que là où il y a de la fidélité aux Ecritures, le besoin des sœurs ne se fera jamais sentir. Il peut arriver qu'au sein de ce vaste continent où il y a place pour toutes les erreurs, la vie conventuelle trouve un abri, trouve des partisans; je doute qu'elle s'infiltre dans les habitudes américaines.

M. Fliedner établit l'enseignement de l'anglais et du

français dans le séminaire destiné à former des gouvernantes de bonne maison. De toute nécessité, l'éducation privée, comme l'éducation publique, comme la charité, devra subir l'action des congrégations de sœurs ; elles feront tout, parce qu'on ne fera plus rien que par elles.

Une création récente, l'organisation des sociétés auxiliaires de femmes pour aider à l'extension de l'institution va en favoriser les envahissements. Pour la première fois cette année, les *députées* de ces associations se réunissent en conférence, à Kaiserswerth. Ces comités, secours puissants pour l'œuvre étaient en petit nombre, une adresse chaleureuse en a porté le chiffre à quarante-quatre.

Le flot monte, monte toujours. Quand il aura submergé toute l'Allemagne, quelques chrétiens s'apercevant qu'ils se noient, crieront peut-être : Nous périssons ! — Il sera trop tard.

Voici le quinzième rapport, 1851 à 1852. De tous côtés, fondations nouvelles. Ce sont des dames nobles, qui, après un court séjour à Kaiserswerth, revenues dans leurs terres et ne concevant plus d'autre forme au dévouement que la corporation, appellent des sœurs et créent des maisons mères ; c'est le roi qui en ouvre une à Uetz près de Potsdam, et c'est le respectable évêque de Jérusalem, M. Gobat, qui cède à l'entraînement général et qui, là, dans cette ville de Jésus, profanée par la monastique sainteté des couvents arméniens, latins et grecs ; là où l'Eglise réformée brillait d'un éclat unique par la pratique scripturaire de la charité, ne craint pas de lui ôter ce caractère de vérité souveraine, et demande, lui aussi, des sœurs ! Il demande des sœurs, et le roi de Prusse consulté veut qu'on le dote d'un couvent. Il y aura à Jérusalem une maison mère; à côté de l'hospice consacré aux Juifs et dont une aile eût pu s'ouvrir aux malades de toute dénomination si l'on eût voulu, il y aura un hospice appartenant aux sœurs, desservi par les sœurs; à côté de l'école admirablement tenue par une simple chrétienne il y aura l'école des sœurs; à côté des femmes des missionnaires, dévouées, pratiques, il y aura des sœurs, diaconesses d'Eglise! — N'a-t-on pas parlé d'une crèche! à Jérusalem, pour dégager ces Orientales oisives des derniers devoirs qui les relèvent aux yeux de leur mari! Le 17 mars M. Fliedner s'est rendu à Jérusalem; il y a conduit quatre sœurs. Désormais les voyageurs et les *pèlerins* protestants seront reçus dans la maison mère de Jérusalem; ils échangeront leur logis dans le cloître des Franciscains contre un abri dans le cloître des sœurs; il ne sera pas dit qu'à Jérusalem, le christianisme ait un seul témoin absolument fidèle, une expression complétement vraie; il faudra qu'il s'y montre plus ou moins défiguré, plus ou moins faussé, jusqu'à l'apparition de Celui qui s'appelle *la Vérité*.

A Pittsburg l'enthousiasme est le même, seulement depuis l'établissement de la corporation dans cette ville, pas une Américaine n'est venue s'y joindre; l'appel de M. Fliedner a fait arriver trois novices, trois Allemandes émigrées. Pourtant il y a remède à tout, et la maison de Pittsburg vient d'ouvrir un pensionnat d'orphelines. Nous savons, et bientôt nous saurons mieux encore ce que cela veut dire. En attendant, on a, sur la demande de M. le pasteur Passavent, envoyé une cinquième sœur à Pittsburg.

Après l'établissement de l'institution à Jérusalem, et par là dans tout l'Orient; le fait important de cette année, c'est la transformation successive des hôpitaux, des écoles, des asiles desservis par les sœurs, en maisons mères.

Voici la marche, elle est instructive en ce qu'elle se montre identique aux procédés des ordres religieux romains : On envoie une sœur dans telle Eglise, pour le soin des pauvres; la sœur provoque la création d'une école, d'un hospice, d'un établissement quelconque; on crée l'école, ou l'asile, ou l'hospice; une seconde sœur est appelée, puis, un beau jour, l'école ou l'hospice se *développe* en maison mère; telle est l'expression consacrée. Ainsi s'implante l'institution, et de ces souches, nous verrons bientôt sortir des ordres nouveaux, tenant à l'ordre primitif par l'assujettissement au principe commun : obéissance, célibat, renoncement au salaire; mais s'en distinguant par le plus ou moins de liberté, par l'application, par le costume, par la discipline intérieure. Nous aurons les grandes règles de saint Augustin et de saint Benoît, avec leurs subdivisions à l'infini... Occupons-nous de ce que nous avons déjà, c'est bien assez.

: — « Nos diaconesses d'Eglise, dit M. Fliedner, ont toujours l'œuvre la plus difficile, parce qu'elles doivent être comme les *mères* des pauvres et des malades de toute l'Eglise.»

Femmes chrétiennes, on vous prend là votre plus beau privilége; ce que vous faisiez, ce que Dieu veut que vous fassiez, les sœurs partout le font pour vous; elles tiennent les écoles du dimanche, elles portent les secours à domicile, elles fondent des sociétés de travail. Elles font autre chose, elles organisent des distributions de nourriture pour les malades. Ah! c'était votre douce tâche à vous, mères de famille, que d'envoyer quelques mets de votre table à vos voisins misérables et souffrants; c'était bien là ce que Jésus veut dire quand il s'écrie : Invitez les boiteux et les impotents, conviez à vos festins ceux qui ne peuvent pas vous le rendre. Vos enfants étaient là, dont les petites mains se seraient joyeusement offertes à ces fardeaux, dont les pieds auraient couru pour ces messages ; avec quelle joie on aurait porté les primeurs du jardin à ce vieillard, avec quel intime bonheur la mère en ordonnant son repas aurait préparé portion double pour l'hôte couché sur un pauvre grabat!... Mais les sœurs font plus ; dans plusieurs localités elles distribuent régulièrement, officiellement de la nourriture, et ceux qui ont l'expérience des incalculables maux qu'entraînent ces aumônes conventuelles, ceux qui ont vu, comme moi, l'oisiveté, l'ivrognerie, le laisser-aller, la lâcheté faut-il dire, se développer sous l'action de ces charités commodes mais perfides ; ceux qui ont vu l'énergie, la dignité humaine, le saint travail, l'économie sombrer sous le poids de ces secours indiscrets, ceux-là mesureront l'étendue du mal qui s'opère ainsi. J'ajoute qu'il est inhérent au système, et que partout où vous aurez une organisation conventuelle, vous aurez la soupe du monastère avec une population fainéante pour la venir chercher matin et soir.

La ressemblance avec les corporations romaines s'accuse en traits plus nets.

M. Fliedner nous déclare que pour diminuer les tentations que rencontrent les diaconesses d'Eglise, il ne les enverra plus que deux par deux. Comme les sœurs de charité : il n'y a pas plusieurs manières de faire la même chose. Vous ne vouliez qu'une sœur, vous en aurez deux, quitte à mettre l'une à la tête d'une école, ou d'un hospice. De plus, dès cette année aussi, M. Fliedner ne permettra plus que les diaconesses d'Eglise soient placées à titre de pensionnaires dans des familles, quelque piété que ces familles montrent d'ailleurs.

Nouveau progrès dans le sens monastique. En effet, la famille pouvait donner des idées à la sœur. Mais ce n'est pas la raison que produit M. Fliedner, ce n'est peut-être pas celle qui le frappe. Il résulte, dit-il, pour les sœurs placées dans les familles particulières, une certaine *dépendance*, une certaine *infériorité de position* dont le fondateur de Kaiserswerth ne veut pas pour elles.

Je me demande ce que signifie cette répugnance à l'infériorité de position, pour celles qu'on appelle *les servantes des pauvres*. Seraient-elles servantes dans le sens où le pape est le serviteur des serviteurs de ses frères? Oh! non; mais prenez garde à cette superlative humilité monastique, elle a volontiers pour coutume de marcher sur la tête du prochain. Prenez-y garde encore, pour la plupart de vos sœurs, l'affiliation à vos ordres religieux est un fait qui les élève au-dessus de la position qu'elles occupaient naguère. Elles étaient en général placées à un rang très modeste de la société. Destinées à des emplois humbles, maîtresses d'écoles, garde-malade, servantes, ouvrières, quelque dévouement qu'eût été le leur, elles seraient toujours demeurées à ce niveau; ceux qui les auraient connues les auraient aimées, estimées, mais sans que pour cela leur situation changeât; elles seraient restées dans l'ombre. Les voilà sœurs, elles en sortent. Ce n'est plus la paysanne, ou la jeune servante, ou l'ouvrière, c'est la *sœur*. C'est une personne qui se distingue des autres par les insignes du dévouement. Les pauvres qui l'auraient traitée avec amitié mais sans façon, l'abordent avec déférence; les riches et les nobles qui auraient eu peut-être à lui donner des ordres polis mais précis, ne lui parlent plus qu'avec un respect tout particulier ; ils en usent autrement avec elle qu'ils ne feraient avec sa mère ; elle est aujourd'hui l'égale de ceux dont elle était hier l'inférieure ; tout à coup, elle se trouve de niveau avec tous les rangs de la société, et cela parce qu'elle est *sœur*. La consécration qui la fait servante de Christ la fait aussi grande dame qu'une princesse ; son dévouement est un piédestal qui se glisse magiquement sous ses pieds et l'élève à la hauteur des plus hauts placés ! — Vous me direz qu'elle n'est plus de la société ; je vous répondrai que c'est bien pour cela qu'elle la domine. Elle était soumise aux règles communes, elle ne l'est plus, et elle ne l'est plus parce qu'elle est diaconesse. Je vois cela dans tous les ordres religieux romains, cela s'appelle le nivellement monastique et il y a des gens qui l'admirent beaucoup. Je ne le vois nulle part dans la Bible et c'est pour cela que je ne l'admire point. Je crois qu'un tel bouleversement de l'ordre établi est mauvais en soi. Je crois que les âmes soumises à ces exhaussements soudains par voie de consécration à ce que vous appelez le service de Dieu, courent un énorme danger d'orgueil ; je crois qu'elles sont, bien à leur insu, séduites par un mode de dévouement qui les arrache aux vulgarités de certaines positions ; je crois que ce n'est pas sur la terre que le degré de l'honneur se doit mesurer au degré de la piété ; je crois que si votre sœur, non moins chrétienne, non moins charitable eût exercé ses vertus dans le domaine commun, elle ne fût pas sortie de sa position ; je vois que votre consécration l'en arrache, qu'elle en fait un être à part, voué, j'emploie le mot exprès, voué aux respects de tous, et je maintiens que ce caractère de vos établissements n'est pas un caractère évangélique, que c'est un caractère très conventuel.

Quelques chrétiennes des rangs élevés continuent à visiter Kaiserswerth pour y passer par un court apprentissage ; elles ne se font pas sœurs, mais elles font des sœurs ; c'est par elles que l'institution se propage :— De Jérusalem aux Alleghanys, dit M. Fliedner, et pour les Indes encore, notre maison mère a été une véritable *maison mère !*

M. Fliedner se réjouit des proportions que prend le séminaire :— On sent généralement le besoin d'institutrices de ce genre-là, dit-il, depuis longtemps le public catholique *l'a reconnu* ! et sans s'inquiéter le moins du monde des conséquences pour sa propre cause, M. Fliedner, toujours imprudent, assimile ses séminaristines, ou mieux ses institutrices affiliées à l'œuvre, aux sœurs qui dans l'Eglise romaine ont pris la direction des écoles. Il rappelle que le roi de Bavière a récemment remis l'instruction élémentaire de son royaume aux mains des ordres catholiques féminins, la Westphalie en a fait tout autant depuis quarante années, et M. Fliedner se félicite de ce que cette province qui va former un séminaire romain, lui a demandé de se fournir à Kaiserswerth de sœurs pour les écoles protestantes.

Chaque rapport nous ramène tantôt adressés aux jeunes filles chrétiennes, tantôt adressés aux pasteurs, des appels dont la témérité m'épouvante. Même en me plaçant au point de vue des illusions de M. Fliedner, même en admettant que l'état de sœur est un saint état, je ne puis sans frémir lire ces mots : « Venez et vous goûterez la paix, venez et vous serez les servantes du Seigneur, venez et vous échapperez à beaucoup de tentations ! » Provoquer des vocations de sœurs, n'est-ce pas courir le risque d'en forcer quelques-unes !... Quelle responsabilité, quand on s'adresse à des pasteurs conducteurs d'âmes inexpérimentées, volontiers asservies! Quelle responsabilité, quand on s'adresse à des jeunes filles toutes prêtes à vous croire sur parole, à déserter les devoirs vulgaires pour les dévouements singuliers!

Le quinzième rapport offre encore ce caractère remarquable, que le but de l'institut des orphelines s'y révèle tout entier.

Les orphelines payent une pension jusqu'à leur seizième année. Quand elles sont pauvres, on leur fournit une bourse. Pendant leur dix-septième et leur dix-huitième année elles sont préparées pour leur vocation; *pour la vocation de diaconesses* ; c'est net et c'est simple. Après leur dix-huitième année, elles travaillent comme sœurs *pendant cinq ans au moins*. Au bout des cinq ans, *elles peuvent, si elles le désirent, rester diaconesses*, et alors l'institution devient leur maison mère *pour toute la vie!*

Je renvoie les développements de ma pensée à l'examen d'un établissement analogue, récemment fondé par la corporation de Paris; mais il faut bien qu'un cri d'indignation s'échappe de ma poitrine. Il y a ici un crime de lèse-liberté humaine. Vous prenez des jeunes filles orphelines, pauvres, vous les prenez dès l'enfance, vous les élevez *pour être diaconesses*, vous les faites servir cinq ans avec la liberté de continuer toute leur vie! Eh bien, je vous le dis tout haut, vous profitez de la misère de leur situation pour exercer sur elles la plus terrible, la plus impardonnable contrainte, la contrainte de l'éducation; celle qui va martellant l'individu à toutes les heures du jour, celle qui le ploie, bien qu'il en ait, selon le moule voulu. Les âmes charitables font là coup double sans qu'il leur en coûte grand'chose; elles sauvent une jeune fille de l'ignorance, peut-être du péché, et elles dotent l'institution d'une sœur. Mais je vous assure que ce sont là de bonnes œuvres qui crient devant le trône de Dieu !

Un mot encore, permettez que je vous arrête devant cette petite phrase : l'établissement devient leur maison mère *pour toute la vie !* Permettez que je vous fasse remarquer comme la perpétuité se glisse peu à peu derrière les engagements à temps. Oh ! la liberté de s'en aller au bout des cinq années obligatoires, on l'a, elle existe sans doute, si bien que ce n'est pas d'elle qu'on éprouve le besoin de parler, mais de cette autre, moins connue, plus compromise : la liberté de rester — et alors l'institution devient maison mère *pour toute la vie.*

Un hospice d'aliénées va s'ouvrir à Kaiserswerth. Là se formeront des sœurs pour le service de tous les hôpitaux du même genre. Encore une œuvre qui ne se fera plus que par elles.

Les conférences annuelles des institutrices, celles des *députées* des sociétés auxiliaires de femmes se réunissent toujours à Kaiserswerth. Cette année les comités de femmes se sont élevés au nombre de cinquante-deux ; deux sociétés analogues, composées *d'enfants*, se sont formées. Tous les quatorze jours, les membres de ces diverses associations se rassemblent et travaillent en faveur de l'œuvre.

Voilà comment on domine tout un peuple, tout un pays ! — Ni la Parole de Dieu, ni les œuvres simplement bibliques, ne procèdent avec cette habileté.

Abordons le seizième et dernier rapport, 1852 à 1853.

L'œuvre a trouvé un riche filon : l'affiliation des institutrices à la corporation des sœurs. Ce pas-là n'était que le premier, voici le second. Cette année plusieurs des institutrices affiliées ou du tiers ordre (qu'on nous permette d'employer le mot propre), sont entrées dans la congrégation, se sont faites diaconesses :— « Elles se sentaient *isolées*, exposées par là même *à beaucoup de tentations*, maintenant elles éprouvent combien elles ont gagné à entrer dans la confrérie (*Schwestershaft*). Elles se trouvent *plus étroitement unies* avec l'Eglise à laquelle les sœurs sont *régulièrement* liées, et dans la maison mère, elles ont une patrie et un asile *pour toute leur vie.* »

L'institutrice de village, placée au sein d'une paroisse, dévouée aux soins des enfants, naturellement unie aux membres pieux du troupeau, naturellement placée sous la direction et sous la protection du pasteur était *isolée*, elle était sans secours contre les tentations ; elle avait une famille, elle avait des amis, elle avait des devoirs importants et doux à remplir, mais rien de tout cela ne la satisfaisait, ne la gardait ; elle entre dans la confrérie, et la voilà consolée, et la voilà fortifiée, et la voilà sauvée ! Elle reste dans la même localité, vis-à-vis des mêmes travaux, pourtant elle n'éprouve plus d'abandon, et les tentations ont disparu. Qu'y a-t-il donc de magique dans ce fait si petit, si simple en apparence de devenir *sœur* ; quelle vertu cachée réside dans ce nom, sous cet habit ? Celle-ci, dont Rome a depuis longtemps reconnu la puissance : l'abdication de la liberté et de la responsabilité. Vous ne vous appartenez plus, vous n'avez plus à décider pour vous ; en échange du choix spontané que Dieu vous met en mesure de faire chaque jour, on vous donne votre feuille de route tracée, pointée : vous n'avez plus à lutter, vous n'avez plus dans les cas difficiles à interroger le Seigneur et sa Parole ; vous n'avez plus qu'à obéir. En échange du père, de la mère auxquels Dieu vous avait soumise, dont il avait fait vos protecteurs et vos guides, en échange du toit domestique on vous donne la *schwesterschaft*, on vous donne *la maison mère*, ce sera désormais *votre patrie, ce sera votre asile assuré pour toute la vie.* — L'indépendance que l'Eternel assure à toute âme d'homme est un présent dangereux, si nous l'osions nous dirions inconsidéré; les prudents s'en défont. La liberté! mais c'est la liberté de tomber, prenez-y garde; défiez-vous des conditions normales de la vie, elles sont toutes en faveur du péché. — Une famille! hélas! qu'est-ce le plus souvent, qu'un obstacle à la sanctification! La vraie famille, c'est l'association d'individus chrétiens spécialement consacrés au service de Dieu; la vraie liberté, c'est l'assujettissement à une règle volontairement acceptée et si exacte, qu'elle ne permette aucun mouvement intempestif. Le meilleur, le dernier, le souverain usage à faire de l'indépendance, c'est de s'en *défaire!* Venez à nous, nous vous serons père, mère, frères et sœurs. Venez à nous, nous vous servirons de conscience. Venez à nous, ce sera venir à Christ, car notre institution c'est l'institution de Christ, le service que nous requerrons de vous, c'est le service de Christ: vous ne pouvez vous unir trop intimement à nous, vous ne pouvez vous asservir trop étroitement à Christ.

Hélas! je comprends tout cela pour avoir étudié les mêmes arguments dans toutes les fondations monastiques; et ce que je comprends encore, quelque inconcevable qu'elle paraisse au premier abord, c'est l'étrange distinction établie entre les sœurs et les simples fidèles par ces mots : *plus intimement liée à l'Eglise.* Les fidèles ne sont que fidèles; s'ils s'imaginent que Jésus ne leur demande rien de plus pour les tenir dans sa parfaite communion, ils se trompent; il y a un degré supérieur; on y parvient en se faisant *sœur.* L'Eglise a deux sortes de membres et le Père a par conséquent deux espèces d'enfants : les uns qui ne sont que chrétiens ; les autres, plus près de son cœur ou de sa personne, qui lui sont exclusivement consacrés ; les sœurs font partie de ceux-là.

La maison mère revêt de plus en plus les caractères du couvent ; nous y avons vu naguère la sœur *apothekerinn*, nous y voyons maintenant la sœur *jardinière*. Impossible d'avoir l'âme sans avoir la figure ; chaque principe a sa forme dont on ne le sépare pas plus qu'on ne sépare telle émotion dont le siége est dans notre cœur de telle expression dont l'épanouissement transfigure nos traits. Vous me direz : — Ce sont des niaiseries ; cela ne prouve rien. — Le parfum de l'encens ne prouve rien non plus, mais quand vous le respirez, vous dites : Je suis dans une église romaine, et vous ne vous trompez pas.

Les sœurs envoyées à Jérusalem devaient ouvrir l'Orient aux congrégations monastiques, elles n'y ont pas manqué. Il faut le dire d'ailleurs, partout où il y a un consul prussien, il y a de l'empressement à favoriser une institution que protége très particulièrement le souverain de la Prusse. — A Constantinople donc, à Smyrne, à Beyruth, sur la demande des agents politiques de la Prusse, et sur les instances du roi, Kaiserswerth envoie des sœurs. L'hôpital de Constantinople ne renfermait que quatre malades, n'importe, il faut qu'il y ait des maisons mères partout où il y a un agent prussien. On emploiera les sœurs parmi les Arméniens nouvellement convertis. La Bible leur avait montré l'inutilité, la folie, le péché de leurs corporations de moines et de nonnes, on leur en montrera la sagesse, on leur en montrera l'utilité avec la sainteté.

M. Fliedner se félicite tout de nouveau de ce que la

plupart des hôpitaux et des asiles fondés dans la Prusse et dans les pays étrangers se *développent en maisons mères*. Ainsi fait celui de Breslau. Mais quoi, il ne s'est encore présenté que trois novices en Silésie! — « Des milliers se disent disciples de Jésus et se tiennent *oisives* sur *le marché*, au lieu de se dévouer à *ce service saint et bienheureux!* En vain a-t-on multiplié les appels, particulièrement à l'époque du choléra; *le Seigneur a frappé à la porte*, elle ne s'est pas ouverte. Que deviendrez-vous lorsqu'Il vous la fermera dans le grand jour, vous, *vierges folles*, et qu'Il vous dira : Jene vous connais pas! »

Est-il bien vrai! Les entraînements de la passion peuvent-ils égarer jusque-là? Oui, cela est possible, car cela a toujours été. Tous les fondateurs d'ordres religieux ont fait du Seigneur Jésus le portier de leur couvent, et de leur couvent l'entrée du ciel. Tous ont appliqué à la vocation de frère ou de sœur ce que Jésus a dit de la conversion. Tous ont fait cette confusion audacieuse, effrayante, propre à bouleverser les âmes et qui en à tant perdu, et qui en a tant déchiré, et qui a faussé tant de vies.

: — Le Seigneur a frappé à la porte, et ellene s'est pas ouverte! que deviendrez-vous quand, au grand jour, Il vous la fermera, vous, vierges folles! — Nous vous avons enjoint de quitter vos familles, de vous assujettir à notre règle, de nous promettre obéissance! Nous vous avons adjurées d'entrer dans notre confrérie, de recevoir la consécration qui fera de vous des *sœurs!* Vous hésitez, vous avez peur, vous ne voulez pas abandonner votre mère; notre œuvre vous inspire des doutes; vous ne savez s'il est conforme à l'Evangile de donner au Seigneur ce que le Seigneur ne nous demande pas, de rejeter ce qu'Il nous a donné; vous voulez le servir à votre mode sous prétexte que c'est le mode biblique ; vous ne reconnaissez que la direction de Jésus, vous ne reconnaissez que les autorités qu'Il a formellement constituées sous prétexte que s'Il en avait voulu d'autres, Il les aurait établies ! Audacieuses ! audacieuses et folles, ce n'est pas à nous que vous désobéissez, c'est à Jésus-Christ ! Le grand jour viendra, vierges orgueilleuses, il viendra !...

Mesure-t-on l'horreur d'un pareil discours ? Ah ! ce que vous sous-entendez peut en modifier les témérités, ce que vous exprimez est odieux.

Vous pensez, je le crois, qu'à côté de vos institutions il y a de la place pour toute espèce de vocations chrétiennes ; quelques-uns d'entre vous, mieux avertis, le disent ; mais vous, plus naïf, plus entraîné, moins travaillé par la critique, vous ne le dites pas, et voilà des âmes sous le coup de ces menaces humaines proférées au nom de l'Eternel. Voilà des fronts qui s'avancent craintifs sous le joug que vous leur présentez de par la volonté de Dieu. Voilà des âmes plus énergiques, plus individuelles qui refusent de vous obéir, mais celles-là, si elles n'ont pas perdu la liberté ont perdu la paix ; un sourd orage gronde dans leur ciel, vous avez mis entre elles et Dieu un nuage chargé de foudre. Je ne comprends pas qu'une telle responsabilité vous laisse calme. Non, vous ne tremblez point. Vous vous réjouissez au contraire d'avoir si bien su trouver les fibres sensibles du cœur ! Vous nous annoncez qu'après avoir répandu à des milliers d'exemplaires un appel aux pasteurs, aux chrétiennes, où vous invitez ces dernières à *s'examiner elles-mêmes* pour savoir si elles ne *peuvent et ne veulent pas* se consacrer au service du Seigneur dans l'emploi de diaconesses ; *plusieurs vocations se sont manifestées ;* et vous vous écriez : « Puisse *ce feu divin* embraser bientôt tous les cœurs de femme... quelle joie alors dans le ciel, quels cris de joie parmi les anges de Dieu ! »

L'assimilation avec Rome n'arrête pas plus M. Fliedner que sa propre responsabilité ne l'effraye ! — « Voyez, s'écrie-t-il en montrant aux *vierges folles* de la Silésie les *vierges sages* de Rome, voyez, celles-là viennent en foule, et même des plus hautes classes de la société, s'offrir pour cette même consécration aux pauvres et aux malades que vous dédaignez ! » — Pourquoi s'étonner? le but est le même : tout envahir : « Notre dessein est d'arriver, autant qu'il sera possible, à ce que le service de *tous les établissements de bienfaisance* soient remis aux *diacres et aux diaconesses !* »

Le nombre des sœurs placées dans les paroisses comme diaconesses d'Eglise s'est accru. Cependant M. Fliedner trouve la situation difficile. Il est malaisé à une jeune personne, dit-il, d'exercer une certaine action maternelle non dans l'étroite enceinte d'un établissement limité, mais dans une Eglise.

Je vais révéler à M. Fliedner le secret d'une difficulté que je reconnais avec lui.

Il a voulu faire des diaconesses à sa manière au lieu de les faire à la manière de la Bible, il a rencontré sur son chemin des obstacles qu'il n'eût pas trouvés sur le chemin de Dieu. La Bible veut pour diaconesses des femmes pieuses, entourées de la protection, de la responsabilité qu'assure une famille; armées de l'expérience que donne la vie ordinaire; fortifiées par l'exercice de cent devoirs de genres divers. La Bible veut pour diaconesses des femmes prises au milieu du troupeau, ne relevant que de Dieu et de l'Eglise, partageant l'existence, les peines, les félicités communes à tous, jouissant déjà d'une considération, d'une confiance qui seules devaient les désigner au choix de leurs frères. Vous, vous prenez pour diaconesses des jeunes filles élevées dans une espèce de couvent, sous l'autorité minutieuse d'une règle humaine. Au lieu de l'expérience qu'elles n'ont pas, de la sagesse qui leur manque encore, du discernement qui ne vient qu'après une longue pratique de la vie, vous leur donnez une chaîne dont vous tenez un bout, dont vous remettez parfois l'autre bout au pasteur de l'endroit. Au lieu de la famille, vous leur donnez une compagne jeune comme elles, neuve comme elles, ignorante comme elles. En guise d'égide, égide dont, mieux appropriées à leur vocation, elles n'auraient nul besoin, vous les revêtez d'un costume; et puis vous les envoyez inconnues dans une ville inconnue. — Ce pourront être des jeunes filles zélées, charmantes, pleines de candeur et de bons désirs, pénétrées sur toutes choses de l'amour de leur congrégation et jalouses de son agrandissement; ce ne seront jamais des diaconesses selon la Bible.

Ces sœurs, dans plusieurs localités nourrissent les pauvres (il en est une où elles ont distribué plus de vingt mille portions de soupes); elles répandent les aumônes qu'on leur confie, elles tiennent des écoles du dimanche, soignent les malades, ou leur procurent d'autres soins, car leur temps n'est pas plus élastique, car elles n'ont pas plus de force que les autres femmes; tout passe par leurs mains; et je ne saurais assez le répéter, il le faut pour nos sourdes oreilles; elles font à la fois ce qu'il ne faudrait pas faire du tout (je parle de la nourriture régulièrement distribuée aux pauvres), et elles font ce que faisaient toutes les chrétiennes, ce que ces chrétiennes ne feront plus dès qu'il y aura une sœur en titre pour les suppléer.

Une maison mère s'ouvre à Bâle; il s'en fonde d'autres en plusieurs pays étrangers, et c'est Kaiserswerth qui forme les sœurs supérieures.

L'institution de Kaiserswerth va s'agrandir d'une manière conforme à son caractère. Il faut y créer de peties chambres *de retraite* où les sœurs âgées, que M. Fliedner compare à sainte Anne dans le temple, puissent se livrer à la *prière*, à la *méditation*, où elles puissent vivre seules. Il faut y avoir des logements convenables pour les chrétiennes des hautes classes qui viennent s'exercer dans l'établissement aux soins des malades. Il faut y ouvrir un *parloir*. De plus, une maison qui vient d'être achetée sur la montagne servira d'asile aux sœurs malades ou convalescentes; elle sera un *Salem* pour les sœurs.

Assurément, telle de ces créations, considérée en soi, est fort innocente; mises ensemble elles complétent le système conventuel; elles le parachèvent si bien que l'institution étant donnée, on ne pouvait s'en passer. Il y aura donc et des sœurs âgées livrées à la contemplation, achevant leur vie dans le calme de la solitude; et de grandes dames pensionnaires; et le parloir, et le Salem; tout cela très libre, très spontané, mais très conséquent au principe et très inévitable.

Le séminaire continue à envoyer de tous côtés ses institutrices affiliées et ses institutrices sœurs. Celles-ci, fidèles à l'esprit de corporation , le plus tyrannique et le plus entreprenant des esprits, celui qui a plus d'une fois bouleversé le monde, créent autour d'elles des sociétés auxiliaires en faveur de Kaiserswerth, et des sociétés de Sion en faveur de la maison mère de Jérusalem.

M. Fliedner mentionne le départ de la première surveillante du séminaire; elle a quitté l'institution pour se marier. C'est la seule fois qu'un fait pareil se produit dans les rapports ; il y paraît sans réflexions. M. Fliedner, que n'inquiètent ni ses scrupules ni l'opposition d'autrui, ne sent nul besoin de protester qu'en se mariant, la première surveillante a comblé les vœux de la direction. Elle s'est mariée, il le dit en passant. *Une* en *dix-sept années*, il n'y a pas de quoi s'effrayer; mais M. Fliedner, qui a des attendrissements pleins de cœur et des éloges pleins de feu pour les sœurs *fidèles à leur vocation*, ne trouve pour celle-ci ni un adieu cordial, ni une bénédiction. Il y a de l'affection jusques sous son silence, je n'en doute pas ; seulement il est comme il est, et ce mariage qui ne sert pas sa cause que nul n'a attaquée au point de vue du célibat monastique, qui ne la dessert pas non plus, car seul au milieu de dix-sept années d'existence il n'ébranle pas l'institution, ce mariage figure au rapport comme un simple fait réclamé par la seule exactitude du tableau. Il est possible du reste que Marie Rheindorf, la première surveillante, ne fût pas *sœur ;* M. Fliedner ne la désigne que par ses fonctions de *Lehrerinn* et *Aufseherinn*, tandis qu'il donne le nom de *diaconesse* à sa remplaçante.

M. Fliedner prie les pasteurs de n'envoyer dans le séminaire que des personnes douées de la vocation *intérieure et extérieure ;* il les rend d'autant plus attentifs à cette condition, que beaucoup de jeunes filles pauvres et de veuves recherchent cet emploi comme un moyen d'existence.

L'établissement pour les orphelines se dégage des dernières obscurités qui pouvaient permettre un doute sur sa destination.

Ecoutons le fondateur : « Notre institution des orphelines *n'est pas du tout* une maison d'éducation, comme on le pense ; elle est destinée à former les orphelines pour leur *vocation future* et pour leur *placement ultérieur, qui doit être entièrement abandonné à notre direction et à notre décision.* » — On ne saurait exiger plus de franchise. « ... Ces enfants, à mesure qu'ils grandissent, considèrent de plus en plus comme un privilége et de se *consacrer au service de diaconesses*, et de *trouver dans la maison mère un asile pour leur vie entière.* »

Le prix de la pension est limité à 60 thalers (232 fr.) pour les familles pauvres.

Je dis que cela s'appelle vendre son enfant; le vendre dans un but très saint aux yeux des fondateurs et des parents, d'accord; mais *le vendre*, et même à bon marché. Cela s'appelle disposer de lui sans lui; cela s'appelle créer des vocations forcées; cela s'appelle attenter aux droits de l'âme, et il y a là un crime d'une gravité telle, que je supplie mes lecteurs d'en examiner de sang-froid tous les caractères et toute la portée.

Il ne viendra, je pense, dans l'esprit de qui que ce soit de nous opposer ici l'enthousiasme avec lequel des jeunes filles de seize à dix-sept ans, nourries dans la maison mère, sous l'œil du fondateur, dans la dépendance exacte de la supérieure, dressées au respect de l'institution, accoutumées à regarder la vocation qu'on leur prépare comme le comble de la sainteté et de la gloire chrétienne, reçoivent la consécration avec le titre de sœurs. Ce bonheur-là m'est suspect; je le crois parfaitement sincère, mais il ressemble un peu trop à la félicité de l'oiseau pris tout petit dans son nid, élevé en cage et destiné à la prison perpétuelle. Il serait facile de faire des idylles sur sa félicité; cependant cela ne vient au cœur de personne.

— Le nid avait été ravagé, dites-vous, le père n'existait plus, la mère était mortellement blessée! — Peut-être; je ne vois pas là une raison de tenir votre oiseau prisonnier; élevez-le, et quand il aura des ailes, lâchez-le : si vous l'avez bien nourri, il sera sain, il sera fort, il trouvera sa vie dans les forêts. Dieu, qui a fait pour lui le plein air et les libres horizons, Dieu ne le laissera ni s'égarer ni périr.

Mais les fondateurs d'institutions monastiques n'entendent ni les intérêts des âmes ni ceux de la société à la façon de Celui qui a fait les peuples et les âmes. Ils ont décrété que les orphelines de pasteurs et d'instituteurs seraient diaconesses de par le malheur, et elles le seront. Où y a-t-il une mère, où y a-t-il des parents pauvres qui résistent à la tentation d'assurer à leur enfant un asile pour la vie entière, une vocation sainte qui la place au nombre de ces *vierges*, glorieuse cohorte du Seigneur, partout où il va?

Je ne veux pas sonder cet abîme; je le laisse ouvert devant notre conscience à tous. Je veux seulement achever ce que M. Fliedner a si bien commencé et arracher les derniers voiles qui lui dérobent à lui-même sa pensée.

Voulez-vous que je vous dise ce qui vous a comme imposé la création de cette bonne œuvre si parfaitement mauvaise? Le voici : c'est le besoin que vous avez de trouver des sœurs, c'est la pénurie où vous laissent, malgré les entraînements de l'erreur, un reste de doute, un reste de bon sens répandu dans les masses. Vous n'avez pas de diaconesses; dans tous les pays c'est là ce qui vous fait défaut. Des chrétiennes appropriées aux œuvres diverses du christianisme, on en a toujours. Vous avez, vous aurez tant que vous voudrez des institutrices, des gouvernantes, des garde-malade; chaque troupeau, pour peu qu'il vive, vous fournira des diaconesses d'Eglise; pour les œuvres que Dieu a faites, il fera toujours des ouvriers; il n'en fera pas pour les œuvres apocryphes; pour celles-là, créations d'hommes, il faudra que l'homme crée des agents. Les chrétiennes dévouées ne manquent jamais, Dieu les crée ; les sœurs vous manquent, Dieu ne les crée pas ; c'est à vous de les fabriquer, et vous les fabriquez. Si vous n'inventez pas des vocations, si vous n'en produisez pas de factices, vous périssez. Vous le sentez sans vous en rendre compte, et tantôt vous ordonnez aux pasteurs de vous en trouver partout, à tout prix ; tantôt vous enjoignez aux femmes pieuses d'entrer par la porte de Kaiserswerth dans la vigne du Seigneur; tantôt, tirant vos affiliées par le lien flottant que vous leur avez habilement attaché, vous les enchaînez pour tout de bon à votre confrérie; tantôt vous formez des sociétés locales pour oppresser les consciences et vous les amener captives; tantôt, vous voyant encore faibles malgré ces efforts inouïs, vous prenez l'affaire de plus haut, vous pensez qu'au bout du compte le meilleur moyen de faire accepter votre vocation à de jeunes esprits c'est de vous arranger pour qu'ils n'en connaissent pas d'autres ; vous offrez le titre de sœur, une existence assurée à tout enfant privé de père, de mère ou de l'un des deux, pour lequel on vous fournira quelques centaines de francs; vous sauvez votre institution, vous pensez du même coup sauver les âmes, et vous dormez tranquille.

Oh! je ne veux pas faire peser sur vous un crime de lèse-humanité dont vous n'avez certainement pas compris la portée; je suis persuadé bien au contraire que c'est avec un cœur droit que vous accomplissez cette œuvre à double face ; l'enivrement d'une erreur pieuse explique tout ; je ne condamne personne ; seulement je m'épouvante et de l'attentat, et du chemin que nous fait faire Satan quand il s'enveloppe d'un vêtement de lumière.

La fête annuelle a été marquée, comme elle l'est d'ordinaire, par la consécration de nouvelles sœurs et par une bénédiction particulière adressée aux diaconesses partant pour Constantinople et pour Smyrne. Le prédicateur Strauss, de Berlin, a adressé aux premières la parole de l'évêque Chrysostôme : *Dieu soit loué pour tout ;* et aux secondes la parole de l'évêque Polycarpe : *Sois fidèle jusqu'à la mort, et je te donnerai la couronne de vie.* On me trouvera bien puritaine, mais il me semble qu'au lieu de faire intervenir ici des évêques qui, très recommandables à mille égards, ont servi de colonnes à l'erreur autant qu'à la vérité, il eût mieux valu mettre les sœurs en présence du Seigneur Jésus tout seul. Une fois qu'il s'agissait de *sœurs consacrées* pourtant, il y avait bien quelque danger à laisser parler le Seigneur ; les évêques, il faut en convenir, ne risquaient pas de proférer quelque précepte imprudent comme celui-ci : « N'ayez point de directeur, car un seul est votre directeur, Christ ! » ou : « Que personne ne vous asservisse sous prétexte d'humilité d'esprit ! » ou : « Pourquoi anéantissez-vous les commandements de Dieu par votre tradition humaine ? » A tout prendre, il valait mieux placer les sœurs en face des évêques. Qu'on remarque seulement ce texte, appliqué à des femmes qu'on vient de consacrer à une vocation qui réclame d'elles le *célibat* et *l'obéissance* : *Sois fidèle jusqu'à la mort, et je te donnerai la couronne de vie !*

La conférence annuelle des institutrices, la conférence des envoyées des sociétés auxiliaires prennent place à côté de l'ouverture d'un hospice pour les femmes aliénées. L'hospice doit servir d'école modèle pour ce nouvel emploi. Il renferme huit malades soignés par la directrice de cet établissement spécial, la fille aînée de M. Fliedner, et par sept autres sœurs. Ce chiffre, quand on le compare à celui des aliénées est singulièrement élevé. Je suis bien loin, certes, de désapprouver les soins extrêmes dont M. Fliedner entoure les membres de l'institution ; je trouve qu'il agit en cela comme un homme plein de prudence et de charité ; je fais observer seulement qu'une des préoccupations du digne fondateur de Kaiserswerth, c'est d'assurer partout à ses sœurs une position douce en même temps qu'une position élevée. Il ménage extrêmement leurs forces, il ménage leur amour-propre ; s'il les veut assujetties de très près à la direction, il les veut très indépendantes de toute action étrangère ; il leur assure une place à part ; il s'inquiète à la moindre apparence d'empiétement, de familiarité ; il travaille à leur créer une situation en dehors et au-dessus des conditions vulgaires de la société ; il y parviendra comme y sont parvenus tous les fondateurs d'ordres religieux ; sa bonté l'y pousse ; le principe monastique auquel il obéit l'y contraint ; on ne peut arracher les individus aux conditions que Dieu leur avait faites sans leur en refaire d'autres, factices si vous voulez, mais qui suppléent en partie ce que vous leur avez ôté.

M. Fliedner pousse de tout son pouvoir à la création de nouvelles sociétés auxiliaires ; surtout d'associations enfantines ; il sait bien la puissance des petites choses, il sait leur triomphe final sur les grandes ; il sait que les fourmis réduisent en poudre des édifices énormes et que les enfants, sans parler de la candeur de leur foi, sont par leur persistance les meilleurs tyrans du monde. Prenons-y garde ; que le but ne nous aveugle pas sur les moyens ; rappelons-nous les bandes d'enfants organisées par Savonarola ; il croyait bien faire lui aussi, en envoyant dans les familles ses armées d'inquisiteurs imberbes, en imposant au père et à la mère la juridiction mal avisée, mal réglée, saintement insolente d'un pédagogue de douze ans. Nous n'en sommes pas là, je le sais bien, mais notre siècle est un siècle faiseur, il a la vue basse; les avantages immédiats, quelque minimes qu'ils soient, lui paraissent toujours plus gros que les maux à venir; il est imprévoyant, il ne croit pas que jamais demain puisse devenir aujourd'hui; je sais cela aussi, et c'est pourquoi je frémis lorsque je vois nos créateurs d'œuvres saisir ce levier qui trompe la main, et dans la vue de parvenir à leurs fins par le plus court chemin, faire au nom de Jésus-Christ autant de petites sangsues domestiques qu'il y a d'enfants dans une maison. Les parents pesteront un peu, on en convient; les enfants seront insupportables, ils cumuleront le double privilége de fatiguer la famille par des demandes incessantes et d'être intempestifs en toute bonne conscience; oui; mais ce sont de fameux auxiliaires, ces petits êtres-là! ne se rebutant point, revenant à la charge, ne perdant jamais de vue leur idée; ce qu'ils n'obtiennent pas de gré, la fatigue le leur abandonne, bah! quand ils ennuieraient un peu papa et maman, où serait le mal! la caisse des sociétés se remplit en attendant, et ces jeunes âmes s'accoutument à travailler pour le Seigneur. — Il est possible que les caisses se remplissent, mais il est certain que ces jeunes âmes se vident de la retenue, du respect des personnes âgées, et du tact, et de l'humilité qui dérobe les aumônes au grand jour, et des mille vertus que Dieu veut aux enfants autant qu'aux hommes faits.

Ceci est pour nous comme pour M. Fliedner; dans cette affaire nous sommes tous inconsidérés.

Kaiserswerth a des actionnaires, mode spécial aux institutions de sœurs, inconnu aux créations évangéliques et fort productif, car beaucoup d'actionnaires finissent par doter l'établissement du capital et des intérêts.

La vente des livres au profit de l'œuvre continue ; parmi ces publications répandues dans toute l'Allemagne par les voyageurs de Kaiserswerth, je remarque *Arnd*, *Quatre livres sur le vrai christianisme*, ouvrage d'un haut mysticisme.

Il ne me reste plus qu'à donner le chiffre des sœurs, celui des hôpitaux et des maisons mères desservies par elles.

Avant de présenter ce tableau, j'insère ici une simple réflexion, c'est que si l'on s'était donné en faveur du travail purement biblique d'évangélisation et de charité, le quart du mouvement que l'on s'est donné pour l'accroissement des congrégations de sœurs ; c'est que si l'on avait déployé une faible portion de cette habileté, de ce zèle, de cette passion, le christianisme normal, celui de la Révélation, aurait fait des pas immenses en Allemagne. — Vous le voyez à l'œuvre en Angleterre, en Amérique, vous savez quels miracles il y accomplit chaque jour ; mais hélas ! nous sommes une civilisation un peu surannée, un peu vieille, il nous faut des mets de haut goût, et là où l'Evangile nous laisse mornes, les institutions monastiques nous réveillent.

LISTE DES ÉTABLISSEMENTS REMIS A LA DIRECTION DES SŒURS.

Berlin, hôpital de la Nouvelle-Charité	. .	6 sœurs.
Id., hôpital de la Vieille-Charité.	. .	4
Soeft, maison des orphelines .	. . . . .	2
Elberfeld, hôpital des bourgeois .	. . . .	2
Id., diaconesse d'Eglise	. . . . .	1
A reporter.	. .	15

	Report. . . 15
Barmen, hôpital	2
Id., asile des orphelines.	1
Kreuznach, hôpital	2
Saarbrücken, hôpital	3
Vezlar, hospice pour les pauvres et les malades	2
Cologne, maison des orphelines, école . .	4
Id., diaconesse d'Eglise	1
Duisburg, diaconesses d'Eglise	2
Clèves, hôpital	1
Id., diaconesse d'Eglise	1
Düsseldorf, maison des orphelins . . .	2
Id., hospice	2
Lennep, hôpital et diaconesses d'Eglise . .	3
Altdorf près de Pless, maison d'orphelines	5
Frankfort-sur-le-Mein, hôpital d'enfants. .	4
Frankfort-sur-l'Oder, hôpital d'enfants . .	3
Worms, hôpital	2
Londres, hôpital allemand	5
Pittsburg, Amérique du Nord, maison mère	2
Jérusalem, maison mère	4
Hamm, hôpital des pauvres et des malades.	1
Id., diaconesse d'Eglise	1
Mülheim, hôpital	3
Breslau, maison mère (Béthanie)	2
Kœnigsberg, hospice de la Miséricorde . .	2
Stettin, maison mère	3
Uetz, près Potsdam, hospice et école des enfants	2
Erbach, hospice et diaconesse d'Eglise . .	1
Dortmunde, hôpital de la ville	2
A reporter. . .	**83**

Report. . .	83
Münster, asile des femmes âgées et diaconesse d'Eglise	1
Id., salle d'asile.	1
Lippstadt, dans le nouvel hôpital. . . .	2
Neuwied, hôpital et diaconesse d'Eglise. .	1
Constantinople, hôpital	3
Kaiserswerth, établissement des orphelines.	5
Id., séminaire des institutrices .	1
Id., asile et refuge des Madelaines	2
Id., hospice des aliénées . . .	9
Total. .	108

EN 1845	EN 1853
il y avait 55 sœurs,	il y a 116 sœurs (dont 8 maîtresses d'école,)
34 novices,	50 novices,
11 hôpitaux dirigés ou desservis par les sœurs,	23 hôpitaux dirigés ou desservis par les sœurs,
3 diaconesses d'Eglise,	10 ou 11 diaconesses d'Eglise.

Nous ne pouvons donner le nombre des maisons mères, le compte n'en étant pas clairement établi dans les rapports où elles se confondent habituellement avec d'autres fondations pieuses.

Outre les établissements et les sœurs dont M. Fliedner dresse la liste, il en existe plusieurs autres, absolument analogues, mais qui n'entretiennent pas avec Kaiserswerth des relations aussi directes.

Depuis l'ouverture du séminaire, 579 institutrices,

toutes affiliées, et le plus grand nombre faisant partie du tiers ordre.

En 1853, 55 sociétés organisées pour le soutien de Kaiserswerth,

7 sociétés dites de Sion.

M. Fliedner insiste sur cette particularité, que la plupart des hôpitaux remis aux sœurs deviennent des maisons mères.

Telle est la situation. Je l'ai rendue avec une exactitude scrupuleuse, j'ai dit les faits, j'ai dit mes pensées; je résumerai succinctement les caractères les plus saillants de l'œuvre de Kaiserswerth quand j'aurai esquissé celle de Duisburg.

DUISBURG.

Duisburg est identique à Kaiserswerth; même direction (M. Fliedner préside le conseil qui gouverne Duisburg), même esprit, et je dirais même œuvre si le personnel était aussi nombreux. Mais les hommes ne se laissent pas conduire comme les femmes; ils ont des natures moins avides d'obéissance, moins souples, moins heureuses de se démettre de la responsabilité; ils se lassent plus vite de cette organisation monastique; ils quittent volontiers la confrérie quelque rigoureusement que M. Fliedner en ait serré la chaîne; et de là un ensemble assez misérable. L'œuvre n'offre ni le majestueux aspect, ni la marche ascensionnelle de Kaiserswerth. Nous ne la suivrons pas d'année en année, nous nous contenterons d'en donner les traits les plus saillants.

M. Fliedner a créé Duisburg en 1844.

Voici parmi les statuts tels qu'ils existaient alors [1], quelques articles qui caractérisent l'esprit de l'ordre.

L'*art.* 2 assimile l'institution de Duisburg à l'institution de Kaiserswerth. Ce que sont les sœurs, les frères doivent l'être. Service des hôpitaux, soins des malades et des pauvres, fonctions de maîtres d'écoles, de diacres d'Eglise, tel est leur champ d'activité.

[1] Premier rapport, 1845, p. 21 et suivantes.

Art. 4. La direction n'admet que des célibataires.

Art. 5. Le temps du noviciat une fois écoulé, les frères reçus au diaconat (car on les appelle diacres), sont tenus de servir *cinq années, se soumettant à la destination que leur impose la direction, dans le séminaire ou hors du séminaire*, SANS ÊTRE MARIÉS. Tant qu'ils restent frères, ils sont défrayés de tout. Ils ne *peuvent* avant les *cinq années révolues*, se séparer de la confrérie, ou mieux, se soustraire à la direction, *à moins de motifs très graves et reconnus tels*. Dans ce cas même, ils *doivent prévenir la direction trois mois à l'avance.*

On réserve à des arrangements particuliers les conditions de *la prolongation de ce temps de service.*

L'art. 6 répète que les frères sont appliqués à différents emplois intérieurs ou extérieurs *selon la volonté de la direction*. (Elle s'est réservé dans l'article précédent, le droit de *remettre* ses frères, selon qu'il lui conviendra, à telle ou telle Eglise, société, ou fondation.)

Les arrangements à prendre avec les individus ou les établissements qui emploient les frères *concernent exclusivement la direction*. Les frères envoyés au dehors *restent soumis à la direction*, à moins qu'elle ne les ait expressément abandonnés à d'autres.

Je demande pardon de ces redites, mais il a semblé nécessaire à M. Fliedner de frapper plus d'un coup de marteau sur les fers de ses diacres, j'allais dire de ses moines, il éprouvait le besoin de river leurs chaînes d'une main ferme, et je trouve non moins important de rendre sa pensée telle qu'il l'a conçue, telle qu'il l'a formulée.

Art. 7. Les Eglises, les individus, les établissements peuvent à leurs frais, faire préparer des jeunes gens dans l'institution de Duisburg; ils seront soumis comme les autres à la règle de la maison, *leurs relations avec la direction seront déterminées* plus tard.

Art. 19. L'établissement se place sous la protection du synode provincial du Rhin qui l'a approuvé.

En 1848 [1] deux nouveaux articles modifient les statuts dans le sens monastique. Le frère devait entrer célibataire et rester célibataire pendant tout le temps de son service; M. Fliedner trouve que ce n'est pas assez. On connaît les longues fiançailles d'Allemagne, si longues qu'elles permettent à l'étudiant de prendre ses degrés, à l'ouvrier de faire son tour de compagnonnage, à tous de retrouver au bout de cinq, de six ans et plus, une douce jeune fille qui a patiemment attendu, qui attendrait encore en soignant son père, en élevant ses sœurs; eh bien! M. Fliedner s'est méfié de cette patience, il s'est méfié des perfidies de ces engagements, et je crois qu'il a eu raison.

Art. 7. Le frère, ou plutôt le novice ne sera *ni fiancé, ni marié;* et s'il est *veuf* (M. Fliedner prévoit tout), *sans obligation envers qui de droit* et prêt à servir dans l'établissement cinq années dans le célibat.

Les ordres religieux romains imposent des conditions identiques. C'est naturel, quand on prend tout l'homme, quand on prend justement ce que Dieu n'a pas voulu qu'on prît, il faut bien s'assurer contre les réclamations.

L'*art.* 10 revient sur l'asservissement pour le mieux établir. Il faut que malgré les précautions de M. Fliedner il se soit conservé dans l'âme des frères quelque germe de liberté qui inquiète le fondateur. M. Fliedner exige de chacun d'eux une *déclaration volontaire d'obéissance* tant qu'il appartiendra à l'institution.

Les sœurs de Saint-Joseph ne prononcent des vœux que pour un an et sont admises à les renouveler d'année en année; les frères de Duisburg font les leurs pour

[1] Quatrième rapport.

cinq ans, et de même que les sœurs de Kaiserswerth et que celles de Saint-Joseph encore, sont admis à les renouveler tant qu'il leur plaira. Les uns comme les autres jurent très volontairement obéissance à une direction qui les fait mouvoir comme des machines. Les uns comme les autres, quand ils le veulent absolument, peuvent jeter le froc aux orties.

Passons rapidement au travers des rapports.

Celui de 1845 nous montre les quatre premiers frères *solennellement consacrés* par *l'imposition des mains.*

M. Fliedner, qui a peut-être plus de doutes qu'il ne le croit lui-même sur la légitimité évangélique de son œuvre, ne résiste jamais à l'envie de la rattacher au texte biblique.

Diacres! Il y a des diacres dans l'Eglise apostolique, moi je nomme mes frères *diacres*, par conséquent mes diacres et ceux de l'Ecriture sont une seule et même chose. Par malheur la Révélation nous donne le modèle de ses diacres à elle, par malheur ils sont aux antipodes des diacres de M. Fliedner, et par malheur encore M. Fliedner l'oublie.

Le Saint-Esprit sous-entend toujours le mariage du diacre; il veut que le diacre comme l'ancien soit mari d'une seule femme, conduisant honnêtement ses enfants et sa propre famille[1]. M. Fliedner ne veut le diacre ni marié, ni même fiancé. Le Saint-Esprit laisse ses diacres absolument libres dans les limites chrétiennes, il ne les assujettit à aucune autorité, sauf les autorités instituées par l'Ecriture; M. Fliedner impose à ses diacres une obéissance exacte, où qu'ils soient, envers la direction. Le Saint-Esprit ne lie ses diacres ni pour un an

[1] 1 Timoth. III, 12.

ni pour cinq, il les laisse indépendants, parfaitement maîtres de renoncer en tout temps à un emploi qui ne les empêche ni d'être époux, ni d'être pères, ni d'être hommes libres; M. Fliedner exige un vœu de cinq années : pendant cinq années, autant que cela est possible dans un pays et dans un temps où, à moins de couvents grillés et murés, on ne peut retenir un homme malgré lui, M. Fliedner décrète le célibat, l'asservissement, la machinisation de l'individu; et cela fait, M. Fliedner se repose sur cette douce pensée qu'il a ressuscité dans l'Eglise, l'institution apostolique du diaconat.

En mémoire de la Réformation, on a consacré l'établissement de Duisburg le 13 octobre; façon étrange d'en célébrer l'anniversaire.

Une sœur de Kaiserswerth et une jeune fille (servante je suppose), tiennent la maison dirigée par M. Brandt qui a passé quatre ans et demi au Rauhe Haus. Il ne restera pas longtemps à Duisburg. Le Rauhe Haus est une école trop libérale pour avoir pu former le supérieur des *Frères* de M. Fliedner.

A Kaiserswerth nous avions la sœur *apothicaire* et la sœur *jardinière*, ici nous avons le frère *tailleur*. Ce n'est certes pas l'état de tailleur qui est de trop. Tous les frères sont tenus d'exercer un métier, j'en loue le fondateur; chrétiens et ouvriers, les apôtres étaient tout cela, mais ils n'étaient pas autre chose, de leur temps cela suffisait.

Les frères élèvent des enfants, travaillent de leurs mains, soignent des malades à domicile et colportent; cette dernière œuvre, trop directement biblique, deviendra vite suspecte à M. Fliedner.

Les frères se rendent à diverses destinations comme directeurs d'asiles et comme diacres d'Eglise.

Non-seulement le synode provincial du Rhin a donné son approbation à l'institution de Duisburg, nous apprend le second rapport (1846) ; mais encore le synode général du royaume la lui a formellement accordée. Cela va de soi : plus haute est la sottise, plus général est l'enthousiasme. Une foule de jeunes gens se présente; (peu resteront); on en admet vingt-sept au noviciat.

Le directeur, M. Brandt est marié.

Une noble bienfaitrice assure 500 thalers à l'établissement, pourvu qu'en échange l'institution envoie un diacre à Dusseldorf, la ville qu'elle habite.

Une fois qu'il y a des frères tout le monde en veut; les sociétés bibliques pour en faire des colporteurs, les pasteurs pour visiter leurs pauvres, les communes pour diriger leurs écoles; chacun pour faire ce qu'il devait faire lui-même, ce qu'on faisait, ce qu'on pouvait faire sans eux.

Dans son troisième rapport, 1847, M. Fliedner annonce qu'un hospice et qu'un refuge pour les enfants vicieux vont s'ouvrir à Duisburg. C'est cette année-ci que M. Brandt, directeur marié, se voit remplacé par un supérieur célibataire; c'est cette année-ci que la sœur de Kaiserswerth, un moment éliminée par la femme de M. Brandt, vient reprendre son poste.

M. Fliedner est imprudent; à l'occasion des frères de Duisburg il rappelle les libres employés de la mission intérieure à Londres, chrétiens indépendants, dévoués, pleinement hommes, mariés, pères, et qui font des miracles de charité; M. Fliedner dans sa bonne foi constate ces prodiges, établit l'action immense des libres agents, et ne songe pas quelles conséquences tout le monde en tirera. En même temps, et sans penser davantage aux idées que va faire naître ce rapprochement, M. Fliedner met en regard de nos institutions *les corporations du moyen âge*, il remarque que la Réformation a comme forcé le catholicisme d'en accroître le nombre, il approuve cordialement cette manifestation du zèle romain.

Des frères ont été *installés* en cérémonie comme diacres d'Eglise ; d'autres ont été envoyés dans les hôpitaux allemands de Rome et de Londres, d'autres ont pris la direction d'asiles et de maisons pour les orphelins ; enfin le roi de Prusse a témoigné sa sympathie par un don.

Le quatrième rapport n'offre rien de particulier, si ce n'est les importantes modifications dans le sens monastique, que j'ai signalées en commençant.

Prenons le dernier rapport, 1852 à 1853.

On y trouve comme d'ordinaire la consécration des diacres par l'imposition des mains, après qu'ils ont répondu aux questions d'usage. Certes le titre de diacre est scripturaire, l'imposition des mains appliquée aux diacres l'est aussi, c'est la vocation dans les conditions imposées par M. Fliedner qui ne l'est pas, et lui donner un nom, une consécration qui n'appartiennent qu'à l'institution biblique, c'est faire une confusion contre laquelle je me sens forcé de protester chaque fois que je la rencontre.

Outre les établissements ordinairement annexés aux maisons mères, un *séminaire pour l'éducation des candidats en théologie* s'est ouvert à Duisburg. L'esprit monastique exercera par là son influence sur le clergé. Les candidats se forment dans la confrérie, s'affilient à la confrérie, entreront quelquefois dans la confrérie, et nous aurons alors des pasteurs faisant vœu de célibat et d'obéissance pendant cinq ans et plus.

Le synode général des provinces Rhénanes facilite d'autant plus cette marche qu'il a pris Duisburg sous *sa protection officielle.* M. Fliedner trouve que ce n'est pas assez. Il voudrait *faire entrer les frères d'une manière plus directe dans l'organisme ecclésiastique ;* il voudrait que l'Eglise pût dire : Nous envoyons ce jeune homme dans *notre séminaire.*

M. Fliedner aura toute satisfaction, nous osons le lui annoncer ; l'Eglise enverra ses aspirants au pastorat dans son séminaire de Duisburg, ils y passeront par le noviciat, beaucoup en sortiront frères, le clergé monastique sera vite organisé du pas dont nous allons.

Cependant le fondateur éprouve de temps en temps une crainte, c'est que le public jugeant sur ce qu'il voit, ne prenne Duisburg pour un couvent et les frères pour des religieux. « Notre établissement n'est pas un cloître, s'écrie-t-il, car nous ne connaissons ni des vœux *sanctifiants,* ni une séparation *méritoire* d'avec le monde ; il ne nous faut que des hommes de bonne volonté ! »

Et voilà comme l'on s'abuse soi-même !

La question n'est pas là. La sanctification par les vœux et le mérite de la séparation d'avec le monde n'ont jamais été qu'une conséquence du principe monastique ; elles ne sont pas ce principe. Ce sont les vies séparées du monde qui ont créé l'idée d'une sainteté particulière, produit de la forme et non de la foi. Ce que vous dites du fond de votre cœur loyal, les créateurs, les apologistes des ordres religieux le crient du plus profond de leur âme également sincère. Les Pères de Port-Royal, du rigoureux Port-Royal, et saint Augustin, et saint Jérôme, et saint François, et tant d'autres le prêchaient et l'écrivaient, quittes à prêcher et à écrire le contraire comme vous, quand la passion monastique les tenait. Ils déclaraient, ils proclament que les vœux ne sanctifient point; qu'une religieuse, qu'un moine livrés à toutes les austérités du cloître, abondants en œuvres, les modèles de la communauté ne sont pourtant que pâture à l'enfer si leur âme n'appartient à Christ; ils veulent que leurs frères se disent, se croient des serviteurs inutiles ; si comme vous ils exercent une pression tyrannique sur les consciences, conjurant les jeunes hommes et les jeunes filles d'entrer dans le *service du Seigneur*, comme vous ils n'admettent que des gens de bonne volonté. Ce qui vous manque, c'est de les connaître, eux, leurs maisons, leurs statuts et leurs écrits, vous vous trouveriez alors en face d'un miroir à peine voilé, et y reconnaissant vos traits vous cacheriez votre visage dans vos mains en disant : Me voilà.

Un grand nombre d'ouvriers, quatre-vingt-douze, ont passé par Duisburg, beaucoup l'ont quitté après un court séjour, et même plusieurs des frères consacrés se sont séparés de la confrérie.

En tout on a consacré jusqu'à présent quarante-trois frères.

Parmi les frères qui ne le sont plus, neuf travaillaient dans la mission intérieure.

On aurait voulu que Duisburg formât des frères lecteurs, domestiques, propres à être placés auprès de gens ennuyés ou malades. M. Fliedner n'y a pas consenti. Cela viendra plus tard. — Notre établissement, fait remarquer le fondateur, est le seul qui forme des garde-malade et qui soit analogue aux maisons de sœurs.

Le Rauhe Haus ne peut encore aspirer à cette identité, Dieu merci.

On réclame des frères comme gardiens de lazaret, en avertissant la direction que si elle ne se hâte pas d'en envoyer, on en prendra de catholiques. — Ou les uns, ou les autres, on ne veut plus que cela. La plupart des lazarets à moi connus sont fournis de gardiens, hommes mariés, qui s'estiment heureux d'avoir ce poste et en accomplissent fort bien les devoirs.

On n'a remis que le seul hôpital d'Elberfeld à la direction des frères, cependant il en faut dans les hôpitaux :— Il y faut avant tout des sœurs, dit M. Fliedner, les femmes sont plus propres que les hommes aux soins des malades, mais il y faut aussi des aides masculins. —Et c'est pour cela qu'après avoir banni de votre institution le ménage chrétien, vous êtes forcé d'y établir le ménage monastique. Dieu n'a pas créé l'union conjugale pour notre seul plaisir, la plupart de nos travaux, la plupart des œuvres de miséricorde la réclament non moins impérieusement que notre cœur. Vous souvient-il des couvents mi-partie d'hommes et de femmes qui gouvernaient autrefois les hospices ? cela valait bien mieux, n'est-ce pas, que huit à dix ménages, composés d'époux chrétiens, dans la force de l'âge, dans la fleur de la bonne volonté, dévoués au service des malades ; eh bien, ces associations étranges, qui vous font involontairement sourire quand vous les rencontrez dans l'histoire, vous les recommencez, malgré vous, forcément : le faux est inexorable comme le vrai.

Les frères sont *diacres d'Eglise*, on demande qu'en cette qualité, ils deviennent des agents aux ordres de l'administration ecclésiastique et *civile!*

Comme les sœurs de Kaiserswerth, les frères de Duisburg remplissent les fonctions d'instituteurs, de directeurs d'asiles : ceux qui se sont mariés dans quelqu'un de ces postes, sont *par ce fait* sortis de la corporation, et mènent une vie *désormais indépendante;* l'observation est de M. Fliedner.

La direction a été obligée de fournir quelques frères colporteurs de Bibles aux sociétés qui lui en demandaient. Toutefois cette œuvre du colportage est trop simple, trop biblique, trop libérale pour convenir au fondateur; elle lui inspire des doutes sérieux; parmi les remarques qu'il fait, il en est de justes qui devraient donner lieu à d'importantes modifications; pour lui, il en tire cette conclusion que les frères de Duisburg ne colporteront qu'à son corps défendant.

« Notre établissement, dit-il, n'a pas du tout pour but de se charger lui-même de cette branche d'activité..... Le colportage est une œuvre *dangereuse*, difficile entre toutes; il y a de grands périls à cette vocation soit pour le corps, soit pour l'âme. Etre toujours excité, parler toujours des choses de Dieu produit le vide spirituel. *La vue des différentes plaies de l'Eglise fait incliner à la séparation.* » — M. Fliedner rappelle qu'au Kirchentag d'Elberfeld quelqu'un a dit que sur cinquante colporteurs, quarante-neuf étaient tombés dans les ténèbres spirituelles, dans le bavardage chrétien ou dans des péchés très graves. — Nous pensons que l'orateur du Kirchentag a été quelque peu sévère aux colporteurs de son pays. Les ouvriers de la France et de la Suisse employés à cette œuvre ne donnent pas lieu à de semblables reproches, bien au contraire. Mais si de tels inconvénients existaient, le seul moyen de les prévenir serait de faire ce que nous faisons; d'employer au colportage des hommes pieux, pris dans la vie normale, et allant s'y retremper. A coup sûr des religieux tomberont dans tous les piéges signalés par M. Fliedner, et M. Fliedner le sent si bien qu'à moins de circonstances extrêmes il ne veut pas de colportage pour ses frères ; mais les mêmes dangers n'existent plus ou n'existent qu'atténués pour des chrétiens, ouvriers de leurs mains, cultivateurs, gens de famille qui l'hiver colportent des Bibles, qui l'été rentrent dans la cabane, vont aux champs, sont fils, sont frères, sont travailleurs, et reçoivent les leçons de ce grand professeur qu'on appelle le toit domestique.

M. Fliedner là-dessus pense comme nous : « Les colporteurs, écrit-il, ne doivent pas seulement colporter, mais avoir comme occupation principale un état qui alimente leur corps et leur esprit ; s'ils ne l'ont pas, il faut après quelque temps de colportage, qu'ils rentrent dans une situation plus tranquille. »

L'ouverture d'un asile à Lintorf pour les condamnés libérés, la publication d'une feuille du dimanche qui sert d'organe hebdomadaire à la maison des frères et qui a 3,500 abonnés, l'arrivée à Duisburg de plusieurs candidats en théologie, voilà les faits qui terminent le dernier rapport.

Tel est l'établissement des frères. On le voit ; par la couleur monastique, par la netteté des tendances, il l'emporte peut-être sur Kaiserswerth ; par le succès il lui reste inférieur. Cette infériorité n'infirme en rien l'avenir. L'âme de l'homme est plus dure aux empreintes que l'âme féminine ; une fois reçues pourtant elle les garde mieux. L'homme résiste longtemps au joug, une fois sa tête courbée, elle conserve mieux le pli. Il y a peut-être autant de légèreté que de docilité modeste dans la promptitude avec laquelle une femme tend ses bras aux liens ; il y a de la réflexion dans la résistance qu'un homme oppose aux tentatives de domination ; mais subjugué, le cœur de l'homme l'est plus définitivement que le cœur de la femme.

Les frères sont en petit nombre, ils échappent volontiers aux chaînes qui retiennent les sœurs; laissez faire l'esprit qui a créé Kaiserswerth, qui édifie au nord et au midi, à l'orient et à l'occident des maisons mères, vous aurez des frères solides, vous en aurez partout, vous en aurez pour tout, pour la mission intérieure, pour la mission extérieure, pour l'éducation, pour le pastorat, pour les malades et pour les bien portants.

Dans les sols profonds la graine lève tard, poussée, elle tient bon.

Avant de m'occuper du Rauhe Haus, je veux caractériser les deux créations de M. Fliedner.

Les éléments monastiques : le célibat, l'obéissance, le renoncement au salaire, le costume s'y présentent avec une hardiesse qui témoigne et de la franchise du fondateur, et des entraînements de l'Allemagne.

Outre ces traits, communs à toutes les corporations religieuses, j'en trouve de plus délicats, d'aussi caractéristiques, qu'on rencontre à des degrés différents dans les institutions analogues, et que je veux signaler ici pour n'y revenir qu'à la fin de mon travail.

D'abord la confusion, confusion injustifiable, confusion perfide sans le vouloir de la vocation de sœur avec le service de Christ, de l'entrée dans la confrérie avec l'entrée dans l'Eglise des rachetés. Puis l'application audacieuse des règles qui regardent la conversion, l'obéissance, la fidélité envers Jésus, à la consécration comme sœur, à l'obéissance comme sœur, à la persévérance dans l'état de sœur. De là, l'asservissement de la conscience, partout mêlée à l'accomplissement de commandements d'hommes. Dès que la vocation est d'ordre divin, les devoirs de la vocation pèsent sur l'âme comme un ordre de Dieu. — Résister, se plaindre, nourrir des doutes, quitter l'œuvre quand Dieu a créé l'œuvre, c'est pécher non contre le directeur de l'œuvre qui est un homme, mais contre le fondateur qui est Dieu.

L'homme a fait un simulacre, il lui donne le nom de l'Eternel; comprenez-vous la portée d'une telle témérité, comprenez-vous l'excès du mal?

Il y a autre chose; de cette vocation, on ne peut faire le partage de tous, c'est impossible. Cette vocation est pourtant la vocation par excellence, l'état saint, le service proprement dit du Seigneur. Qu'en résulte-t-il? Cette énormité, qu'une certaine consécration au rabais, qu'une certaine sanctification de second choix sera le partage du gros des Eglises, et qu'il y aura un petit peuple d'élite réservé par le Seigneur, au dévouement sans borne, à la charité sans retour, à la vie parfaite.

Et dans cette vie parfaite on entre par trois portiques, ne l'oublions pas : par l'obéissance, par le célibat, par le renoncement au salaire. — Le mariage, la légitime indépendance du chrétien biblique qui ne veut pour directeur que le Seigneur Jésus-Christ, le pain noblement gagné, généreusement partagé que saint Paul recevait de la main des fidèles de Macédoine pour ne pas charger les Corinthiens, trop matériels pour comprendre la spiritualité des honoraires[1]; voilà qui en fait sortir!

Ce n'est pas tout. Une consécration ecclésiastique achève d'imprimer à la vocation de sœur et de frère le sceau monastique. En un jour de fête l'Eglise est ouverte, les pasteurs sont appelés, les chrétiens conviés, et là, on demande aux postulants s'ils entrent de bon cœur dans l'état saint, s'ils seront obéissants, s'ils seront fidèles; au nom de Dieu on les bénit, au nom de Dieu on leur impose les mains!

[1] 2 Corinthiens XI, 8, 9.

Nous étonnerons-nous après cela si l'ordre divin est renversé ; si la famille disparaît, si la corporation en prend la place, si la supérieure devient la mère, si les diaconesses deviennent les sœurs, si l'institution devient la patrie et l'asile à toujours pendant que le vrai père, que la vraie mère, que les sœurs et les frères, et le pays, et les devoirs prochains s'évanouissent dans un lointain brumeux.

L'esprit de corps, cette lèpre des couvents, envahit l'âme à son tour. Il s'agit encore plus de faire triompher Kaiserswerth que de faire triompher l'Evangile. Oh sans doute on éprouve une sainte joie à ouvrir des hospices, mais on en sent une plus vive à penser que ces hospices vont se transformer en maisons mères. C'est à cela qu'on travaille : à étendre les cordeaux de Kaisersweth, à élargir sa tente, à y amener de jeunes captives ; chaque sœur en partant emporte un désir puissant : celui des sacrées conquêtes au nom de la maison mère ; alors on crée des associations en faveur de l'œuvre, on cherche des vocations, on est encore plus sœur que chrétienne et l'on s'en fait d'autant moins de scrupule qu'être sœur c'est être superlativement chrétienne, que fonder de nouveaux Kaiserswerth c'est appeler le règne de Dieu sur la terre.

Ainsi marche l'envahissement, car tout se lie dans cette organisation parfaite de l'erreur ; l'envahissement inouï du pays, l'envahissement des œuvres, l'envahissement des intelligences qui assure les deux autres. Peu à peu, et comme l'inondation monte le long des berges d'un fleuve, l'esprit monastique monte, monte et s'étend par toute l'Allemagne. Chaque sœur qui part le porte dans le poste où elle se rend, la progression est effrayante, chaque demande provoque un progrès dans l'œuvre et chaque développement excite de nouvelles demandes ; il y a comme un défi de rapidité entre l'Allemagne protestante et l'institution, c'est à qui fera franchir le plus de limites au monachisme victorieux.

Mais si l'envahissement des œuvres est effrayant, l'absorption des individus est plus saisissante encore. Les derniers vestiges de la liberté meurent sous ses étreintes. Vous aviez des ouvrières indépendantes, des institutrices sorties de la maison, ce vous est une écharde en la chair ; il faut des liens, il faut des relations étroites, il faut un pouvoir quelconque. Vos conférences annuelles vont vous les donner. Bientôt cela même ne vous suffit plus, la chaîne flotte, après la conférence chacun rentre plus ou moins en possession de soi-même, cela est dangereux ; l'affiliation, le costume, l'obéissance à certaines règles feront rentrer les brebis émancipées sous votre dépendance ; mais cela encore ne vous contente point, car enfin l'asservissement n'est pas absolu, l'âme s'appartient, la volonté est jusqu'à un certain point indépendante, l'affiliation c'est quelque chose, ce n'est pas la vocation !... Vous aurez la vocation, vous la provoquerez de toutes vos forces, vous montrerez à vos maîtresses d'école les tempêtes qui grondent dans des cieux libres, la sérénité qui règne dans la cage, vous leur crierez : Venez ! vous leur parlerez de la paix, du bonheur partage des oiseaux captifs, et elles viendront, et elles seront sœurs. Vous les consacrerez !

Ah ! c'est peu de chose encore, car enfin cette tyrannie spirituelle, cruelle, impardonnable entre toutes, s'exerce pourtant sur des êtres placés dans une sorte d'indépendance. Les institutrices habitent hors de la maison mère, elles ne sont pas des enfants, elles peuvent raisonner ; vous les entraînez, c'est vrai, mais elles ne sont pas irrévocablement forcées à subir cet entraînement; un autre milieu, d'autres influences peuvent exercer sur elles une certaine action. Il y a des êtres à qui toutcela manque, et c'est l'action monastique exercée sur ces êtres-là que je ne trouve pas d'expression assez forte pour flétrir. Non que j'attaque vos intentions, je le redis à satiété; j'attaque l'esprit qui vous mène; il me devient doublement odieux par l'oubli où il vous jette des droits de l'âme humaine. Je veux parler des orphelines; des orphelines que pour deux ou trois cents thalers on livre à l'institution; des orphelines dont l'institution qui est devenue et leur père, et leur mère, et leur conscience, et leur maître, fait des sœurs, sœurs garde-malade, sœurs maîtresses d'école, sœurs gardiennes d'aliénés, sœurs diaconesses d'Eglise, sœurs directrices de refuge, les élevant pour cela, dans cette pensée, à l'écart de la vie comme Dieu l'a faite, offrant aux parents, offrant aux bienfaiteurs, offrant aux chrétiens partisans du commode, ce piége toujours béant de la charité aux dépens d'autrui!

Ne me dites pas que vous ne les contraignez point, ne me dites pas que c'est librement qu'elles se présentent à la consécration, ne me dites pas que l'existence ordinaire leur fait peur, que si on leur ouvrait les portes de Kaiserswerth elles ne sortiraient pas, ou que sorties, elles demanderaient en pleurant à rentrer; ne me le dites point; je sais que vous le croyez et je sais que vous êtes de bonne foi. Mais je sais aussi qu'on dresse les âmes à l'esclavage comme on les dresse à l'indépendance; je sais que notre cœur est vite modelé par les faits; je sais qu'un bon moyen de faire aimer une situation c'est de ne laisser voir qu'elle; je sais qu'une sûre méthode pour dégoûter de la vie normale c'est de la peindre avec des tons criards et faux; je sais que la candeur, que l'intensité d'un attrait ou d'une répulsion n'en font pas la légimité; je sais que si vos orphelines étaient élevées selon Christ dans des familles ou dans des pensionnats purement évangéliques, elles deviendraient des mères, des institutrices, des maîtresses d'école pieuses, des garde-malade encore, et des directrices de refuge, et des diaconesses d'Eglise, mais qu'elles ne deviendraient pas des sœurs; je sais cela, et c'est parce que je le sais, que sans vous faire porter toute la responsabilité d'une mesure dont vous n'avez pas considéré l'odieux caractère, je voue ce dernier trait de vos institutions à la réprobation de tout chrétien loyal que la prévention n'a pas aveuglé.

Quant à la perpétuité des vœux, elle est loin de votre pensée, je veux le croire; elle ne l'est pas assez de votre plume lorsque vous écrivez des rapports, pas assez de votre bouche quand vous adressez des appels. Vos entraînements parlent plus haut que votre réflexion. Vous montrez constamment aux sœurs la maison mère comme un asile où doivent s'abriter leurs vieux jours, comme une patrie, comme une dernière retraite; vous louez la persévérance finale de celles qui sont mortes fidèles au poste; vous n'avez pas d'images assez élevées pour peindre la gloire de leur triomphe; vous célébrez le courage chrétien de celle qui, résistant aux prières d'une famille, l'a quittée pour rester *inébranlable dans sa vocation de sœur;* constamment aussi vous supposez la permanence de l'état normal chez les diacres. Votre consécration est plus éloquente encore que vos lèvres; elle imprime à la vocation un caractère de durée presque sacré; vos frères, malgré la précaution, s'y dérobent parfois parce que ce sont des hommes et que le Rauhe Haus leur donne des leçons d'indépendance; vos sœurs restent habituellement sous le joug : il y a là un sceau que les timides et que les scrupuleux ne briseront jamais, que les forts eux-mêmes ne rompront pas sans terreur.

Je répète que je n'ai pas à m'occuper ici des œuvres annexées aux corporations monastiques. Il se fait autour des maisons mères, il se fait par les mains des sœurs et des frères un travail qui se fait partout sans eux, un travail que les chrétiens engagés dans la confrérie ou d'autres, auraient accompli sans la confrérie. Il se fait des choses excellentes et des choses qui ne le sont pas. Il se fait là ce qui se fait par les corporations romaines, sur une plus haute échelle, dans de plus vastes proportions. Il se fait un bien qui n'empêche pas les nations où règnent les ordres religieux avec leurs bonnes œuvres, d'être les nations les plus misérables, les plus mal secourues, et les plus ignorantes de la chrétienté.

Avant de quitter Kaiserswerth et Duisburg pour le Rauhe Haus, M. Fliedner pour M. Wichern, j'éprouve le besoin de serrer la main de mon adversaire, de lui dire que je le respecte et que je l'aime malgré notre profonde séparation de croyance sur un sujet très grave. J'éprouve le besoin de lui déclarer que si je combats ses idées je ne combats pas sa personne, que forcé de condamner et très fortement les tendances auxquelles il obéit, les actes auxquels il est entraîné, je m'humilie profondément devant son caractère de chrétien, de chrétien sincère et ardent. Si je l'ai froissé, si en attaquant ses croyances j'ai blessé son âme, si, emporté par la puissance de mes convictions j'ai manqué à la charité, si j'ai oublié quelle déférence on doit à tout serviteur de Dieu, je m'humilie devant lui, et je lui en demande sincèrement pardon.

LE RAUHE HAUS.

L'étude de Kaiserswerth et de Duisburg nous a donné la mesure du mouvement monastique dans l'Allemagne protestante ; le Rauhe Haus va compléter nos vues.

Le caractère des fondateurs se reflète dans leurs institutions, de là des différences importantes, et aussi plus d'un point de ressemblance.

M. Fliedner sait mieux que M. Wichern où il va et ce qu'il veut. M. Fliedner a regardé le principe monastique en face, il l'a adopté pour autant que le lui permettent quelques préventions contre la perpétuité des vœux. M. Fliedner a son plan ; s'il ne se rend pas compte dès l'abord de toutes les exigences de son entreprise, la marche de l'œuvre les lui révèle vite et il n'hésite pas à les satisfaire. M. Fliedner s'avance dans une direction déterminée, il voit son but, il y gouverne droit.

M. Wichern n'en est pas là ; je ne sais même s'il y viendra jamais.

M. Wichern est doué d'une de ces âmes immenses qui embrassent tout l'ensemble du bien à faire sans trop se préoccuper du mal mêlé parmi. Je le comparerai à un moissonneur robuste qui dans un champ mal nettoyé étend ses bras, enveloppe une vaste gerbe formée d'autant de chardons que d'épis, celle-ci chargée les ouvre encore pour en saisir une plus épaisse, et met le tout dans ses greniers sans s'embarrasser du résultat final M. Wichern veut sauver les âmes, le plus d'âmes possible, il veut régénérer l'Allemagne. Les moyens, il ne s'en inquiète guère. Son caractère est libéral ; il n'aime pas trop l'esprit monastique, lorsqu'il y réfléchit il le condamne ; il ne veut faire exprès ni des moines ni des nonnes, cependant il se dispense d'y regarder de près. Il est de ces hommes d'action qui à force de zèle tomberaient volontiers dans l'utilitarisme ; montrez-lui un moyen commode, efficace de convertir les individus, montrez-lui des corporations un peu conventuelles, même tout à fait, il ne recule point. Il applaudit aux confréries des Joséphins et des Joséphines, il se met en parfaite sympathie avec M. l'abbé Rey, créateur de l'établissement d'Oullins que dirigent ces ordres religieux, et tout à côté il proteste que l'esprit monastique est contraire à l'esprit de l'Evangile, il déclare qu'il veut assurer l'entière indépendance de ses agents, il le déclare et il le prouve. Le vent qui souffle sur l'Allemagne n'a pas vainement passé sur le Rauhe Haus, il y a apporté cette manie de la confrérie, cette imitation des procédés conventuels qui sont plus qu'un entraînement puéril, qui sont le symptôme d'un mal très général et très grave.

Nous avons dit par où diffèrent M. Wichern et M. Fliedner, voici par où ils sont un : par une fatale indépendance à l'égard du modèle apostolique. Tous deux, l'un comme l'autre, se croient en droit de penser au delà de ce qui est écrit, de créer au delà ou plutôt *contre* ce qui a été établi. Ils n'en éprouvent pas le moindre scrupule. Le texte qui nous lie irrévocablement leur laisse toute la liberté de leur action. Lorsqu'il s'agit d'action, l'esprit du temps, les nécessités du temps, les avantages actuels valent pour eux l'Esprit qui dicta les épîtres à Timothée, à Tite, et qui promulgua les lois relatives à l'organisation ecclésiastique. Les apôtres ont fait dans leur siècle ce qui était bon pour leur siècle, nous avons licence de faire dans le nôtre ce qui nous paraît lui convenir. Le Saint-Esprit, quand il a établi ses règles, n'a eu ni la prévision des temps, ni celle des besoins tels qu'ils devaient se manifester au travers des âges, il s'est contenté de subvenir aux exigences du moment présent.

Voilà pourquoi M. Fliedner et M. Wichern, le premier beaucoup plus que l'autre, mais tous deux, sont emportés par le courant. Pour résister à cet entraînement général il faudrait un rocher, le puissant rocher des Ecritures, en s'y cramponnant on ferait front; ce rocher leur manque, et tous deux descendent le fleuve. L'un, M. Wichern, pagaie le long des bords; il s'arrête, il lutte et à chaque heure perd du terrain tout en se croyant ferme; l'autre, M. Fliedner, glisse comme la flèche. Celui-ci entraînera celui-là. M. Fliedner gagnera M. Wichern; à moins d'un miracle l'avenir lui appartient. Entre deux esprits engagés à des degrés différents dans une même entreprise, le dernier mot est à celui qui va le plus vite et qui sait où il va. M. Wichern se fait tirer, parfois même il s'arrête et semble faire volte-face, mais bien qu'à reculons il avance toujours. Et puis dût-il jusqu'à la fin rester dans l'indécision, l'Allemagne n'y reste pas, elle suit le chef qui s'élance en avant. Les peuples comme les victoires appartiennent toujours à qui se montre résolu; pour le bien, pour le mal peu importe, il leur faut l'offensive; qui balance trop le chemin de ses pas n'a personne derrière lui; les nations aiment les sauts périlleux; elles se soucient peu de savoir où on les mène pourvu que leur capitaine aille vite, aille droit, sans hésitation, sans reculade.

Entrons au Rauhe Haus.

Dans le principe, le Rauhe Haus était une colonie agricole et chrétienne ouverte aux enfants vicieux. Le génie entreprenant de M. Wichern ne pouvait la laisser dans ces limites-là ; il en a fait un séminaire pour les aides de la mission intérieure. A quoi destine-t-il ses élèves? A tout; le but est universel. Les aides, les *pères de famille* (ce mot de famille est si magique que là d'où l'on a banni la chose il faut au moins s'armer du nom), les aides et les pères de famille iront dans toutes les parties de l'Allemagne où on les appellera. C'est ce que nous dit le compte rendu de 1843.

Ce compte rendu ne renferme pas de statuts, on y trouve cette seule condition que les jeunes gens entrés dans l'établissement à titre d'apprentis missionnaires, ne peuvent le quitter sans annoncer leur intention trois mois à l'avance. Pas de direction qui examine la légitimité de leur résolution et qui en juge, pas d'engagement, pas de promesse d'obéissance, pas de maison mère qui serve d'asile pour toute la vie, pas de domination qui s'exerce en dehors des murs de l'institution, rien, que cette obligation d'*énoncer* trois mois d'avance, un parti pris individuellement.

De 1843 à 1844, les *frères* (car on les appelle frères), partent comme directeurs d'asiles et de maisons de pauvres, comme envoyés de l'Union évangélique au milieu des émigrants de Brême; point de consécration, point d'imposition des mains, seulement les enfants du Rauhe Haus pleurent en quittant leurs *pères de famille*, et la douleur de la séparation est adoucie par la *fête du départ.*

M. Wichern veut faire de ses aides, outre les emplois ordinaires, des surveillants de prison, des prédicateurs et des instituteurs pour les émigrants, des *frères pèlerins.* C'est lui qui nous le dit dans son livre intitulé : *La Mission intérieure*, 1844.

Il nous apprend que bientôt trois ou quatre établissements analogues se formeront dans le nord de l'Allemagne et que des liens d'autant plus étroits les uniront au Rauhe Haus qu'ils lui demanderont des directeurs.

Rien n'a plus encouragé l'auteur dans sa voie, rien ne l'a plus réjoui que les nouvelles qu'il a reçues d'Oullins, établissement fondé par M. l'abbé Rey : depuis huit ans cette maison recevait des enfants et les élevait, l'abbé Rey y a joint un institut pour former des futurs gardiens de prison : les *Joséphins;* ils vivent au nombre de soixante à soixante-dix avec les enfants; c'est ce qui a donné à M. Wichern l'idée de ses *Convicts* ou couvents, formés d'une compagnie de frères à laquelle se rattache une escouade d'enfants, comme nous le verrons plus tard. En regard des Joséphins M. Wichern place avec le même enthousiasme l'institut des sœurs de Saint-Joseph, institut fondé dès 1650, mais récemment voué à la direction des prisonnières; puis il s'écrie dans un accès de sympathie qui me fait un peu peur : La différence de confession mise à part, *il y a un rapport étroit entre* l'institution du Rauhe Haus et celle d'Oullins ! — Hélas ! c'est moins vrai et c'est plus vrai que vous ne le croyez vous-même, digne M. Wichern. « Et cette rencontre ! poursuit le fondateur du Rauhe Haus, cette rencontre prouve qu'une main plus haute a conduit toutes ces choses, amenant de mêmes résultats dans deux établissements indépendants l'un de l'autre. » — Cela prouve que lorsqu'on abandonne le modèle biblique, on va là où mène le cœur naturel, et cela prouve que le cœur naturel suit toujours le même chemin.

M. Wichern nous explique ici ce que sont ses *frères pèlerins*. Le frère pèlerin, c'est tout simplement un *compagnon* qui reçoit au Rauhe Haus une éducation pieuse tout en continuant à exercer son état, et qui, devenu chrétien, reprend son bâton de voyage et poursuit son tour d'Europe. Si plus tard l'ouvrier devient *maître*, s'il fait sa maison, il offre un point d'appui aux efforts des prédicateurs de l'Evangile. C'est fort simple; rien de changé dans la vocation naturelle et libre de l'ouvrier, M. Wichern le fait remarquer, il peut donc sans scrupule inviter les parents à faire passer leurs enfants par le Rauhe Haus avant de les lancer au milieu du monde.

De 1843 à 1844 onze frères ont été formés dans l'établissement; *tous* travaillent *d'une manière indépendante;* l'un comme aide missionnaire à la Nouvelle-Hollande, cinq en Amérique, les autres au service de la mission intérieure ou comme directeurs d'asiles hors d'Allemagne. Jusqu'ici c'est une école normale, ce n'est pas autre chose.

Le rapport de 1845 et un petit écrit publié à la même date : *Vue générale sur l'état du Rauhe Haus*, nous initient à la marche de l'œuvre. Elle perd quelque chose de sa simplicité. De tous côtés la paresse chrétienne sous couleur d'utilité et de charité bien entendue, demande des frères pour *distributeurs d'aumônes* et *visiteurs de pauvres;* les grands propriétaires qui devraient se servir à eux-mêmes de *frères aumôniers*, en veulent pour les placer sur leurs terres, les seigneurs en désirent pour les mettre dans leurs maisons et les envoyer à leur place chez les voisins indigents ou malades ; ce n'est pas l'intention avouée, ce n'est pas même le dessein nettement conçu, c'est le fait.

La division monastique du saint travail de miséricorde qui incombe à tous, la spécialité conventuelle arrivent au galop ; nous riches, nous parents de gens infirmes, nous allons avoir des suppléants jurés, nous aurons notre soigneur, notre visiteur, notre surveillant des grabats, notre consolateur des moribonds ; il s'en crée, il s'en forme, demandons-en ; notre vie en sera moins tourmentée et la charité mieux faite.

Le nombre des frères s'est considérablement accru ; il y en avait dix-neuf, il y en a trente-deux. On vient de fonder des bourses pour fournir à l'éducation des plus pauvres, le roi de Prusse figure parmi les donateurs. Douze de ces boursiers sont destinés au service des prisons dans la Prusse.

Ici nous faisons des pas dans le mauvais sens. Plus le nombre des frères augmente, dit M. Wichern, plus il est devenu nécessaire de donner à leur CONFRÉRIE *une forme* qui prête de la réalité à la *vie commune*. Les frères ont de jour en jour plus vivement éprouvé ce besoin jusqu'à ce que le fondateur l'ait satisfait par le moyen suivant.

Il existait déjà des familles ou escouades d'enfants ; ces familles ont servi à grouper les frères. Maintenant, les compagnies formées d'une escouade d'enfants et de frères, se nomment *Brüder Convict*. Elles sont au nombre de six. Outre les frères qui travaillent dans le Rauhe Haus, le *Convict* renferme quelques-uns des frères élevés par le Rauhe Haus, qui durant la journée travaillent au dehors en attendant leur future vocation (du moins nous l'avons ainsi compris). A chaque convict donc, appartiennent six ou sept frères qui habitent sous le même toit, et chaque convict se rattache à une famille d'enfants. Or, comme il y a quatre familles d'enfants, quatre convicts s'y relient; le cinquième dirige le noviciat des frères, le sixième et dernier se consacre aux enfants abandonnés, aux malades, il s'occupera des récidivistes quand il y aura place pour eux dans l'institution.

Chaque convict a sa *règle intérieure et extérieure.*

La nouvelle création de M. Wichern est tout simplement une *Laure:* association de petites communautés possédant chacune une règle, établies dans le voisinage les unes des autres sous l'autorité d'un supérieur général.

Le maître du convict, *Convict Meister*, un des frères appartenant au groupe, surveille l'exécution de la règle, et en est responsable. C'est le supérieur particulier.

Le matin, à midi, à vêpres (vesper) et le soir, les conventuels, *Convictualen*, prennent leurs repas en commun sous la direction de leur supérieur.

Le supérieur préside au court moment de recueillement par lequel chaque convict termine la journée.

Parmi les fonctions les plus importantes du supérieur, se trouve la conduite spirituelle des séances hebdomadaires, qui réunissent les frères du convict : le chapitre. Une fois par semaine, les frères se réunissent pour s'entretenir des enfants confiés à leur surveillance, de leurs rapports entre eux, de leurs relations avec les cinq autres convicts, et de leur future vocation ; là s'échangent des avertissements, des pardons, des encouragements. Nous n'en sommes pas encore à *dire les coulpes* et à *prendre la discipline;* cela viendra.

Aucun frère appartenant à d'autres convicts ne peut se joindre à ces réunions particulières.

Des séances rassemblant la totalité des convicts sont

nécessaires : Il faut un chapitre général ; on va l'avoir.

Deux surveillants sont établis chacun sur trois convicts, ce sont les supérieurs des supérieurs ; chacun de ces surveillants a le droit, quand il le juge convenable, de réunir trois convicts en chapitre ; M. Wichern, directeur suprême, a le droit de les réunir tous, et voilà les chapitres généraux. Les supérieurs et le général d'ordre ont seuls droit de les convoquer.

Dans chaque convict, un *Maître des novices* prend sous sa direction les apprentis frères qui sont confiés au convict dont il fait partie. M. Wichern regrette de faire immédiatement entrer les postulants dans les convicts, mais la place lui manque et il ne peut établir pour eux une situation intermédiaire. A son arrivée, le postulant est instruit par le supérieur général de ses devoirs envers les enfants et envers les frères ; après le culte du matin ou du soir on le présente à toute la Laure, et immédiatement il est remis à l'un des six supérieurs des convicts.

Outre les réunions des convicts qui dépendent de la volonté du supérieur, tous les quatorze jours il y a chapitre général ; les six supérieurs particuliers peuvent choisir de concert et remettre au directeur (l'abbé), le texte de la Bible qui servira de base à la conférence. Les secrétaires des six convicts lisent chacun le procès-verbal des chapitres hebdomadaires, réservant ce qui doit demeurer secret.

— La création des convicts est encore jeune, s'écrie en finissant M. Wichern, mais elle est susceptible d'un développement plus ample ! — Nous n'en doutons pas, et nous saluons avec un prodigieux serrement de cœur l'apparition de cette organisation conventuelle qui peut avoir ses avantages apparents, mais qui est absolument contraire à l'organisation parfaitement simple des œuvres apostoliques, et qui mènera loin le Rauhe Haus dans un sens où il donne tête baissée sans regarder ni en avant, ni en arrière, ni surtout à la Bible, pour se méfier profondément des perfectionnements qui contrastent avec la perfection scripturaire.

M. Wichern ne forme pas de diacres, il insiste sur ce point, cependant il envoie des frères visiteurs de pauvres aux pasteurs qui en désirent. Il prépare des maîtres d'école, bien que ce ne soit pas le but précis de l'institution ; quant aux frères pèlerins, on en fera des pères d'auberges, *Herbergs vœter*.

Ici M. Wichern dessine clairement la position des frères et ici nous respirons plus librement.

« Les frères une fois partis pour remplir une vocation quelconque, sont *entièrement indépendants. Nul ne se mêle de régler leur future activité*. Ils entrent dans des rapports directs avec les sociétés, les communes, les autorités ou les individus qui les emploient. »

Armé de ce fait, très important, très positif, qui le sépare largement de Kaiserswerth et de tous les établissements analogues, M. Wichern déclare que ce caractère de son œuvre creuse un abîme entre son point de vue et le point de vue catholique.

M. Wichern est de bonne foi, et M. Wichern sait que l'esprit monastique réside dans la direction qui enveloppe l'individu où qu'il aille, dans l'obéissance qui l'assujettit en tout temps. « Nous ne pourrions imiter les ordres et les corporations romaines, poursuit M. Wichern, sans aller contre l'esprit de l'Eglise évangélique. Nous refusons à qui que ce soit le droit de comparer *ce que nous voulons* aux ordres monastiques! » — Oh ! non, pas ce que *vous voulez*, mais parfois ce que vous faites sans le vouloir. « Et ce que nous voulons, c'est pourtant une confrérie, une *Verbrüderung !* »

Et c'est là justement, excellent docteur Wichern, ce qui vous perdra si Dieu n'y met sa puissante main ; c'est parce que vous voulez une *Verbrüderung* différente de la fraternité évangélique, c'est parce que dans la corporation composée de tous les chrétiens croyants vous formez une confrérie plus parfaite, plus étroite, plus raffinée, c'est parce qu'il vous prend fantaisie de renchérir sur Dieu que vous êtes menacé d'une chute terrible. Oh! je vous en prie, rebroussez chemin du mieux vers le bien, revenez à la cordiale union des rachetés du Seineur Jésus. Laissez là vos *Convicts*, vos supérieurs, vos maîtres des novices, vos chapitres, et tout ce plan dont les monastères peuvent avoir besoin mais qui nous est inutile à nous, disciples du Maître qui réforma le monde par la bouche de douze hommes qui n'étaient ni membres de convicts, ni supérieurs de frères, ni conducteurs de novices. Ayez des réunions de culte, ayez des conférences, ayez quelques bons ménages chrétiens dans votre colonie, n'ayez pas un personnel plus nombreux qu'il ne faut, placez vos élèves dans de vraies familles, chez les époux pieux qui vivront sur votre territoire, et tout ira bien. Quand on a l'Evangile pour soi, le succès est assuré, le seul dont une âme convertie se puisse éprendre : le triomphe final de la vérité.

Si M. Wichern veut une *Verbrüderung*, il la veut composée d'hommes qui se vouent au libre service de l'amour. Chaque individualité, écrit-il, conserve *son droit chrétien de libre développement* et devient elle-même un *organisme indépendant*, ou bien *s'allie à quelque autre*. — C'est un peu obscur et l'on serait tenté de dire comme Philippe-Auguste à l'empereur Othon : *Trop allemand!* mais au travers des brumes, on distingue pourtant une garantie d'indépendance pour chaque élève du Rauhe Haus.

« Nous croyons d'ailleurs, ajoute M. Wichern (et c'est une allusion directe à l'assujettissement qui caractérise les corporations de Kaiserswerth et de Duisburg), nous croyons que le maintien de la liberté individuelle est le meilleur moyen d'unir les frères à l'institution du Rauhe Haus, précisément parce que ce lien est tout spirituel; la correspondance des frères entre eux et avec nous le prouve. De ces relations pourra naître peu à peu *l'unité liturgique!* » — Ceci encore est très allemand.

Ainsi le Rauhe Haus a marché, ainsi il marche, retenu sur la pente par l'esprit libéral de son fondateur; compromis par une fausse largeur qui ne craint pas l'imitation de Rome dans ce qu'elle juge être sans importance, qui ne s'effraye pas de l'indépendance à l'égard de l'exemple apostolique dans ce qui lui paraît n'avoir qu'une valeur relative.

Les deux derniers rapports, 1852 et 1853, nous montrent l'établissement des jeunes filles marchant côte à côte avec l'établissement des garçons, dans la même institution, et sans plus d'inconvénients qu'à la colonie évangélique de Sainte-Foy.

Ces jeunes filles sont élevées au Rauhe Haus sans le secours des diaconesses; le Rauhe Haus a pu s'en passer.

Cent treize frères ont depuis vingt ans que dure l'institution trouvé de l'emploi au dehors; ils exercent leur activité dans diverses vocations, tous indépendants, tous unis entre eux par les souvenirs, par l'éducation commune et par un même but : le service de Dieu. Une des aides vouées à la direction des jeunes filles s'est mariée et va travailler dans le même champ comme mère de famille à la tête d'un asile.

On le voit, il n'y a ici aucun des trois grands éléments monastiques : ni obéissance, ni renoncement au salaire, ni célibat. Pas de direction, pas d'assujettissement en dehors du Rauhe Haus, qui n'est à vrai dire qu'une école normale comme toutes les écoles normales. Point de costume, point d'engagement. On n'y propose pas une perfection particulière aux élèves, le service des frères n'est pas un service spécialement saint, leur vocation n'a rien de supérieur à la vocation de tout homme naissant à la foi ; ce sont des chrétiens comme les autres ; on ne les consacre point, il se sont consacrés le jour qu'ils ont compris que Jésus les avait rachetés. On les a pris dans la vie normale, on les rend à la vie normale, rien de changé pour eux si ce n'est qu'ils possèdent une instruction qu'ils n'avaient pas. Le Rauhe Haus se sépare par là de l'esprit monastique, j'ai dit par où il s'en rapproche, je ne le répéterai pas.

Ah ! si le Rauhe Haus s'élevait dans un pays entièrement pur de déviations spirituelles, si la foi du peuple au milieu duquel vivent les frères était une foi solidement assise sur la Révélation, si l'exemple d'aucun homme de Dieu ne venait prêcher les tendances romaines et l'infidélité à l'égard de ce qui est écrit ; nous ne nous effrayerions pas. Quoiqu'une faute ne soit jamais indifférente, quoiqu'une erreur soit rarement stérile, celles qui déparent le Rauhe Haus pourraient laisser longtemps encore le bien surmonter le mal. Mais l'institution a été fondée en Allemagne, c'est là qu'elle se développe, et j'ai peur.

La Réforme allemande ne s'est pas entièrement dégagée du catholicisme romain, et c'est par où je terminerai ce chapitre. Elle a gardé certaines pratiques, certaines habitudes, innocentes à ses yeux, condamnées par la Révélation. Elle l'a fait parce que tout en déliant la Bible de ses chaînes, tout en la rendant au peuple, elle ne l'a pas mise assez haut, elle ne lui a pas restitué l'autorité souveraine qui lui appartient. Nul ne prend du feu dans son sein sans en être brûlé. C'est sur ces tronçons du catholicisme que s'appuie l'édifice que bâtit à cette heure l'esprit monastique.

L'indépendance à l'égard de ce qui est écrit tue la sainte liberté de l'homme. Il faut un esclavage ; si vous n'êtes pas esclave de la Révélation de Dieu, vous le serez de la règle du directeur. Le catholicisme mal éteint crée les corporations de frères et de sœurs ; les corporations à leur tour prêtent main forte aux éléments catholiques encore vivants dans la Réforme allemande.

Vous souvient-il des nations païennes qui habitaient Canaan ? vous souvient-il des décrets d'extermination sortis de la bouche de l'Eternel ? Vous les avez trouvés bien sévères, n'est-ce pas, presque cruels. Israël aussi pensa qu'il en fallait rabattre quelque chose ; il laissa subsister les peuples idolâtres de la terre promise, et les peuples idolâtres lui firent chèrement payer ses désobéissantes compassions. Nous n'avons plus, Dieu merci, d'hommes à exterminer. La vérité veut que ses enfants meurent pour elle, elle ne veut pas, elle n'a jamais voulu qu'ils lui immolassent des victimes ; quiconque la sert a le privilége de lui sacrifier sa vie ; le droit de tuer les contradicteurs appartient aux soldats du mensonge. Mais s'il ne s'agit pas d'égorger qui se trompe, il s'agit d'arracher toute erreur de son sein ; point d'idole à côté du vrai Dieu ; dans notre cœur, dans notre culte, point de faux à côté du vrai. Si vous souffrez l'erreur, l'erreur vous subjuguera ; subjugué vous la servirez. C'est ce qui arriva aux Israélites, c'est le sort de quiconque laisse vivre une parcelle de mensonge en son âme.

Les corporations de frères et de sœurs le prouvent amplement. Elles sont nées en Allemagne ; le terrain portait en soi le germe, au temps favorable il a poussé. Il a poussé, et fortifié, il rend avec usure au sol les semences fatales qui l'ont produit. A mesure que se développent les confréries, les tendances romaines s'accroissent. Elles existaient latentes, elles se produisent au grand jour, elles lèvent haut la tête, elles revendiquent leur place au soleil.

Au Kirchentag de 1852, c'est la confession auriculaire qui s'avance ayant le docteur Wichern pour promoteur et pour défenseur ; le docteur Wichern l'appuie de toutes ses forces et le digne Krummacher épouvanté s'en va, disant à un ami : « Je sors parce que je ne suis pas catholique et que ceci ne me regarde point. »

La même assemblée traite de l'*art* dans l'*Eglise*, de l'*art* dans le *culte*, de la convenance des *tableaux*, des *génuflexions*, et le fait même d'une discussion pareille ne nous en dit que trop sur les entraînements d'une communion à laquelle on peut présenter, devant laquelle on peut débattre de semblable questions.

Les Hengstenberg, les Stahl marchent à la tête d'un parti qui a des tendresses inouïes pour le catholicisme et qui ne s'en cache pas. Ce parti montre une prédilection étrange pour les mots d'*autel*, de *sacrifices*, de *litanies*. A côté de la Bible ce parti-là met les trois premiers symboles, les trois premiers conciles œcuméniques, et c'est dans cette unité primitive avec Rome qu'il trouve les douces émotions de la confraternité.

A Berlin, les étudiants se préparent à exécuter dans l'Eglise de l'Université les compositions des grands maîtres anciens, afin de donner plus de *solennité* au culte luthérien, et pour obtenir mieux cette solennité qui lui manque, ils ont nommé directeur de musique le *chef d'orchestre du grand opéra*, M. Dorn.

Ne dites pas que ce sont des niaiseries, ces niaiseries révèlent mieux que de gros faits l'état des esprits ; ne dites pas que se sont d'inoffensives puérilités, ces puérilités enveloppent et séduisent beaucoup mieux les masses que de gros raisonnements.

A Berlin encore, le roi réorganise l'ordre des chevaliers de Saint-Jean (l'ordre de Malte) ; il en nomme *commandeurs* les chevaliers reçus *avant la sécularisation de l'ordre*, et qui en conséquence, avaient reçu l'*investiture formelle ;* ces commandeurs, sur la présentation du roi, élisent pour leur grand maître le prince Charles de Prusse, en sa qualité de margrave de Brandebourg. Lecture est faite des statuts de l'ordre qui prend le nom de *Confrérie équestre hospitalière.* Le grand maître est marié, plusieurs des chevaliers le sont aussi je pense, l'ordre est rendu au caractère que lui avait conféré, à la destination que lui avait imposée le fondateur primitif, Gérard Tom ; mais cela n'est pas plus rassurant aujourd'hui que cela ne l'était alors. L'ordre commencera ses fonctions par la construction d'un hospice dans son ancien château de Sonnenburg, Nouvelle Marche. Des collectes ont été faites depuis longtemps à cet effet. Le roi donne aux hospitaliers *des droits de corporation*, il laisse dans le *statu quo* les biens sécularisés en 1850.

C'est ainsi que les corporations monastiques de frères et de sœurs rendent à l'esprit catholique romain engagé dans la Réforme la vie qu'ils en ont reçue. Il y a là une combinaison d'agents fertilisateurs qui me rappelle la rencontre du soleil avec l'eau dans les sables d'Egypte et le luxe de végétation qui en naît.

Je le sais, on lutte ; si la Réforme est blessée, elle résiste. Si les uns se précipitent où les mène la séduction de leurs pensées, s'ils vont où sont allés les hommes qui ont écouté les fausses aspirations d'une sainteté plus sainte, d'une beauté plus belle que le christianisme purement évangélique ; il en est d'autres qui se sont fait attacher au mât du navire, qui ont bouché leurs oreilles, que le chant de la sirène n'émeut pas, car ceux-là entendent un autre chant, simple, austère, et qui vient des cieux. Je le sais et pourtant je suis épouvanté, les progrès gigantesques de l'œuvre de M. Fliedner, le silence absolu de la critique en présence d'un pareil fait révèlent un mal immense. Je vois l'ennemi s'avancer en cohortes serrées et je n'entends pas le cri de la sentinelle.

Mon Dieu, si mes soupirs, si mes larmes, si mes prières à mains jointes peuvent tirer de cet assoupissement quelque fort d'entre mes frères, s'ils peuvent au delà du Rhin troubler quelque conscience, embraser quelque âme fervente de tendresse et de pitié pour la vérité en péril, je t'en remercierai, mon Dieu, à genoux, dans l'humilité, dans la joie, dût-il m'en coûter plus d'un déplaisir et plus d'une blessure.

CHAPITRE II.

L'ANGLETERRE.

LES SŒURS DE LA MISÉRICORDE.

Sisters of Mercy.

Je vais m'occuper des seules institutions qui, dans l'Angleterre protestante, offrent de l'analogie avec les corporations monastiques de l'Allemagne luthérienne, de la Suisse et de la France réformées : l'*Ordre de la Mercy* et les *Nursing sisters.*

L'ordre religieux des sœurs de la Miséricorde, placé sous le patronage de l'évêque d'Exeter et de l'évêque de Londres, dirigé par une femme d'un puissant caractère, attaqué par une portion du clergé pendant qu'il est chaudement appuyé par les deux fractions qu'on appelle la haute et la large Eglise ; l'ordre des sœurs de la Miséricorde mérite une étude toute spéciale.

L'institution des *Nursing sisters*, fondée par Mme Fry sur des bases infiniment plus évangéliques, montre cependant en quelques endroits la veine monastique ; il faudra la mettre à nu tout en rendant justice à l'esprit libéral qui respire dans l'établissement ; c'est ce que nous ferons au moyen d'un examen court mais appuyé sur des données certaines.

La Réforme anglaise a gardé bien plus d'éléments catholiques encore que la Réforme allemande ; ses liturgies, les pompes de son culte, son formalisme, sa hiérarchie sacerdotale en font foi ; et si ses cérémonies extérieures blessent profondément l'âme du chrétien évangélique parce qu'elles s'éloignent du culte des apôtres et qu'elles se rapprochent du culte de Rome; s'il souffre en voyant les autels, les tableaux de ses cathédrales, les surplis, les changements de toilette de ses prêtres; si les prières répétées à satiété, si les litanies de ses liturgies lui paraissent contraires à cette prescription du Seigneur Jésus : Usez de peu de paroles, n'usez pas de vaines redites; s'il est certain que l'échelle des dignités dans l'Eglise n'est pas conforme aux directions du Saint-Esprit qui voulait qu'on ordonnât partout des anciens ou évêques, sans distinction de rang ; il se sent bien autrement affligé, quand il trouve parmi les dogmes de l'Eglise anglaise l'idée toute romaine de la succession apostolique, celle de la régénération baptismale, une espèce de confession et d'absolution entièrement contraires au simple : Confessez vos péchés les uns aux autres, de l'Apôtre, enfin un esprit de cléricalisme, un amour de la tradition, un respect du Preybuch vénéré presqu'à l'égal de la Bible, qui montrent jusque dans le sein du protestantisme anglais, les solides, les tenaces racines de Rome.

Quand, sous Edouard VI, au seizième siècle, l'Angleterre se détourna de la tradition pour se porter vers la Révélation, elle se laissa trop guider par la sagesse humaine, pas assez par une humble soumission à ce qui est écrit. On pesa trop, on mesura trop, on s'inquiéta trop du succès; on ne se contenta pas de marcher droit à la Bible. Au lieu de retourner le sol à fond en y promenant la charrue, on pactisa avec les erreurs qui semblaient indifférentes, on mécontenta profondément les protestants, profondément les catholiques, et l'on prépara des embarras énormes à l'avenir. Car enfin il vient une heure où tout ce qui a vie suit la loi commune. Oubliez un germe sous un amas de décombres, tôt ou tard, les décombres glisseront à droite, à gauche, et vous verrez sortir une tige verte, féconde, là où tout semblait mort.

Partout où l'on sacrifie la vérité, si petite soit-elle, on prépare la victoire d'un mensonge. On cherche en Angleterre d'où viennent certains progrès du catholicisme, d'où viennent les développements du puséisme ; on accuse le pape, on tourne des regards menaçants vers les évêques romains, vers les monastères, on parle de restreindre la liberté des uns, de fermer les autres. Il ne faut pas regarder si loin, il ne faut pas regarder hors de chez soi, l'Eglise d'Angleterre renferme l'ennemi dans son sein, les armées qui l'épouvantent avec tant de raison sortent de ses propres forteresses, là ils naissent, là ils s'abritent, là ils se fortifient ; tant qu'elle n'aura pas rejeté avec horreur les ferments de Rome vivant dans ses liturgies, dans ses dogmes et dans ses habitudes, elle verra monter le flot romain ; il grandira au dehors, il se gonflera au dedans, jusqu'au moment où elle en sera noyée.

L'idée est la suprême force ici-bas ; prenez garde aux idées ; en contrarier les manifestations quand on en garde soigneusement l'essence, c'est se préparer d'éternelles défaites.

Le puséisme n'est pas une importation en Angleterre, ce n'est pas un phénomène étrange, inexplicable, c'est le dégagement naturel des principes catholiques conservés par la Réforme anglaise. On dit de telle ou telle manifestation : Puséisme ! et l'on se croit débarrassé du devoir d'y regarder de plus près. Mais le puséisme, c'est tout simplement l'ensemble des tendances romaines qui travaillent beaucoup d'Eglises et beaucoup d'individus parmi nous, c'en est le faisceau. Qui conque caresse quelque dogme, quelque coutume, quelque branche de l'organisation romaine, est puséyte à un certain degré. Ce qui a fait le puséisme en Angleterre le fera, le fait chez nous. Les erreurs de l'anglicanisme ont créé le puséisme, et du puséisme est sorti l'ordre religieux des sœurs de la Miséricorde; ce que le principe monastique a produit de l'autre côté de la Manche, il l'a produit en Allemagne, en France, selon sa force.

Comme le sol en Angleterre était plus favorable aux institutions monastiques, l'institution monastique y vient mieux, elle y pousse plus dru, elle s'y manifeste avec plus de candeur; pourtant ici comme là, moins touffue ou plus hardie, c'est toujours la même plante.

Les adversaires de l'institution des *sisters of Mercy* la déclarent puséyte au premier chef. L'institution elle-même, en la personne de la fondatrice miss Sellon et de son protecteur l'évêque d'Exeter se dit protestante et très protestante. Bien plus, la haute Eglise la réclame comme sienne et la glorifie; la large Eglise, qui se sépare profondément du puséisme l'adopte, en fait l'éloge et n'en reste pas là comme nous le verrons tout à l'heure.

Les sœurs de la *Mercy*, en butte aux fréquentes attaques d'une critique qui part des rangs de la basse Eglise, se voient donc revendiquées par la haute, soutenues par la large, et sans trop s'inquiéter de la guerre qu'on leur fait (c'est la tactique de tous les ordres religieux dans notre siècle plus entreprenant que ferrailleur), elles avancent, elles s'établissent dans les provinces, elles s'établissent à Londres, pensant qu'exister, c'est après tout le meilleur moyen de prouver qu'on a le droit de vivre.

Or il arrive ici ce qui arrive invariablement lorsque

se rencontre le principe romain avec les manifestations monastiques, à savoir une recrudescence des tendances catholiques ; l'application sous cette forme leur est comme la terre au géant Antée. Près d'expirer lorsqu'on les tient dans les régions étouffantes de l'abstraction, elles reprennent vie lorsqu'elles descendent sur le terrain de la pratique ; partout nous retrouvons la significative coïncidence d'un retour aux coutumes et à l'esprit romains, avec le fait de l'établissement des corporations de frères ou de sœurs.

Un récent et remarquable travail, publié dans l'*Edinburgh Review* d'octobre 1853, sous le titre *Church Parties*, vient prouver et comme résumer mon dire. L'orateur appartient à la large Eglise, il a des éloges mérités pour la *low Church*, il a pour elle des critiques exagérées ; il a des sympathies, et quelques critiques aussi pour la *high Church*; il a beaucoup de moquerie et fort peu de tendresse pour le puséisme; toute sa foi, tout son amour appartiennent à la *broad Church*. Sous des préférences positives et malgré quelques traits un peu trop chargés, l'orateur se montre impartial ; il rend bien l'état des esprits, il présente un tableau fidèle des faits, il restitue à chacune des branches de l'Eglise les bonnes œuvres qui lui appartiennent. Bien qu'il n'ait pas de faiblesses à l'endroit du parti avancé de la basse Eglise, il lui fait néanmoins tout l'honneur des grandes œuvres morales qui illustrent l'Angleterre, et nous pouvons d'autant mieux le croire, que, comme je l'ai dit, le puséisme, représenté par les Tractariens, lui inspire encore plus d'antipathie que les Recordites purs.

A défaut des entreprises évangéliques dont s'honore la basse Eglise, l'Eglise haute, dit l'auteur, a droit de revendiquer comme son œuvre, *deux améliorations de l'importance la plus élevée : la création des congrégations protestantes de la Mercy*, et l'introduction des évêchés dans les colonies !

Evidemment une telle création, l'institution des sœurs, ne pouvait être l'œuvre de la *low Church*, de cette fraction de l'Eglise qui rejette avec horreur les restes de catholicisme engagés dans la Réforme anglaise; elle ne pouvait naître que dans cette portion de l'Eglise qui les aime et qui les choie. L'œuvre est puséyte, qui en doute, mais la haute Eglise la revendique, et voilà le fait important. Partout vous la verrez germer sur ces troncs-là ; partout où il y a un vieux levain de tendresse pour le formalisme romain, pour l'autorité ecclésiastique, pour le matérialisme dans le culte, pour la sainteté, pour les règles monastiques ; partout où il y a des répugnances pour l'indépendance de l'individu, pour l'asservissement au texte des Ecritures, que ce soit en France, en Allemagne ou en Suisse, partout, dans le même camp, par le soin des mêmes hommes, vous verrez naître et se fortifier les mêmes fondations.

L'indiscrétion d'un zèle imprudent, poursuit l'auteur, a pu répandre quelque discrédit sur les congrégations des *sisters of Mercy*, mais l'entier dévouement de corps et d'âme dont elles ont fait preuve méritent une admiration sans réserve ; et il ajoute que la maison de Londres, placée sous la juridiction de l'évêque, n'a pu donner lieu à aucun reproche de ce genre.

Nous avons vu les conséquences de l'erreur catholique maintenue au sein du protestantisme anglais ; elle a créé les *sisters of Mercy;* voici la réaction, voici la force nouvelle mêlée aux erreurs romaines, par ce fait seul de l'établissement des corporations protestantes.

L'auteur de l'article nous le décrit, il nous montre les pasteurs de la haute Eglise rendant aux vieux temples leurs formes antiques, leurs ornements, leurs vitraux, leurs fonts baptismaux et *réinstallant la croix de pierre* sur l'édifice. Passant à la *broad Church*, il nous déclare en son nom qu'il faut raviver *beaucoup d'anciennes pratiques*, qu'il faut redresser les signes extérieurs de la foi chrétienne, tels que les *croix sur les monuments*, tels que *les oratoires ou chapelles sur les grands chemins*, tels que la *commémoration des saints personnages de tous les temps et de tous les pays*. La large Eglise ne s'en tient pas là ; elle veut *relever les ordres religieux, spécialement ceux de femmes*, ordres de *différentes espèces, sous différentes règles*, débarrassés *seulement* du piége et du péché des vœux *perpétuels*. La large Eglise qui, on le voit, appelle les choses par leur nom et que le mot n'effarouche pas plus que la chose; la large Eglise pense que cet *ensemble de mesures, développé sur la plus vaste échelle* réalisera l'idée de la fraternité chrétienne et deviendra le signe céleste de la conversion. Elle s'entend là-dessus du reste avec l'évêque de Londres qui, dans un discours adressé à son clergé, en 1850, au sujet des prétentions du pape à organiser une hiérarchie catholique en Angleterre, disait des corporations de femmes : « qu'il n'en voudrait admettre qu'autant qu'il n'y aurait ni *vœu* de célibat, ni engagement liant les consciences, ni violation de priviléges octroyés par le Christ. De telles institutions, ajoutait-il, n'auraient pas le caractère de communautés monastiques mais bien celui d'une *grande famille chrétienne ;* elles accroîtraient les forces de l'Eglise anglicane et la serviraient contre les machinations de Rome. » Dans une autre occasion, déclarant le système paroissial insuffisant aux besoins de l'Eglise, l'évêque de Londres s'écriait : « Quelque chose d'analogue au système monastique de l'Eglise romaine doit y être appliqué [1]. »

Quant aux *Tractariens* qu'il désavoue, l'auteur signale comme un de leurs caractères distinctifs, l'insistance avec laquelle leurs ministres appuient sur le *respect que les laïques doivent au clergé*, la répugnance qu'ils ont à voir ces mêmes laïques se mêler des affaires de l'Eglise, et le luxe extrême qu'ils déploient dans l'ornementation de leurs autels, chargés de fleurs dont on varie les couleurs suivant les jours de fête. A ce compte il me semble que nous avons plus d'un puséyte chez nous.

Les tentatives romaines de la *high* et de la *broad Church* ne rencontrent pas partout des sympathies. Pour un certain monde, le courant est là, évidemment c'est de ce côté que le fleuve coule ; cependant il y a des âmes vigoureuses qui le remontent. Ainsi, l'auteur de *Church Parties* nous avoue avec sa franchise ordinaire, que dans sa restauration des croix, des vitraux et de certaines cérémonies romaines, le ministre de la haute Eglise a peu de succès auprès des classes moyennes, *profondément méfiantes, à l'égard de tout ce qui peut leur faire soupçonner des tendances catholiques.* Récemment encore, un pasteur fut empêché de donner la communion dans la nuit de Noël, parce qu'on l'avertit que s'il se permettait de célébrer *une messe de minuit* (le peuple a partout ce défaut d'employer le mot propre), son auditoire serait dispersé. Enfin, les *Archives du Christianisme* nous annonçaient à la date du 24 décembre 1853, qu'une association régulière et croissante composée d'ecclésiastiques et de laïques venait de se former en Angleterre, et qu'elle avait institué à Plymouth une série de discours dont le but était d'arracher les germes catholiques laissés dans l'Eglise.

[1] Hospithals and Sisterhoods Murrey. London, 1854, p. 51.

Nous croyons au triomphe de la vérité chrétienne en Angleterre ; nous croyons que l'Angleterre se dégagera des limbes où la retiennent, où voudraient la faire rentrer et la haute, et la large Eglise, et le puséisme ; nous avons espoir quand nous regardons aux efforts de la *low Church*, à ceux des communautés dissidentes qui prennent la Bible pour unique règle de foi, de pratique et d'organisation ; nous croyons qu'il se fera comme une grande liquidation des comptes, et dans ce cas, nous ne tremblons pas. Ce qui est catholique ira au catholilicisme ; la perte pour la Réforme sera petite, mieux vaut mille fois le poison dehors que dedans. Nous ne redoutons qu'une chose, la confusion. Ceux dont nous avons peur, ce ne sont pas les gens qui se font ouvertement romains, ce sont les gens qui veulent rester protestants, à la condition de romaniser l'Evangile. Voilà les vrais ennemis du christianisme pur, en Angleterre, en Allemagne, en France, partout. Ceux-là ne vont pas abjurer à Rome, ils ont de bonne foi horreur de Rome dans une certaine mesure et par de certains côtés. Ceux-là tonneront contre le pape ; ils déclareront que la perpétuité des vœux est un crime ; ils parleront des couvents grillés et murés comme de prisons odieuses ; ils déploreront à l'occasion le célibat des prêtres, et ceux-là, les mêmes, à l'occasion aussi regretteront que leurs ministres soient époux, soient pères de famille ; il y aura des heures où la vie monacale leur apparaîtra sublime ; ils se prendront à désirer pour le peuple la sainte soumission de conscience au directeur, ce qu'on nomme la foi du curé ; ceux-là appelleront de leurs vœux et la confession (libre, spontanée, cela va de soi), et l'usage de cérémonies trop légèrement délaissées ; ceux-là planteront des croix, peindront des fleurs de la passion qu'ils offriront à l'admiration des enfants de leurs écoles, des sœurs de leurs corporations; enfin ceux-là feront quand on le voudra cette déclaration formulée par l'université de Cambridge dans sa conférence d'histoire (arrêté de 1846) : « La suppression des monastères par Henri VIII a été un *cruel malheur* pour le pays, les circonstances actuelles *exigent impérieusement le rétablissement d'institutions analogues parmi nous* [1]. »

C'est à ceux-là que nous avons à faire. Le fondateur des monastiques institutions d'Allemagne marche parmi eux au premier rang; miss Sellon, créatrice de l'ordre religieux des *sisters of Mercy*, combat dans la même armée; abordons son œuvre.

Chez nous, les partisans des corporations monastiques ont peu parlé de l'Ordre de la Mercy. M. Fliedner, qui ne connaissait les sœurs que par le récent éclat de l'enquête de Devonport, les a en passant un peu trop vite condamnées; il ne se doutait pas qu'elles lui tinssent de si près. En France, en Suisse, à l'exception d'un article publié dans l'*Avenir* du 28 avril 1852, on s'est tu; les fondateurs de confréries protestantes n'ont pas nommé miss Sellon dans leurs comptes rendus, ils ne l'ont ni blâmée, ni louée, en cela ils ont été habiles.

Sympathiser avec les *sisters of Mercy*, c'était assez difficile, c'était même compromettant au moment où le parti évangélique en Angleterre attaquait l'institution et en révélait toutes les tendances romaines; se joindre à leurs adversaires, c'était plus dangereux, cela appelait sur les fondations analogues une attention qui en aurait vite révélé la ressemblance avec l'ordre incriminé; on a donc laissé miss Sellon se tirer d'affaire toute seule.

[1] Migne, *Encyclopédie théologique*, tome XX. *Dictionnaire des ordres religieux*, tome Ier, note de la première page de l'introduction.

Mais si les créateurs de nos monastiques corporations ne parlent pas des *sisters of Mercy*, leurs amis, moins sages, vouent hardiment la corporation anglaise au blâme des chrétiens du continent.

Quand on met sous leurs yeux les pratiques romaines de Devonport, de Clewer, quand on leur fait observer que ce sont là de vrais monastères moins les vœux, moins les grilles, que ces établissements se rapprochent infiniment des maisons de Kaiserswerth, de Paris et de Suisse !... — : Miss Sellon ! s'écrient-ils, mais c'est une abbesse. Sa règle ! mais c'est une règle de couvent ! — ils s'indignent de l'obéissance exigée des sœurs, ils s'indignent de la consécration, ils s'indignent du parfum monastique qui s'exhale de ce refuge, de ces écoles ; ils en disent plus que nous, et nous laissant loin derrière eux dans l'élan de leur réprobation, ils se retournent en parfaite sûreté de conscience vers leurs corporations de sœurs, à eux, pensant qu'un tel blâme et si fortement articulé, les blanchit de tout soupçon de connivence.

De tout temps l'esprit monastique a eu ses enfants perdus, perdus et mal traités, qui lui ont rendu d'éminents services. D'autant plus que ne leur devant rien on se sert sans façon de leurs victoires. Au troisième et au quatrième siècle les montanistes jouaient ce rôle ingrat. L'Eglise d'alors criait haro contre eux, haro parce qu'ils élevaient le célibat au-dessus du mariage, haro parce que leur frénésie allait jusqu'à séparer les époux au nom de la perfection. Criant haro, l'Eglise se rassurait sur la légitimité de ses ascètes et de ses cénobites ; elle n'allait pas aux dernières extrémités, comme ces montanistes insensés et impies ; elle ne prêchait pas la supériorité absolue du célibat ; elle ne décrétait pas la sainte dissolution du mariage ; non, elle se contentait d'admirer ses propres célibataires, ses esclaves du supérieur, ses pauvres volontaires; elle se tenait dans le juste milieu, et l'on sait que le juste milieu est le point central de la vérité : il a détrôné la Bible qui osait aspirer à ce caractère. L'Eglise donc s'endormait paisiblement dans son juste milieu; et sommeillant, à moitié rêvant, elle cheminait derrière les montanistes, elle passait où ils avaient passé, portant son juste milieu avec elle, cela va sans dire, jusqu'au moment où le juste milieu se trouva transporté au point extrême des extrêmes limites, où la vérité, celle qui siége en plein juste milieu, celle qui avait jadis anathématisé les montanistes glorificateurs du célibat et destructeurs du mariage, décréta par la même bouche qui les avait excommuniés, que le célibat s'éleve autant au-dessus de l'union conjugale que s'élève la vie angélique au-dessus de la vie terrestre, que quiconque, par motif religieux, quitte son mari ou sa femme, fait œuvre pie, méritant le centuple qu'a promis Jésus au fidèle qui par amour pour Dieu déserte la maison paternelle et s'arrache des bras d'une épouse ou d'un époux.

Miss Sellon et ses congrégations jouent auprès de nos protestants entraînés vers Rome, le rôle qu'avaient les montanistes au quatrième siècle. Elle est l'enfant perdu de l'esprit monastique parmi nous; ceux qui ne se taisent pas sur elle la condamnent; on en ferait volontiers un holocauste de paix entre les deux camps; le blâme qu'on lui inflige est un calmant pour les secrètes frayeurs de la conscience; il répond aux scrupules importuns qui naissent parfois au fond des âmes les mieux affermies; on se répète : Miss Sellon! c'est une puséyte; Sa confrérie! catholicisme pur. Et l'on ne voit pas qu'elle trace la route, qu'on en suit les détours, que là où elle a posé ses pas, on pose le pied, qu'il y a d'elle à vous, fondateurs de nos ordres religieux, une chaîne solide, bien rivée : l'identité du principe ; qu'il y a sur plusieurs points, sur les plus importants, identité de conduite !

Avant d'entrer dans l'examen de la lutte qu'a soutenue le révérend James Spurrell contre la supérieure des *sisters of Mercy*, lutte qui nous révèle tout le caractère de l'institution anglaise ; nous l'étudierons d'après les documents que nous fournissent les numéros 27, 28 et 29 du *Christian Times*, 1849. Ces documents, relatifs à l'enquête de l'évêque d'Exeter ; les écrits du révérend James Spurrell et les réponses de miss Sellon que nous prendrons ensuite, nous initieront les uns comme les autres aux rapports étroits qui unissent et par l'idée mère, et par le système de défense, la fondation de miss Sellon aux fondations analogues situées sur le continent ; ils nous feront connaître les dissemblances très positives qui les séparent ; ils nous dévoileront les justes appréhensions que de telles institutions inspirent aux chrétiens évangéliques d'Angleterre. Par son importance, par sa couleur, par le bruit qu'elle a fait, par les sympathies qu'elle a excitées comme par l'opposition qu'elle a soulevée, par sa ressemblance avec les corporations monastiques du continent comme par ses différences ; l'œuvre de miss Sellon doit occuper la place centrale dans ce travail. Il faut que chacun puisse comparer, aller de Kaiserswerth à Devonport, de Devonport passer en France ou en Suisse.

J'aborde la première affaire, l'enquête à laquelle,

sur les plaintes et accusations de divers publicistes, l'évêque d'Exeter fut obligé de procéder en 1849 [1].

Une sorte de rumeur s'était élevée dans le public contre les sœurs de la Miséricorde établies dans les environs de Devonport. Elles portaient, disait-on, une croix devant elles, la croix figurait aussi sur leur table, dans leur chapelle; on les disait visitées par le docteur Pusey. Trois jeunes filles, Anna Clarke, d'abord engagée par miss Sellon comme domestique et puis pressée par la supérieure d'entrer dans la confrérie; Mary Pochetty, âgée de 15 ans, et Selina Jones, orphelines élevées dans l'asile que dirigeaient les sœurs de la Miséricorde, toutes trois sorties de l'établissement, avaient répandu contre lui des bruits fâcheux.

Voici ce qu'elles racontaient. Dans la maison de Devonport, on disait les prières sept fois par jour; à six heures *Laudes*, à sept heures *Prime*, à neuf heures et demie *Tierce*, à une heure *Sexte*, à deux heures et vingt minutes *None*, à six heures *Vêpres*, à neuf heures *Complies*. La règle du jour, pour l'arrangement intérieur, était lue après Prime. Dans l'oratoire il y avait un autel en marbre, et sur cet autel une croix; les sœurs s'inclinaient en passant devant. Une fois, Anna Clarke vit dans l'oratoire, la croix remplacée par un tableau représentant la Vierge. Le plus grand secret était exigé des sœurs sur les coutumes de la confrérie. Miss Sellon, la supérieure, avait un chapelet formé de grains d'ivoire, elle le mettait la nuit sous son oreiller. Le vendredi on jeûnait.

Tels étaient les récits qu'avaient faits ces jeunes filles qui toutes trois avaient quitté miss Sellon, les deux dernières parce qu'elles trouvaient le travail trop rude,

[1] *Christian Times.* Numéros 27, 28, 29. 1849.

la première, celle qui devait prendre place parmi les sœurs, parce que la supérieure ne lui permettait pas d'aller voir ses amis quand elle en éprouvait l'envie; toutes les trois parce qu'elles manquaient de liberté.

L'enquête est ordonnée. C'est l'évêque d'Exeter qui la provoque, non sans avoir préalablement fait gratter sur le *Prayer-book* en usage dans l'établissement, les noms de *Laudes*, de *Prime*, de *Tierce*, de *Sexte*, etc. L'enquête a lieu en présence de l'évêque, de son clergé, et d'une foule de notabilités. Les trois jeunes filles sont présentes. Les jeunes filles répètent leurs dépositions à peu près dans les mêmes termes, elles y ajoutent quelques détails que voici. Une d'entre elles dit qu'elle ne possédait pas la Bible, cependant elle croit que sur sa demande, on lui aurait donné les saintes Ecritures. On se servait pour l'instruction des enfants des livres publiés par la Société pour la propagation du christianisme.

L'évêque prend la parole. Il ne nie rien et justifie tout. Tout dans la conduite des sœurs, tout dans leurs pratiques, tout est simple, tout est naturel.

Un oratoire! heureux ceux qui peuvent en avoir un et s'y retirer en paix.

Une croix mise sur l'autel et qu'on salue? Mais ce n'est pas à la croix que s'adressent ces révérences, bien innocentes d'ailleurs; elles ne sont qu'un signe de respect, réclamé par la sainteté du lieu. Cette innovation, si elle venait de la part d'un ecclésiastique qui les sait contraires aux lois de l'Eglise serait un tort, sans doute; l'évêque a même sévèrement repris un curé (*curate*), de son diocèse, qui avait placé la croix entourée de fleurs sur l'autel. Mais fera-t-on de cette croix posée sur l'autel de Devonport un crime à des femmes ingénues, dont toute la faute est d'avoir suivi le mouvement de leur cœur? Y a-t-il là autre chose qu'un entraînement bien excusable?

Des heures fixes de prière et des noms romains donnés à ces heures-là! Mais ces noms-là ne sont pas romains, ils datent des premiers siècles de l'Eglise! Dès le quatrième (celui justement où le monachisme leva la tête), on avait réglé les moments consacrés à la prière, on les avait appelés de ces noms aujourd'hui suspects!

L'évêque éclate en témoignages d'admiration pour les sœurs; puis il laisse à miss Sellon, lady supérieure, le droit de se défendre elle-même.

Miss Sellon déclare avant tout que la Bible est lue matin et soir dans l'oratoire de l'établissement. Chaque dimanche, en outre, on explique aux enfants les dix commandements et la prière du Sauveur. Bien plus, la Société pour la propagation du christianisme, a par la main des sœurs distribué un grand nombre de Bibles. Miss Sellon passe en revue les points incriminés, et les traite avec une lucidité rare; nous la suivrons exactement.

Oui, si les mots de *Laudes, Prime*, et le reste ont été grattés du Prayer-book, il est vrai que par habitude, les sœurs ont continué à s'en servir entre elles.

Oui, il y a une croix sur l'autel; obligée de l'enlever, miss Sellon l'a remplacée par les deux tableaux en question, elle l'a fait parce que la place laissée vide lui semblait trop nue; elle l'a fait parce que ces peintures plaisent aux élèves de ses écoles. L'une de ces toiles représente Marie tenant son fils dans ses bras; l'autre Jésus qui bénit les enfants. L'évêque prend les tableaux, les fait passer avec des exclamations admiratives aux notabilités présentes. Il lit ces mots « tu es belle, vierge à la fois et mère, » qui servent de souscription à l'un des tableaux et s'écrie que ce sont de belles paroles, tirées de l'Ecriture (je voudrais savoir de quel livre).

Miss Sellon s'interrompt ici ; obéissant à un mouvement spontané, très habile, elle porte la question sur l'existence de la corporation elle-même, sur ses œuvres et sur sa règle. Miss Sellon a pris le nom de sœur de la Miséricorde, elle l'a pris et elle l'a donné à sa communauté ; elle aime ce nom, elle le trouve beau. Elle croit qu'il y a des corporations pareilles dans la Suisse réformée, elle se croit certaine qu'il y a là des sœurs de charité protestantes. Elle aussi est protestante, les sœurs le sont; l'institution veut être, veut rester protestante, toutes les coutumes de la corporation s'accordent avec la Réforme ; quant à l'accusation de catholicisme, miss Sellon la repousse et la désavoue hautement.

Puis miss Sellon fait une longue et complaisante description des œuvres de bienfaisance auxquelles s'adonnent les sœurs. Les inspecteurs des écoles rendent un éclatant témoignage à la manière dont les sœurs dirigent leurs établissements pour les orphelines et pour l'instruction des enfants. Miss Sellon parle avec chaleur du dévouement des sœurs, de leur *consécration absolue* au Seigneur dans la personne des pauvres ; elle parle des services immenses que rendent journellement les sœurs aux malades, aux indigents et aux petits enfants. Confondant, comme c'est l'habitude des fondateurs d'ordres religieux, confondant la cause de Christ, les intérêts des pauvres avec l'existence même de la corporation, elle déclare énergiquement *ennemi des malheureux,* quiconque ose émettre un doute sur la légitimité scripturaire de la communauté telle qu'elle est.

Cet étalage des bonnes œuvres accomplies par les sœurs, cette confusion du principe monastique des ordres religieux avec le principe chrétien de la charité pratique est inhérent au système. On les retrouve identiques, dans les comptes rendus de Kaiserwerth, dans les rapports de Paris, dans ceux de la Suisse, comme dans les biographies des saints moines et des saintes nonnes.

Passons.

Miss Sellon donne connaissance à l'auditoire, des règles de l'asile; ces règles concernent en bien des points les sœurs elles-mêmes.

Je prends les plus saillantes.

Art. 2. Les sœurs consacrent six heures par jour aux œuvres de miséricorde proprement dites.

Art. 13. Elles doivent recevoir les reproches ou les ordres de la supérieure avec une expression de reconnaissance ou du moins en silence, remettant à un autre moment les observations qu'elles croient nécessaire de présenter.

Art. 22. Les sœurs étant constamment appelées à des œuvres de miséricorde, doivent éviter toute abstinence exagérée, et cependant ne pas manger entre les repas, à moins que leur santé ne le requière; en ce cas elles demanderont ce qui leur est nécessaire.

Art. 28. En cas de maladie, les sœurs n'obéiront pas à la supérieure seulement, mais encore au médecin.

Art. 29. Si la mort s'approche, la supérieure veillera à ce que la sainte communion soit administrée en temps opportun. — C'est ce qui se fait généralement dans l'Eglise anglicane, pour tout moribond croyant.

Art. 30. Tous les parents des sœurs sont admis à les voir librement à de certaines heures; en cas d'urgence, ils les voient hors des moments fixés pour cela.

Art. 31. Les devoirs des sœurs comme sœurs, ne devant jamais se heurter contre leurs devoirs comme membres de la famille, *chaque année* elles visiteront leurs parents et *demeureront chez eux pendant un certain temps.*

Art. 32. La supérieure ne s'enorgueillira point de son autorité, mais la regardera comme un moyen de *servir les autres.*

Art. 33. Elle doit être aimée et honorée comme *une mère.* Dans les petites et dans les grandes choses, lorsqu'il s'agit des parties agréables du service et lorsqu'il s'agit de celles qui le sont moins, les sœurs ne considèreront pas leur obéissance comme s'exerçant envers la supérieure, mais bien comme s'exerçant envers Jésus-Christ.

Art. 36. Les sœurs consacrées au service manuel, ne seront pas traitées différemment des autres.

Art. 38. L'institution étant dans l'enfance, on sera probablement appelé à en modifier les règles ou à en ajouter de nouvelles. La supérieure pourra le faire *moyennant l'avis et le consentement des sœurs.* Quand les innovations auront été justifiées par l'expérience, on les soumettra à l'approbation de l'évêque.

J'ai tout exprès évité d'interrompre par une seule réflexion l'exposé des statuts de miss Sellon ; je poursuis le plaidoyer de cette dame, rejetant l'expression de mes propres pensées à la fin de l'enquête.

Son œuvre définie et la vocation des sœurs suffisamment justifiée par le bien qu'elles font, miss Sellon reprend les accusations.

Nous avons un oratoire ! — Dans une maison n'a-t-on pas des chambres destinées à des usages spéciaux ?

Nous couvrons notre autel de fleurs ! — N'en orne-t-on pas son salon ? et pourquoi n'aurions-nous pas cette distraction, nous, pauvres femmes livrées à des occupations pénibles et souvent tristes. Nous consacrons nos vies aux pauvres, c'est vrai, mais cela ne nous empêche pas d'avoir des cœurs et des âmes féminins, d'aimer la peinture et les fleurs.

Nous portons des croix sur nos habits! — Eh! les grandes dames n'en portent-elles pas? les leurs sont de diamant, les nôtres sont de bois, voilà toute la différence.

Nous avons des heures fixes de prière! — Chaque chrétien n'a-t-il pas ses heures de méditation et de prière, plus ou moins réglées?

Au lieu de dire : la première, la seconde, la troisième fois, nous disons : laudes, prime, tierce! — Qui pourrait s'en formaliser?

Je demande aux sœurs et aux orphelines le secret sur ce qui se passe dans la maison. — Mais serait-ce parce que je m'occupe des pauvres, qu'on s'arrogerait le droit de pénétrer dans mon intérieur?

Ici miss Sellon rentre avec enthousiasme dans l'apologie de la communauté. Elle représente les sœurs veillant auprès du lit des malades, essuyant les larmes des affligés, instruisant l'enfance. Les sœurs sont l'appui, la consolation de quiconque souffre; et quant aux adversaires de la corporation des *sisters of Mercy*, miss Sellon leur pardonne. Miss Sellon leur pardonne mais ils lui font une profonde pitié; dans sa personne, dans la personne des sœurs ils attaquent les pauvres, et en contrariant l'œuvre, ils empêchent le salut d'âmes immortelles.

A peine la supérieure a-t-elle achevé que l'évêque d'Exeter se lève pour prononcer l'arrêt. L'évêque est arrivé devant l'auditoire *avec un sentiment aussi impartial qu'il est possible à un homme d'en concevoir... non, pas absolument impartial, il se blâmerait lui-même s'il avait pu rester absolument impartial*; ce qu'il éprouve, c'est une admiration qui va jusqu'à l'adoration, il ne saurait, dit-il, réussir à la rendre. Il glorifie le dévouement des sœurs, il déifie leur patience, qui, dans ces dernières circonstances, leur a fait supporter avec douceur plus qu'aucune femme n'a jamais été appelée à souffrir! (Une enquête tout simplement et de justes accusations repoussées par un juge qui est un ami, un protecteur, un défenseur.)

Le résultat de l'enquête, il le déclare solennellement, c'est un respect sans mélange pour la corporation et pour ses œuvres. Il ne cessera jamais d'exprimer la vénération que lui inspire la conduite de cette sage, de cette vertueuse, et : « j'ai presque dit, de cette *angélique femme* » (miss Sellon).

L'évêque d'Exeter espère seulement que la croix avec les fleurs disparaîtront de l'autel. Miss Sellon acquiesce à ce vœu timidement énoncé.

Il rappelle ce qu'a dit miss Sellon de l'établissement des sœurs en Suisse, dans la Suisse protestante ; il remercie miss Sellon d'avoir introduit une confrérie analogue en Angleterre; il la remercie de s'être défendue, il la remercie de se consacrer à la charité, il la remercie de tout, pour tout, et avant tout, d'avoir lavé l'Eglise anglicane, *Church of England*, du reproche formulé par l'Eglise romaine : de ne pouvoir fournir l'exemple de ce dévouement féminin, qu'elle donne au monde, elle, en la personne de ses sœurs de charité. — L'évêque demande aux sœurs de garder leur beau nom de *sisters of Mercy*, et quant à miss Sellon, elle quittera cette salle, *non comme une sœur de la Miséricorde, mais comme un martyr de la Miséricorde* (: « *Not as a sister of Mercy, but as a martyr of Mercy.*) »

Voilà le jugement de l'évêque d'Exeter, c'est tout simplement une apothéose; une apothéose comme il en manquera toujours, Dieu merci, aux chrétiennes fidèles qui servent Dieu selon la Bible et dans l'ombre, comme il n'en manquera jamais aux femmes très sincères mais très égarées, qui se consacrent à grand bruit, en dehors des règles bibliques, donnant à Dieu ce qu'il ne veut pas, lui refusant ce qu'il veut, arborant l'étendard d'une vocation dont le Seigneur Jésus n'a pas dit un mot, et pour compléter le tout, exerçant l'humilité avec la charité au son de la trompette de leurs fondateurs.

Un mot sur le système de défense adopté par l'évêque d'Exeter, par miss Sellon et par les créateurs de nos ordres religieux. Ce système s'appuie tout entier sur un axiome faux ; à savoir que l'homme est libre à l'égard de ce qui est écrit. Etant libre, il devient maître de décider où est le bien, où est le mal. Maître qu'il est, il a le droit d'écouter les raisons d'utilité, de commodité, de convenance et d'en juger souverainement.

Un tel système nous mène droit à Rome ; il nous laisse muets devant Rome ; c'est naturel, quiconque en cette affaire bâillonne la Bible, se bâillonne lui-même. En dehors de l'obéissance à la Révélation et dès qu'il quitte le terrain de la Bible pour le terrain du raisonnement, l'homme sera battu par l'homme.

Prouvons-le. Je reprends les arguments de l'évêque, de miss Sellon ; seulement je les applique à des coutumes décidément romaines.

La confession. — Quoi ! vous n'avez pas de plus grand bonheur, pas de plus grand privilége que d'ouvrir votre cœur à un ami ; et ce cœur en détresse, ce cœur chargé peut-être du poids d'un péché, il vous serait interdit de l'ouvrir à un confident pieux, secret, plein d'expérience, que son caractère même rend impartial et met au-dessus de toutes les passions humaines !

Les prières adressées aux saints! — Quoi! vous demandez à tel chrétien vivant de prier pour vous, ce chrétien pourtant est pécheur, oublieux, il n'aborde le Seigneur qu'au travers de ce voile d'incrédulité qui vous en sépare vous-même; et vous ne demanderiez pas leurs prières à ces saints élus, qui habitent la lumière, qui voient Dieu, qui vous aiment, qui se réjouissent avec les anges pour un seul coupable repentant!

Quittons les erreurs exclusivement romaines; entrons dans la série de raisonnements que nous opposent habituellement les fondateurs des corporations allemandes, suisses et françaises.

L'engagement.—Je m'engage en ma qualité d'institutrice, de secrétaire, de servante pour un certain temps; j'aliène volontairement ma liberté, tout le monde le trouve légitime; et quand il s'agit de l'aliéner à Dieu au lieu de l'aliéner aux hommes, je ne le pourrais plus!

La règle.— Je soumets mes occupations, ma vie, mes devoirs à un certain arrangement, et parce que cet arrangement serait l'œuvre d'un comité directeur, je ne m'y soumettrais plus !

L'obéissance. — J'obéis à mon père, à un mari, à un maître, à un chef d'atelier, et je n'obéirais pas à cette personne chargée de faire observer les statuts, parce qu'au lieu de s'appeler père, ou mari, ou maître, elle s'appelle supérieure, elle s'appelle directeur!

Le célibat.— Je suis parfaitement libre de me marier ou de ne me marier pas, et je ne le serais point d'accepter une vocation dont les devoirs exigent l'indépendance du célibat.

Le renoncement au salaire.—Je puis de mon plein gré soigner gratuitement les malades, visiter les pauvres, et ce que je pratique librement, librement aussi je n'en pourrais faire mon habitude, ma règle.

Le costume. — Je puis m'habiller de la façon qui me plaît pourvu qu'elle ne soit pas étrange, et il ne me sera pas permis d'adopter une fois pour toutes un vêtement toujours le même, modeste, peu coûteux, qui me préserve des tentations du luxe! Ces entraves sont illégitimes, elles sont ridicules. Non, il n'est pas défendu de s'associer pour faire le bien, il n'est pas défendu de ne se point marier, il n'est pas défendu de se soumettre volontairement à l'autorité d'une personne capable, il n'est pas défendu de travailler pour rien, il n'est pas interdit de poursuivre la perfection souveraine, pas plus qu'il n'est interdit de raconter ses péchés à un prêtre, de demander des prières à un ami défunt, de raviver une piété languissante par la vue de la croix, par la contemplation de Marie portant enfant dans ses bras Celui que les cieux même des cieux ne peuvent contenir. Je suis libre de faire ou de ne pas faire tout cela; car enfin montrez-moi un texte positif qui me l'interdise, et encore vous me le montreriez, que facilement à mon tour, je vous prouverais que ce texte ne prouve rien.

Ah! nous le savons, le mot qui coupe court à toute cette argumentation, nous le savons; hélas! on l'a rarement écouté; il a mauvais air, il n'est pas de mode aujourd'hui; n'importe, ne nous lassons pas de le redire : — Ce que Jésus, ce que les apôtres ont réglé, je n'ai pas le droit de le modifier; ce qui ment à l'esprit de la Bible, je n'ai pas le droit de l'accepter. Pour moi chrétien, l'exemple de Christ, l'exemple des envoyés de Christ équivaut à une loi.

Les fondateurs des établissements monastiques n'admettent pas cette vérité; ils ne le peuvent pas, car elle ferait crouler leurs institutions. Ils sont forcés, c'est la dure condition que leur impose l'erreur qui les gouverne, ils sont forcés d'emprunter l'argumentation catholique. Ils peuvent bien avec elle résister à la Bible; ils ne peuvent plus ni condamner Rome, ni blâmer miss Sellon; sur le terrain qu'ils ont choisi, Rome les bat.

L'enquête est terminée, les *sisters of Mercy* triomphent, 28 assistants protestent contre la partialité de l'évêque, et le *Tablet*, journal catholique, se félicite de ce que les dames de Devonport, quoique *protestantes*, ont adopté, avec le nom, beaucoup de pratiques de ces corporations romaines auxquelles elles ressemblent si faiblement. Mais, continue le *Tablet*, les défenseurs des *sisters of Mercy* ne connaissent pas encore le but vers lequel ils marchent; leur évêque, au lieu de chercher des précédents dans l'Eglise catholique, là seulement où il en pourrait trouver, en demande aux misérables Eglises hérétiques de la Suisse!

Pendant que le *Tablet* aborde et résout librement la question, rendant à Rome ce qui appartient à Rome, le *Times* fait l'éloge des sœurs et de leur supérieure, dont il célèbre le tact, l'énergie, l'habileté : ces trois vertus théologales des abbesses de toutes les communions.

Le clergé de Plymouth de son côté envoie une adresse respectueuse mais ferme à l'évêque d'Exeter, il ne met en doute ni le renoncement, ni le zèle, ni la sincérité des dames de Devonport, seulement il est effrayé; il voit dans les habitudes qu'elles adoptent, dans le caractère de leur association, un symptôme de l'envahissement papiste qui menace l'Angleterre, et il déclare solennellement que l'exemple qu'elles donnent en cela aux pauvres, aux malades et aux enfants, est dangereux, parce qu'il contredit les principes de la Réformation.

Nos fondateurs partagent peut-être l'effroi des protestants évangéliques d'Angleterre, ils joignent leur blâme au blâme infligé à l'ordre de la *Mercy*. En ont-ils le droit? Si dans certaines pratiques extérieures leurs corporations s'éloignent absolument des *sisters of Mercy*, s'il n'y a pas chez eux des révérences à la croix, des confessions régulières (et encore ce point-là sera nié plus tard par miss Sellon), si l'on ne dit pas, dans leurs maisons mères, les heures canoniales, n'y a-t-il pas, quant au principe et à ses applications les plus saillantes, une ressemblance, faite pour les épouvanter?

Nous craignons qu'ils ne conviennent pas de cette réalité pour nous évidente; avant donc de passer à l'examen des renseignements précieux que vont nous fournir le révérend James Spurrell et miss Sellon elle-même, nous établirons un parallèle entre les caractères communs à la confrérie anglaise et aux corporations continentales.

La croix. Les sœurs de la Miséricorde la mettent sur l'autel, la portent sur l'habit. — Les maisons mères de sœurs protestantes la placent au fronton de leurs portes. C'est un signe qu'elles se sont pressées d'arborer. Plusieurs la font figurer sur l'autel de leurs chapelles.

Les tableaux. Miss Sellon a suspendu des tableaux dans son oratoire, ils ont été substitués à la croix. — A Kaiserswerth vous avez vu les sœurs exposer à l'admiration de leurs élèves l'enfant Jésus entouré de violettes, le serpent d'airain, la couronne d'épines, les fleurs allégoriques de la passion [1].

[1] Dans maintes Eglises d'Allemagne, de Suède et d'Angleterre, la Réforme incomplète, prudente mal à propos, a laissé subsister l'usage des peintures sacrées.

A Kaiserswerth comme à Devonport la raison de cette pratique romaine, c'est *qu'elle plaît aux enfants.*

Le secret. Miss Sellon interdit aux sœurs et aux orphelines élevées dans l'établissement d'en révéler la vie intérieure. — S'y prend-on autrement à Kaiserswerth, à Paris surtout où l'institution se voit observée? ne fait-on pas de la discrétion à l'égard des détails intimes une loi positive et stricte? Pour ma part je sais que, cherchant, dans l'intérêt de la vérité, à connaître les constitutions intérieures de la maison : le règlement qui fixe les relations des sœurs avec la supérieure et entre elles, l'ordre suivi journellement, ce mécanisme qui montre à nu le vrai caractère d'une œuvre, je n'ai pu l'obtenir bien que je l'aie fait demander plusieurs fois par des tiers; on m'a renvoyé aux statuts généraux et j'ai dû m'en contenter. Il m'est arrivé là ce qui m'est arrivé pour l'ordre du Sacré-Cœur : on m'a tout simplement refusé. Ces règles intérieures existent-elles oui ou non, la délimitation de devoirs, de rapports qui ont une extrême importance est-elle laissée à l'arbitraire de la supérieure ou est-elle fixée par une loi? c'est ce que je ne sais pas, car là-dessus on ne m'a pas répondu plus que sur le reste.

On dira peut-être que l'auteur s'y est mal pris, qu'on est tout prêt à l'initier à ces mystères; je le veux croire, je pose seulement en fait, que lorsque, désirant y voir clair, je sollicitais des renseignements, il ne m'a pas été possible de les avoir. J'appelle cela *garder le secret;* le garder dans la mesure où miss Sellon le garde elle-même, l'impose aux sœurs qu'elle gouverne et aux enfants qu'elle protége. Bien plus, je dis que ce secret, très légitime lorsqu'il s'agit de la famille où personne n'a le droit de regarder, devient injustifiable lorsqu'il s'agit d'un établissement public, suspect à beaucoup de chrétiens. Dans ce cas la lumière projetée partout est une obligation stricte, parce que seule elle éclaire les pièces du procès.

Autorité de la supérieure. Miss Sellon, supérieure de l'ordre de la *Mercy*, inscrit dans sa constitution le devoir d'obéissance, d'obéissance librement consentie à la règle librement adoptée; elle établit que la supérieure étant la voix de la règle, c'est dans la personne de la supérieure que se résume l'autorité. —Kaiserswerth, Paris et la Suisse tiennent exactement le même langage : Sans règle, point d'ordre; donc il faut une règle; mais cette règle ne lèse en rien l'indépendance chrétienne, puisque c'est volontairement qu'on s'y soumet. Une règle ne parle pas; une règle n'est pas vivante; donc il faut une supérieure, *établie en autorité* pour faire observer la règle; *toute l'autorité en conséquence se résume pour les sœurs dans la personne de la supérieure,* c'est à la supérieure qu'elles doivent une obéissance filiale. Ainsi s'exprime la constitution de Paris.

L'obéissance envers la supérieure est considérée comme s'exerçant envers Jésus même. Miss Sellon prie ses sœurs de ne point s'arrêter à l'infirmité de la pauvre créature qui les dirige, mais de relever leur soumission en la rattachant à la personne du Seigneur. — Nous savons bien que c'est là le texte même des constitutions catholiques, nous savons bien que les gens soupçonneux y voient ce fait sacrilége de transformer le supérieur en Dieu, de donner à sa parole et le caractère et la puissance divine. Nous le savons bien; hélas! cela n'empêche pas que ce ne soit le langage et l'esprit des corporations continentales. Prenez leurs comptes rendus, prenez leurs appels, vous verrez que lorsque se présente cette malencontreuse question d'obéissance à la supérieure, écharde éternellement plantée dans la chair des fondateurs ; ils s'efforcent de sauver le principe en s'écriant que ce n'est pas à l'individu que la sœur se soumet, que c'est au Seigneur, que c'est Lui, Lui uniquement qu'elle considère au travers de la sainte obédience.

Silence à l'égard des ordres et des reproches de la supérieure. La règle de Devonport ne permet aux sœurs ni de répliquer quand on leur donne un ordre, ni de se justifier sur l'heure quand on leur adresse une réprimande. Elles ont le droit de présenter leurs remarques en temps opportun.—C'est très catholique, oui, et c'est exactement conforme, je crois, à ce qui se passe à Paris ainsi qu'à Kaiserswerth. Si mes souvenirs ne me trompent pas, je crois que dans les années qui suivirent la fondation de Paris, il n'était pas permis aux sœurs de discuter un ordre ou une observation ; je crois qu'il en est encore ainsi, et je ne comprendrais pas comment un établissement du genre monastique pourrait marcher hors de ces conditions-là.

Comme vous, miss Sellon, répand les Bibles que lui confient des sociétés pieuses; il s'en est fait par les mains de ses sœurs, comme par les mains des vôtres, d'abondantes distributions.

Comme vous, miss Sellon groupe autour de ses maisons mères une foule d'œuvres charitables : écoles, asiles pour les vieux matelots, refuge pour les femmes vicieuses, hospices, pensionnat d'orphelines, avec l'arrière-pensée peut-être, encore à votre exemple, de faire de ce dernier une pépinière de sœurs [1].

Comme vous, miss Sellon se déclare et se maintient protestante; elle y a plus de droit que vous, car dans le sein de son Eglise même, dans les entrailles

[1] Voici la liste des établissements de l'ordre de la Mercy dans la seule ville de Devonport : cuisines pour les soupes où quatre-vingts à cent per-

du *Prayer-book* et des liturgies, elle trouve, pour son institution, des bases que la réforme allemande ne fournit pas en si grande mesure à Kaiserswerth, que la Réforme française ne fournit pas du tout aux fondations de Paris et de la Suisse.

Comme vous enfin, miss Sellon se félicite d'avoir lavé son Eglise de la honte de ne pouvoir opposer aux sœurs de charité catholiques des corporations de sœurs également consacrées au service des pauvres : des ordres *aumôniers*.

Miss Sellon si semblable à vous par les grands côtés, différente par quelques pratiques, plus avancée, je n'en doute pas, dans l'esprit monastique parce qu'elle appartient à une communion qui se rapproche bien plus de Rome que la vôtre; miss Sellon vous dépasse aussi en largeur; elle vous dépasse sur deux points. Ses sœurs ont le droit, droit dont l'exercice régulier n'est point soumis à l'appréciation d'un conseil, d'aller chaque année passer un temps déterminé dans leurs familles; et à ce droit que vous n'avez pas assuré à vos diaconesses, vient s'en joindre un autre dont ces dernières ne jouissent pas non plus, celui de veto contre tout changement ou addition à la règle. Les statuts de l'ordre de la Mercy ne pourront être modifiés que d'après l'avis et avec le consentement des sœurs [1].

Passons sous silence et l'abstinence entre les repas, et la fixation de certaines heures pour les visites

sonnes sont journellement nourries; maison d'orphelines; collége pour les fils des marins; maison de paix pour les filles pauvres; maison pour les vieux marins; école industrielle; maison d'espérance (*lodging house*) pour de pauvres familles; *lodging house* pour les jeunes femmes de l'école industrielle; *ragged school*. En outre et ailleurs, refuges, hospices, etc., etc. (*Hospital and Sisterhoods*, p. 52.)

[1] Je parle ici d'un droit officiel, le seul qui ait quelque valeur, et non de complaisances à bien plaire dont on use volontiers, je n'en doute pas, mais dont on peut aussi n'user point et qui ne garantissent en aucune

quotidiennes des parents; ce sont des mesures insignifiantes par elles-mêmes, indispensables dans toute organisation publique et qui n'empruntent leur importance qu'au caractère spécial de l'institution. On en pourrait dire autant sur plusieurs des points que nous avons relevés. Certes, l'obéissance dans une école normale, à ne prendre que cet exemple-là, l'obéissance ne choquera jamais personne. Elle froissera toutes les âmes fidèles à l'Evangile, elle les épouvantera quand elle devra s'exercer envers une supérieure par des femmes célibataires, consacrées à une vocation religieuse, séparées de leurs familles pour un temps indéfini, revêtues d'un costume qui les distingue du reste des humains, rassemblées dans une maison conventuelle, appliquées par une volonté suprême et indépendante d'elles, à tel ou tel travail.

Miss Sellon a donc pleinement le droit d'assimiler l'esprit avec les principes de son institution aux institutions analogues qui s'élèvent en Suisse; et si elle avait mieux connu les maisons de Paris et de Kaiserswerth, elle se serait plus hardiment encore saisie de ces deux grands faits qui appartiennent à sa cause.

Maintenant laissons parler le révérend James Spurrell.

Le révérend Spurrell, *vicar of great Shelford, Cambridge-shire*, tient les détails qu'il va nous donner d'une jeune miss récemment échappée à la corporation des *sisters of Mercy*. L'affaire est récente; elle date de 1852.

Entraînée par ce besoin de consécration irréfléchi qui domine volontiers les âmes généreuses, miss *** avait

façon les sœurs contre des modifications réglementaires qu'elles n'approuveraient pas.

désiré se joindre aux sœurs de la Mercy; la mère de miss *** s'y était opposée; elle avait emmené sa fille en France, mais là, pire danger; miss *** s'était éprise d'admiration pour les sœurs de la Charité, elle voulait se faire catholique, et malgré de vives répugnances, plongeant dans Charybde pour éviter Scylla, la mère de miss *** avait consenti au séjour momentané de sa fille dans la maison de Devonport : ce temps d'épreuve devait durer un an.

Les faits sont de forts raisonneurs, ils battent les meilleurs avocats, leur éloquence n'est pas de celle qui donne envie de contredire, on n'argumente pas contre des coups de massue. Miss *** alla tout heureuse se réfugier sous les ailes de la supérieure des *sisters of Mercy*. D'abord elle persista dans son dessein d'embrasser la communion romaine et d'entrer dans l'ordre des sœurs de la Charité; puis, saisie par la ressemblance qui régnait entre la confrérie de Devonport et les corporations romaines, elle résolut de se faire *sister of Mercy;* enfin elle quitta ce dernier dessein comme elle avait quitté le précédent; elle le quitta, parce que la pratique de la vocation monastique lui en dévoila toute la folie; elle partit et rentra sous le toit paternel. La mère de miss *** retrouva en elle une fille pieuse, bien réveillée de ses rêves conventuels, et le révérend James Spurrell, initié aux diverses circonstances de cette instructive histoire, a regardé comme un devoir envers son Dieu et envers son Eglise d'en révéler tous les traits.

La première brochure de M. Spurrell a été suivie d'une réponse de miss Sellon, qui, à son tour, a provoqué une réplique du révérend Spurrell. Nous examinerons ces trois pièces du procès.

Qu'on ne s'étonne pas si nous donnons un certain développement à cette affaire. Sous une couleur assez individuelle, le débat nous révèle tous les caractères de l'ordre de la Mercy. Il s'agit bien moins ici des torts de miss Sellon envers une jeune dame ou des griefs de celle-ci envers celle-là, qu'il ne s'agit de montrer quels principes en Angleterre servent de base à un ordre religieux de la plus haute importance, par où les pratiques de cet ordre religieux s'éloignent des procédés de nos corporations, par où elles s'en rapprochent, comme quoi l'esprit au fond est le même, les œuvres sont pareilles, le système de défense, les arguments, la raison d'être exactement identiques.

Trois faits immenses, sans compter l'importante question de ressemblance avec les ordres continentaux ; trois faits immenses nous commandent un sérieux examen de l'ordre de la Mercy. Ce fait, qu'il revendique sa très grande place dans le protestantisme, et que c'est des corporations monastiques au sein du protestantisme que nous nous occupons dans ce livre. Cet autre fait que l'ordre de la Mercy couvre l'Angleterre de ses bonnes œuvres et de ses maisons; que ces maisons, sans compter les fondations pieuses, s'élèvent à Devonport, à Bristol, à Londres, à Clewer, dans bien d'autres cités, et souvent avec des proportions monumentales. Ce dernier fait enfin, qu'ayant arboré le drapeau puséyte, c'est-à-dire que placé aux extrêmes limites qui séparent l'Eglise anglicane de l'Eglise de Rome, l'ordre de la Mercy est adopté, est célébré par tous les partis (le parti purement évangélique excepté), qui forment le vaste ensemble de l'Eglise d'Angleterre.

De droit et par cela seul qu'elle existe, la corporation monastique des sisters of Mercy réclame sa place dans notre travail ; de fait, par la position qu'elle occupe dans l'Eglise, par l'action qu'elle exerce, par les œuvres qu'elle accomplit, par les rapports étroits qui l'unissent aux corporations continentales, elle exige de nous une analyse exacte et détaillée.

La question vaut la peine. Il vaut la peine de voir comment se comporte un ordre généralement aimé en Angleterre, généralement proposé comme un modèle de vie religieuse. Il vaut la peine de voir ce que fait cet ordre, ce qu'il dit pour sa défense ; il vaut la peine de le placer en face de nos confréries, et par une étude consciencieuse et raisonnée, d'ôter à ces dernières toute envie d'anathématiser ce qu'elles connaissent mal, ce qui, sous les rapports essentiels leur est si semblable.

Miss Sellon and the sisters of Mercy [1]. Tel est le titre de l'écrit par lequel M. Spurrel ouvre l'attaque.

M. Spurrell signale avec force les sourdes menées du parti catholique en Angleterre, il dévoile les progrès effrayants des tendances et des pratiques romaines, il s'écrie qu'il y a là de quoi réveiller les sentinelles, et d'emblée il entre dans le récit des circonstances que lui a confiées l'amitié d'une famille de la plus haute respectabilité, la famille de miss ***. Il possède toutes les lettres et toutes les pièces.

Nous en sommes au temps où miss *** *désireuse de se vouer au service des pauvres* et ayant entendu dire *qu'une communauté de sœurs protestantes résidait à Devonport,* cherche à se rapprocher de ces dames. Sa mère n'y consent point ; miss *** entre néanmoins en rapport

[1] London, Thomas Hatchard, 187 Piccadilly, 1852.
Ici et durant tout le cours de mon étude sur l'œuvre anglaise, suivant pas à pas tantôt M. Spurrell, tantôt miss Sellon, je me borne à donner à mesure le titre de leurs ouvrages, évitant des citations de pages qui sans cesse répétées seraient fatigantes et bien inutiles, puisque de la première à la dernière, je marche de conserve avec les auteurs.

avec la supérieure ; celle-ci lui fait écrire par une des dames de la Mercy afin de la consoler, et comme miss *** ne comprend pas bien le sens de quelques instructions qui lui sont envoyées, la supérieure de Devonport s'adresse directement à miss ***.

Voici quelques extraits de la lettre de miss Sellon : « Ma chère fille en Christ, j'ai lu votre missive en priant Dieu qu'il vous délivre des périls dont vous êtes environnée. Ils sont bien grands mais sa grâce est plus grande, et plus vous sentirez votre propre faiblesse, plus Celui qui vous a aimée et qui vous appelle pour être spécialement à Lui, vous fortifiera pour le combat.

« Je ne suis pas étonnée de l'opposition que vous rencontrez ; ce qui m'étonnerait c'est qu'une telle vocation ne fût pas contrariée. Elle est hostile à la sagesse humaine.... On appelle *fou* celui qui *se lève et laisse tout pour suivre Christ.* » — Voyez-vous la confusion du nom et de l'œuvre de Christ avec le nom et l'œuvre de Devonport : se faire sœur de la Mercy, se faire membre des confréries du continent, c'est *se lever et tout quitter pour suivre Christ.*

« On dit qu'il est possible de servir, d'aimer le Seigneur tout en accomplissant les devoirs domestiques et sociaux. Mais il y a des cœurs auxquels Jésus a donné de plus hautes, de plus profondes aspirations ; aspirations que le monde ne connaîtra, ne comprendra jamais. Il y a des cœurs qui ne peuvent vivre dans le luxe tandis que notre Seigneur vivait dans l'indigence ; il y a des gens qui ne peuvent rester paresseux tandis que Jésus allait partout faisant du bien ; il y a des chrétiens qui ne peuvent que vivre pour les pauvres, car Christ a dit qu'en les servant nous le servons ; il y a des âmes qui haïssent et méprisent la *respectabilité*, véritable idole de notre pays... L'amour du *home* est une autre idole, une, douce, une honorable idole, mais une idole hélas, qui se place souvent entre nous et nos devoirs envers l'Eglise, envers les malheureux et envers Christ lui-même[1]. »

Le raisonnement est vrai, il est bon en soi, seulement miss Sellon et les fondateurs d'ordres romains et les fondateurs d'institutions monastiques dans le protestantisme en font une application vicieuse; voilà le trébuchet où se prennent les âmes peu clairvoyantes. On leur dit : Jésus veut des disciples de bonne volonté, des disciples qui ne regardent point en arrière; Jésus a prononcé des malédictions contre quiconque lui préfère sa famille, ses aises, ses richesses ou son rang. Jésus a prononcé des bénédictions sur quiconque lui sacrifie même ses plus saintes joies, même ses affections les plus légitimes, même ses habitudes les plus raisonnables. Le Seigneur, son œuvre, c'est le couvent; c'est la maison des sœurs de la Mercy, c'est la communauté de Kaiserswerth, de Paris, de Duisburg; vous ne pouvez le nier puisqu'on y soigne les malades, puisqu'on y élève les enfants, puisqu'on y régénère les femmes vicieuses, puisqu'on y consacre des chrétiens et des chrétiennes à l'exercice exclusif de la charité! Pas un mot de la Bible, pas un mot des contrastes qu'offre le caractère de l'institution avec l'institution apostolique; et les âmes habituées à prendre la voix de leurs impressions pour la voix de la Révélation, les âmes habituées à se laisser mener en laisse, sautent par-dessus le vice de l'argumentation, sautent par-dessus l'opposition de la Bible pour entrer enthousiasmées dans une corporation absolument contraire à ce que veut la Bible, à ce qu'ont ordonné les apôtres.

[1] Je traduis partout librement bien qu'avec une fidélité scrupuleuse.

Quant aux chrétiens qui pensent que le service du Seigneur est partout, que les limites de la foi le bornent seules et que la foi doit être sans limites; quant à ceux-là, consacrés depuis le jour de leur conversion, fidèles au poste où Dieu les a mis, y exerçant en pauvres pécheurs qu'ils sont, mais sincères et droits de cœur toutes les vertus que réclame d'eux la vie; quant à ceux-là ce sont des mangeurs et des buveurs. Ils ne quittent point leurs familles, ils ne font montre ni de pauvreté, ni d'uniformité, ils ne s'astreignent à aucune direction en dehors des autorités bibliques, ils continuent à habiter leurs maisons, à prendre leurs repas comme tout le monde, à se vêtir suivant le rang qu'ils occupent dans la société. — Que me parlez-vous des visites qu'ils font aux pauvres, des soins qu'ils rendent aux malades, des consolations qu'ils portent aux affligés, de leur bourse volontiers ouverte, de leur heureuse action sur la famille et sur le pays! Eh cela est bien, sans doute, qui le nie; mais c'est encore le monde, à quelque degré; ceux qui en restent là n'ont pas tout quitté pour suivre Christ; il y a une loi plus élevée, il y a une consécration suprême réservée aux chrétiens supérieurs; cette perfection, cette sainteté, cette vocation sublime, c'est chez nous qu'on les trouve: Venez, voyez et entrez.

Si l'on trouve que j'exagère, qu'on relise les rapports.

Retournons à la lettre de miss Sellon.

« Vous avez raison de vous soumettre au désir de votre mère, mais ne cessez pas de prier Dieu de vous accorder finalement la vie que vous avez choisie. » Miss Sellon insiste sur la persévérance, et prévient sa jeune amie que Satan emploiera tous les artifices pour la détourner de *l'appel de Dieu*. « Il serait convenable pour vous *d'éviter autant que possible la société*, de consacrer beaucoup de temps à la prière et aux saintes lectures, de ne travailler que pour les pauvres ou pour l'ornement de nos églises, de ne faire rien en un mot qui ne *soit appliqué à la gloire de Dieu*, et de vous vêtir avec une scrupuleuse simplicité. » — Comme l'esprit monastique s'infiltre habilement ici, parlant toujours de quelque vérité pour nous mener en plein mensonge. Saint Paul dit : Quoi que vous fassiez, soit que vous mangiez, soit que vous buviez, soit que vous dormiez, faites tout pour la gloire de Dieu; c'est le règne de l'idée, se mouvant dans la liberté. Miss Sellon dit : Ne travaillez que pour les pauvres, que pour orner les églises, que dans un but directement religieux; c'est le matérialisme monastique nous menant droit à l'esclavage. Quant à fuir la société de ses semblables, quant à se priver des jouissances honnêtes que Dieu a données, c'est du monachisme aussi, mais il y a longtemps qu'il règne chez quelques réformés; il n'est pas besoin d'entrer au couvent pour en porter les chaînes.

« Ne pensez pas au monde et à vos amis se moquant de vous; leurs railleries seront une bonne discipline, Dieu la bénira pour vous plus que vous ne le pensez. » La supérieure rappelle que saint Paul fut taxé de folie, et nous retrouvons là l'éternel piége du raisonnement chrétien, appliqué à une cause humaine.

« Evitez toute discussion sur des sujets théologiques ou religieux, si une conversation pareille commence, coupez court aussi vite que vous le pourrez.... Dites à chaque heure : Bon Jésus, garde-moi près de toi; dites-le trois fois pour chaque fois que vous l'oubliez. » — Ceci est du catholicisme pur.

« Et maintenant puisse Dieu vous bénir, ma chère enfant! Puisse Celui à qui vous vous êtes offerte vous-même, vous attirer toujours plus, vous faisant *pleinement sienne, et vous engageant à son service.* »

Je demande aux directeurs des institutions monastiques du continent, si dans des circonstances pareilles et sauf quelques détails ; si devant répondre à une jeune fille qui, profondément remuée par leurs appels, désirerait *se consacrer au service du Seigneur dans la vocation de sœur* et ne rencontrerait d'autre obstacle à ses vœux que les répugnances d'une mère ; je demande s'ils tiendraient, s'ils tiennent un langage bien différent ; s'ils ont plus de prudence, s'ils usent de plus de ménagements envers l'autorité maternelle ; s'ils parlent plus discrètement de l'accomplissement possible, désirable de ces pieux souhaits; si leur zèle se montre aussi contenu, aussi sage ; s'ils unissent au même degré l'amour de leur œuvre, la conviction que c'est l'œuvre des œuvres, avec le respect de certaines convenances, avec la modération jusque dans les conseils de persévérance ! — Cela est très possible, mais en tout cas, les appels publics atteignent habituellement les limites où miss Sellon se tient ici renfermée.

L'ardeur de miss *** est moins prudente, elle lui fait faire du chemin. Miss *** voudrait voir la supérieure de Devonport et lui écrit pour savoir si elle pourrait *innocemment* contenter son envie sans en *demander la permission.*

« Je ne pense pas, répond miss Sellon, je ne pense pas qu'il soit mal à vous de me *voir à l'insu de votre mère,* à moins pourtant qu'elle ne vous l'*ait absolument défendu* ; *mais je ne crois pas qu'il soit utile de lui demander son autorisation.* » Le révérend James Spurrell appelle ce raisonnement un *jésuitisme,* et il a raison. Certes, nous n'en sommes pas là ; mais n'est-ce pas là que nous mènent à grands pas ces invitations pressantes, oppressantes pour mieux dire, si inconsidérément lancées par toute la chrétienté protestante? Lorsque d'Allemagne, de Suisse et de France partent coup sur coup des sollicitations à se faire sœur, lorsque, tout en protestant qu'on veut respecter les droits de la famille, on demande à de jeunes filles engagées dans les devoirs de la famille jusqu'à quand elles resteront oisives sur le marché, lorsqu'on leur fait considérer que celui qui aime son père et sa mère plus que Jésus n'est pas digne de Jésus, lorsqu'on les supplie de s'interroger au pied de la croix pour voir s'il n'y a pas en elles une vocation de diaconesse, lorsqu'on adjure les pasteurs d'avoir à chercher soigneusement dans leurs troupeaux pour y trouver des sœurs, est-ce que l'on ne s'expose pas à recevoir des lettres pareilles? Ne s'expose-t-on pas à la tentation d'y répondre avec une certaine habileté? Ne s'expose-t-on pas à exciter chez de jeunes cœurs de ces pieuses révoltes contre l'autorité paternelle, de ces persistances à désobéir saintement qui finissent par une rupture ouverte ou par un consentement arraché de force? Ne risque-t-on pas de voir arriver de ces jeunes filles dont la mère vous dit : Qu'elle entre chez vous, elle le veut, je ne puis traiter mon enfant en esclave, et d'ailleurs depuis qu'elle a ce dessein dans l'âme, ce n'est plus mon enfant, elle a perdu la gaieté, l'insouciance, elle est morne, elle est attristée, elle se croit inutile sur la terre, elle se croit enlevée à une vocation qui lui est plus chère que la vie, prenez-la, recevez-la, et qu'elle trouve dans son nouvel état la paix que nous ne goûtons plus ni elle, ni moi!

Je ne crois pas faire ici du roman, je sais que je fais de la réalité, et que parmi vos sœurs, il en est plus d'une dont les parents n'ont cédé qu'avec de positives répugnances.

Vous en êtes là ; vous n'en êtes d'aucune manière au jésuitisme de miss Sellon, mais dites-vous bien qu'elle est sincère comme vous, que vous êtes passionnés comme elle, et méfiez-vous d'un chemin où à tout instant on rencontre de tels gouffres sous ses pas.

Miss *** passe sur le continent avec sa mère. Là elle fait la connaissance de quelques sœurs de la Charité et de quelques dames catholiques, qui toutes, rient à l'idée de *couvents protestants,* comme elles nomment les communautés de sœurs. Elles affirment qu'il n'y a qu'un pas entre ces corporations et le catholicisme, et que bientôt les couvents protestants tomberont dans les bras de la vraie mère Eglise toute prête à les recevoir. — Voilà ce que pensent de nos confréries, les ordres romains. En cela ils se trompent tout à la fois et ils ont raison.

Non, je ne crois pas que nos institutions monastiques tombent ostensiblement dans les bras de Rome, je ne crois pas qu'elles fassent abjuration, pas plus que ne feront abjuration les *sisters of Mercy* ou le docteur Pusey lui-même. Mais il y a une manière plus funeste d'appartenir à Rome ; c'est de lui appartenir sous le harnais protestant. Aimer l'organisation de Rome, en recevoir les institutions, déserter sur un point et bientôt sur beaucoup la Bible de Dieu pour la tradition des Pères et des papes, c'est se mettre en pire état, c'est plonger dans l'illusion. Nous nous croyons amarrés au rivage, et nous naviguons sur ces eaux profondes qui s'étendent en tranquilles nappes au-dessus des cataractes. Par là les catholiques qui nous voient venir ont raison de dire de nous : Ils arriveront.

Miss ***, témoin journalier de la consécration exclusive des sœurs de la Charité aux bonnes œuvres, miss *** remarquant leur entière séparation d'avec la société, la simplicité de leur costume, la sobriété de leur vie, la régularité de leurs prières; toutes choses qu'à Devonport on lui avait représentées comme la perfection chrétienne, miss *** peu à peu, par ce seul fait d'une analogie étroite entre la sainteté enseignée par les sœurs protestantes de la Mercy et pratiquée par les sœurs catholiques de la Charité; miss *** acquiert la persuasion que la foi romaine avec la vie religieuse dans cette communion sont la foi et la vie qu'elle doit adopter.

L'histoire de cette âme est bien effrayante, bien significative !

Miss *** correspondait cependant avec la supérieure de Devonport. Elle hésitait à quitter l'Eglise d'Angleterre, et pensait que s'il était possible de mener dans son sein *la vie religieuse*, elle attendrait encore pour s'en séparer. Devonport l'avait menée à Rome, Rome la ramenait à Devonport, cela allait de soi.

Miss Sellon ne s'effraye pas trop des tendances franchement catholiques que lui montre son amie: « Je suis profondément touchée, lui écrit-elle, de la lettre où vous m'exprimez l'intention d'être reçue ici, *une fois*, même sans le consentement de votre mère; vous avez raison de penser que Dieu parle à votre cœur; Il vous porte, Il vous garde.....; n'en doutez pas un instant, seulement restez fidèle et humble,..... vous passez par une épreuve nécessaire au bien de votre âme..... demandez chaque jour les grâces de la persévérance..... vous pouvez avoir à traverser le feu et l'eau, mais rappelez-vous que c'est pour l'amour de notre Seigneur et qu'Il n'abandonne jamais celui qui se confie en Lui. Je ne puis vous dire ce que je ferai à votre égard; ni pour moi ni pour mes enfants, (et vous êtes une d'entre elles,) je ne puis regarder en avant plus d'un pas à la fois. Fiez-vous à Dieu, obéissez à ceux auxquels

Il vous confie pour votre direction, et soyez assurée que tout ira bien. »

Cela semble une suite d'énormités parce que c'est la supérieure de Devonport qui parle; mettez ces paroles au bout de la plume d'un de nos fondateurs, elles ne vous scandaliseront plus. Vous verrez à l'instant dans miss ***, une jeune chrétienne retenue hors de sa vocation par une mère mondaine; vous adoucirez peut-être la première phrase de la lettre, celle où miss Sellon se dit touchée par la missive qui lui annonce de la part de son amie l'intention d'entrer *une fois* à Devonport, même sans le consentement d'une mère; vous vous direz que si miss *** abjure et se fait catholique, ce sera certes la faute de cette mère inconsidérée qui n'a pas voulu laisser à sa fille la liberté de se faire *sister of Mercy*; vous vous direz que Dieu n'abandonnera pas cette enfant, que les relations même qu'elle soutient avec des catholiques romains et ces velléités d'entrer dans l'Eglise de Rome l'emmèneront plus sûrement à Kaiserswerth, ou à la maison mère de Paris, ou à Saint-Loup; vous vous direz que c'est une bonne discipline pour son âme; et vous admirerez le fondateur prudent et confiant qui déclare ne pas savoir ce qu'il fera, ne pas vouloir regarder en avant, remettre cette enfant au Seigneur qui saura bien la protéger et la porter.

« Pensez à vous-même, écrit encore miss Sellon dans la même lettre, pensez à vous-même à chaque génuflexion sous la †, et vous serez sauvée. »

Le révérend Spurrell s'indigne de la figure de la † ainsi offerte à une imagination plus qu'à demi gagnée pour les erreurs romaines. Partout où ils rencontrent cette croix, les chrétiens anglais qui ont soulevé le débat, expriment leur répulsion pour un pareil retour aux signes romains.

Et moi aussi je veux vider la question des croix : des croix sur les édifices religieux, des croix sur les maisons de sœurs ou de frères, des croix sur les autels, des croix sur les cachets, des croix partout. L'entraînement est grand de ce côté ; il me paraît absolument contraire à l'Esprit de Dieu.

Dieu nous a interdit les images, Dieu a horreur d'un culte matériel ; or, qu'est la croix, si ce n'est une image, si ce n'est l'élément d'un culte matériel ? — Mais cette image condamnée par elle-même a perdu sa signification primitive, elle l'a perdue pour avoir servi aux idolâtries catholiques. Elle n'est plus le symbole du salut. On l'a vue portée en tête de processions où l'on portait aussi des saints et des saintes de cire ; on l'a profanée en en faisant l'instrument des bénédictions et des malédictions de Rome ; elle marchait devant les inquisiteurs lorsqu'ils allaient dévotement et à petits pas brûler des troupeaux d'hérétiques ; Rome la fait baiser, adorer, comme si elle était un dieu de pierre ou de bois ; elle ne peut, chargée de ces caractères, figurer dans notre culte d'où la bannit d'ailleurs le commandement de Dieu.

Et puis, est-il besoin de cette mauvaise renommée pour nous rendre la croix suspecte ? Si mon Sauveur a expié mes péchés sur le bois, si par cette expiation les cieux me sont ouverts, le bois où s'enfoncèrent les clous qui percèrent mon Sauveur me deviendra-t-il précieux ? Se fera-t-on un cher souvenir, c'est un homme de bon sens qui l'a dit[1], se fera-t-on une relique de l'instrument qui a servi à supplicier un père ! Un ami est mort pour moi, à ma place il est monté sur l'échafaud, ce sont mes fautes qui l'ont conduit là, c'est la justice divine qui l'a condamné, ce sont les mains des iniques

[1] M. le pasteur Roussel.

qui l'ont immolé, et le couteau, et la guillotine, il faut dire le mot, me deviendront si charmants que je les porterai suspendus à mon cou, que je les installerai sur la porte de ma demeure ! Alors pourquoi ne pas placer sur l'autel, pourquoi ne pas planter sur le fronton des maisons mères, pourquoi ne pas buriner sur nos cachets, et les clous et les verges et la couronne d'épines ? — Pourquoi ! Hélas à Kaiserswerth cela se fait, et la couronne d'épines figure parmi les fleurs de la passion ?

Pour nous, nous déclarons détestable une coutume que nous ne pouvons étayer que par des raisons qui justifient aux yeux de Rome l'usage de ses statues et de ses tableaux. Nous déclarons détestable une coutume que n'ont connue ni les apôtres ni l'Eglise apostolique. Ce signe, le signe de la croix qu'apportèrent les premières altérations du christianisme nous est en scandale. Les Pères l'ont recommandé, les apôtres n'en ont jamais parlé, nous le rejetons. Ayons la croix présente au cœur, ne la mettons ni sur l'autel, ni sur les murailles ; ne lui donnons pas parmi nos bijoux ou nos petits meubles une place qui contraste avec son effrayante solennité.

La lettre de miss Sellon se termine ou à peu près par ces mots..... « Ce sera un rude combat pour vous que de quitter votre mère, mais c'est le combat auquel beaucoup de saints ont été appelés. Seulement *laissez cela venir d'elle. Votre devoir est d'attendre jusqu'à ce qu'elle vous renvoie* ; et alors rappelez-vous cette grave parole : " Celui qui aime son père ou sa mère plus que moi n'est pas digne de moi. " — Mon enfant, cette déclaration terrible doit sûrement avoir une profonde signification. Elle signifie sans doute qu'il nous faut obéir à la voix de Dieu parlant par notre conscience ou par tout autre moyen choisi de Lui, plutôt qu'à la voix même de l'affection filiale. »

Ainsi on retrouve dans les exhortations de la supérieure, jusque dans ces encouragements à persévérer contrairement à la volonté d'une mère, cette prudence toute doublée de passion dont nous parlions il y a quelques instants; cette mesure mystique qui concilie la parfaite indépendance de la volonté avec les dehors et jusqu'à un certain point avec le fait positif de l'obéissance. On n'abandonne pas une mère malgré elle, on ne brave pas ses ordres en face, non, mais on la *contraint à vouloir*, et cela fait, on remercie dévotement le Seigneur qui a *ouvert les voies*. Et puis des textes bibliques tirés de leur place, faussés par l'isolement, jetés tout brûlants dans une âme déjà embrasée; et puis des invitations à écouter la voix de Dieu dans la conscience; et de la Bible, de la Bible tout entière, méditée d'un bout à l'autre avec prière, pas un mot.

Miss *** malgré les lettres de la supérieure persistait dans son dessein d'embrasser la religion romaine et l'aurait exécuté, si sa mère, épouvantée, ne lui eût demandé de surseoir pour un an à son projet. Miss *** le promet à la condition de passer cette année dans la communauté de Devonport, et sa mère y consent.

Curieux spécimen de la manière dont on fait vouloir des parents qui ne veulent pas.

Certes la mère de miss *** dut se trouver heureuse d'autoriser ce qu'auparavant elle avait défendu; certes les *sisters of Mercy*, certes les amis de l'œuvre bénirent Dieu de ce que, tout en remportant une grande victoire sur le cœur de cette mère, Il les avait gardés de toute action déloyale sur la fille, et pourtant, n'était-ce pas là une enfant arrachée à l'autorité maternelle?

Ah! des sacrifices pour la gloire de Dieu, je les comprends! Je comprends une jeune fille encore inconvertie, qui, lisant la Bible, se faisant chrétienne de cœur et de vie désobéit à un père incrédule pour obéir à Dieu. Je comprends ce pauvre enfant païen, qui battu par ses parents devant une idole, menacé, maudit, chassé, refuse d'adorer la pierre ou le bois, quitte en pleurant sa mère et va se réfugier aux pieds de Celui qui a dit : Je ne t'abandonnerai point. Je comprends un chrétien, une chrétienne, rendant témoignage à leur foi malgré les dangers qui les environnent, malgré les prières de ceux qui les aiment. Je comprends tout cela, mais je suis épouvanté quand je vois des créatures faillibles fabriquer des jougs de leur invention et en écraser leurs frères; je suis épouvanté quand je les vois imaginer des vocations qui enseignent aux enfants la sainte désobéissance filiale. Il n'y a que Dieu qui ait le droit de dire : Prends ton fils, ton unique, et me l'immole!

Miss *** s'empresse d'écrire à Devonport ; une sœur est chargée de lui répondre et de la féliciter. On dirait la plume du respectable fondateur de Kaiserswerth : « Quelle miraculeuse preuve de l'amour du Seigneur, que d'être choisie *pour travailler parmi ceux qui sont consacrés à son service*, que d'être appelée à *mener une vie angélique sur la terre.* »

Au jour fixé miss *** arrive à Devonport : « Si elle y mena ce *qu'il plaît à la sœur d'appeler une vie angélique*, s'écrie le révérend Spurrell, c'est ce que les pages suivantes diront au lecteur. »

En attendant, miss *** est conduite à l'oratoire de la maison. C'est l'heure de complies; les fleurs, la croix, les lumières, les peintures, les figures agenouillées des sœurs, la solennelle bénédiction que donne à chacune d'elles la supérieure à la fin du service, tout cela surprend à la fois et enchante la jeune novice.

Miss *** révèle ses tendances romaines à la supérieure ; la supérieure parle du péril auquel elle expose sa communauté en y admettant une personne à demi catholique, du discrédit jeté sur la maison, si miss *** après y avoir séjourné, entrait finalement dans l'Eglise romaine, mais elle ajoute qu'elle ne saurait refuser de recevoir une personne que Dieu lui amène, et prie seulement miss *** de taire à la confrérie tous les détails de son voyage sur le continent.

La supérieure exprime l'opinion que miss *** ne connaît pas bien sa propre religion, puisqu'elle attribue uniquement à Rome des pratiques et des croyances que l'Eglise anglicane a toujours gardées ; en particulier *l'efficacité sacramentelle de la confession, la pénitence, la succession apostolique*, et la prière pour les morts (*departed*). Ici nous retrouvons le filon monastique, vigoureusement travaillé et par les puséytes et par les membres de la *High* et de la *Broad Church.* S'il n'y était pas, ils ne l'exploiteraient pas. Miss Sellon affirme que l'Eglise anglicane a toujours retenu la vocation religieuse, quoique forcée pour un temps de la laisser dormir (*to lie dormant*). Elle apprend à sa pensionnaire que la confession est pratiquée à Devonport, que la sainte communion y est administrée chaque matin, et enfin, elle exhorte miss *** à écouter les doctrines de sa propre Eglise en toute humilité ; elle ne sentira plus alors le besoin de quitter celle-ci pour la communion romaine.

C'est ainsi que miss Sellon conclut sa première instruction. Plus tard, dans une lettre adressée à la mère de miss ***, elle revendiquera auprès de cette dame l'honneur d'avoir sauvé sa fille de l'abjuration.

L'auteur va nous dire ce qu'il sait des règles générales de l'ordre de la Mercy ; et comme il ne connaît pas les institutions analogues du continent, il s'étonne de retrouver dans une communauté qui se pose officiellement comme protestante, toute l'organisation d'un couvent.

La confrérie de la Mercy est un ordre général, subdivisé en trois ordres particuliers. Nous n'entrons pas dans la définition de ces ordres spéciaux, assez obscure, nous dirons seulement que chacun d'eux porte un signe distinctif qui lui sert de symbole. Toute personne qui désire s'associer à la confrérie fait un temps de noviciat. Lorsque, ce temps achevé, elle persiste dans sa résolution, elle est reçue dans la communauté d'une manière privée, elle porte alors le nom d'*enfant* (*child*), elle reçoit le signe de l'ordre auquel elle doit appartenir; et ce signe elle le porte sous ses habits.

Ces symboles sont, pour l'un des ordres : celui du *Sacré-Cœur*, un triangle avec un cœur percé d'une flèche; pour l'ordre du *Saint-Esprit*, un triangle qui porte une croix avec une colombe gravée dessus; pour le troisième ordre dont le révérend Spurrell ignore le nom, un triangle avec un crucifix. Avant de nous récrier, rappelons-nous les croix, les cierges, les peintures qui figurent dans le culte luthérien, les *enfants Jésus*, les *agneaux*, les *couronnes d'épines*, les *fleurs mystiques de Kaiserswerth*, et les *croix* qui couronnent la plupart des maisons mères, si ce n'est toutes.

L'ordre du *Sacré-Cœur* est à ce qu'il paraît un ordre contemplatif; il ne renfermait *qu'une sœur*, seule et unique, laquelle ne parlait point, à moins d'un ordre de la supérieure, qui ne se mêlait point aux récréations des sœurs, et qui passait ses journées à méditer, à prier, à illuminer des livres de culte, ou qui s'appliquait à telle autre occupation que lui donnait la supérieure.

Vous dites : Mais c'est énorme, mais c'est contraire aux Ecritures, mais ni saint Paul, ni saint Pierre n'ont imaginé, n'ont autorisé pareille existence ; ne le dites pas, car nous vous répondrons que l'exemple des apôtres nous laisse libres, que nulle part la Bible ne défend au chrétien de vivre dans un travail silencieux et retiré ; nous vous répondrons que cette sœur-là est bien maîtresse de se taire si cela lui convient, de donner la plus grande part de son temps à la prière et à la méditation, que cela peut à tout prendre passer aussi pour le service de Dieu, et que si l'on admire une consécration exclusive à certains devoirs de la vie chrétienne, on doit non moins admirer une parfaite application à des devoirs encore plus élevés.

Les membres de l'ordre du *Saint-Esprit* vivent dans l'établissement ou dans le monde. Nominalement, les sœurs qui appartiennent à cet ordre-là restent sous l'autorité de leurs parents, en fait, elles sont liées à la supérieure par la grande règle de la société, la règle de *sainte obéissance* ; grande en effet dans toutes les corporations monastiques, pierre angulaire qu'on retrouve et dans les fondations de Kaiserswerth et dans celles de Paris et dans celles de la Suisse.

Les sœurs du Saint-Esprit ne se distinguent du monde que par l'extrême simplicité de leurs vêtements ; c'est une tacite protestation contre le luxe. Au sein de leurs familles, elles reçoivent les directions de la supérieure et lui rendent compte de leur conduite. Le révérend Spurrell ajoute qu'elles sont munies de règles ou conseils qui, *pris à la lettre*, contraindraient les parents de renvoyer leurs filles hors de la maison paternelle, et qui, *pris dans l'esprit*, doivent nécessairement produire la plus grande dissimulation [1].

C'est ici, on le voit, une espèce de tiers ordre, une

[1] Miss Sellon reviendra sur tous ces détails et en niera l'authenticité.

affiliation qui rappelle le lien récemment établi au moyen de certaines règles et du costume, entre Kaiserswerth et la plupart de ses institutrices. La ressemblance est frappante, sauf le caractère essentiellement logique qu'imprime à l'institution de Devonport la forte volonté de miss Sellon, et le dessein encore mieux arrêté chez elle que chez M. Fliedner d'accepter toutes les conséquences du principe.

Les *children*, novices reçues d'une manière secrète et pas encore définitive, aspirent à l'état de sœur, mais n'en portent pas le nom. Elles paraissent moins étroitement liées à la société.

Le troisième ordre, celui dont M. Spurrell ignore le nom, est placé sous le contrôle direct de la supérieure; toutes les personnes appartenant à cet ordre (le seul, avec celui du Sacré-Cœur, qui à vrai dire en soit positivement un) ne lui appartiennent qu'en vertu du consentement de leurs parents.

Abordons les règles intérieures de l'établissement.

La principale est celle *d'obéissance ;* elle commence ainsi : « Vous, qui avez consacré à Dieu votre jugement et votre volonté, vous devez croître dans la soumission que vous avez professée... Vous devez toujours vous adresser à la mère spirituelle avec respect, éviter de parler d'elle parmi vous, la chérir et lui obéir avec un saint amour, sans murmure ou hésitation ou répugnance, mais simplement, cordialement, promptement, bannissant de votre esprit toute question sur la sagesse de l'ordre que vous recevez. — Si vous manquez à faire cela, vous cédez à une tentation du malin. » — Encore un coup je ne connais pas, je n'ai pu parvenir à connaître les règlements intérieurs de Paris, mais je me demande s'ils diffèrent, s'ils peuvent beaucoup différer de ceux-ci. Car enfin la confrérie étant donnée, il faut une supérieure; étant donnée la supérieure il faut qu'on lui obéisse; étant donnée et posée comme un devoir l'obéissance, on doit l'exiger chrétienne, c'est-à-dire *cordiale, complète,* sans *murmure,* sans discussion même secrète du droit; que veut de plus miss Sellon? Et si à Paris, si à Kaiserswerth on n'a pas de constitutions pratiques, je m'effraye bien plus, car alors l'interprétation, l'application de la *règle d'obéissance* si nettement inscrite dans les statuts dépend entièrement de la supérieure, juge suprême dans une matière délicate, fertile en cas difficiles, qui touche de partout à la conscience, où il ne s'agit de rien moins que d'une continuelle et presque inévitable atteinte à l'indépendance des âmes.

Vous me direz : Nos sœurs ne se plaignent point! — celles de Devonport ne se plaignent pas non plus; excepté toutefois celles qui sortent de la confrérie, justement parce que la sainte obédience leur paraît profane; comme elle le paraît à celles de vos sœurs qui, pour la même cause, quittent vos corporations.

D'ailleurs, cette parfaite satisfaction de vos sœurs, les religieuses de Rome la professent; toutes se déclarent heureuses, superlativement heureuses d'obéir; elles obéissent librement, elles n'ont même connu la liberté que du jour où elles ont sacrifié leur fausse indépendance à la règle monastique.

L'appréciation ne changera jamais rien à la nature des faits; là où le fait est mauvais, le sentiment s'escrime en vain. Ce seul petit mot : *il est écrit,* mot que vous ne pouvez prononcer dans la question, renverse de fond en comble l'échafaudage *du droit à l'obéissance* conventuelle.

« Vous ne devez, dit encore la règle, vous ne devez

discuter avec personne les ordres de la supérieure, à moins qu'elle-même ne vous y autorise; dans le cas où vous l'aurez fait, vous en informerez la supérieure, et vous recevrez une pénitence. Si vous vous adonnez journellement à l'observation de cette obéissance entière et pénétrée d'amour, les dons du Saint-Esprit vous seront accordés. Si quelque sœur manque au devoir de soumission, résiste avec révolte, elle sera punie..... Soyez bien persuadées que de la négligence ou de l'exactitude à obéir, dépendent le maintien de la discipline, la pureté de votre confrérie, et les progrès de vos âmes dans le chemin de la vie. »

M. Spurrell s'indigne; il fait remarquer que de fait et dans la pratique, une telle soumission envers une supérieure représentant l'autorité de la règle, s'assimile à la soumission envers Dieu. Certes, M. Spurrell a raison d'être scandalisé, mais au risque de me répéter, au risque de lasser mes lecteurs (la vérité vaut bien quelques ennuis), je demande si, les pénitences exceptées, il en va différemment dans les établissements continentaux. *Peut-il* en aller autrement ?

Dès le moment où l'on a fondé une institution qui exige pour marcher l'abdication de la volonté, du jugement, du libre choix des actes, des libres décisions de la conscience; et cela non pas pour un temps très court, nettement limité comme le serait le passage au travers d'une école normale, mais durant toute l'étendue de la vocation; dès ce moment-là, il faut subir les conséquences logiques du principe d'obéissance. Vous êtes obligés, tout de même que miss Sellon bien qu'en d'autres termes peut-être, car nos oreilles sont chatouilleuses, vous êtes obligés de faire considérer à vos frères et à vos sœurs l'obéissance aux supérieurs comme un devoir, comme un devoir religieux. Vous êtes obligés de condamner en eux l'esprit d'examen. Vous êtes obligés de leur imposer une soumission enfantine. Vous êtes obligés, pour que cette loi que vous leur faites morde sur leurs consciences, vous êtes obligés d'intéresser Dieu dans la question, d'appeler *faute*, de faire considérer comme *péché*, péché d'orgueil, de défiance, d'entêtement, toute infraction à cette règle-là. Vous êtes obligés d'interdire les confidences, les discussions ayant pour objet la personne ou les ordres du supérieur. Vous êtes obligés de dire avec miss Sellon : « Que de la négligence ou de l'exactitude apportée à observer la loi d'obéissance, dépendent la discipline, la pureté de la corporation, les progrès dans la sanctification. »

On n'échappe pas aisément aux griffes du principe, pas plus qu'aux nécessités de la position.

De là, à dire, pour un objet spécial, comme plus tard le dira miss Sellon poussée à bout par sa querelle avec miss *** : « Quand vous m'entendez parler, vous devez penser que c'est la voix de Christ ! » il n'y a pas si loin.

Vient après, *la règle de pauvreté.* Les sœurs de Devonport ont ici dépassé nos institutions monastiques. Sur le continent, on s'est arrêté au refus du salaire.

Cette règle déclare d'emblée que le véritable et solide héritage de la vie religieuse a toujours été *la pauvreté*, ou pour mieux dire la *désappropriation*, car l'ordre possède.

: « Il n'est permis à aucune sœur de s'approprier aucun objet, sous quelque prétexte que ce soit. Chaque sœur doit, en entrant dans la corporation, renoncer en sa faveur, non-seulement à la possession, mais à l'usage et à la disposition de tout ce qui lui appartient ou pourrait lui être donné, tout cela demeurant sous la direction de la supérieure. Elle ne demandera ni n'acceptera rien sans permission. Et si elle a reçu quelque chose, elle le remettra de suite à la mère assistante, pour les besoins de la société. »

Rappelons-nous ici que nous devons l'esquisse de ces règles aux souvenirs seuls de miss ***, et ajoutons que miss Sellon, supérieure, protestera vivement, déclarant dans sa réplique que chaque sœur conserve le droit de disposer de ses biens comme elle l'entend, sauf, tant qu'elle reste sœur, à n'en pas user pour elle-même, c'est-à-dire pour se donner quelque confort.

La règle d'humilité apprend aux sœurs qu'elles avanceront plus dans l'amour de Dieu en supportant avec douceur un affront ou en acceptant une discipline qu'elles ne comprennent pas, qu'en jeûnant au pain et à l'eau.

La règle de pureté, prescrit entre autres devoirs *l'étude des saintes Ecritures.* La Bible n'est donc pas un magique préservatif. Avant de rectifier le fait, il faut qu'elle rectifie la pensée, et quand la pensée se dérobe à l'autorité de la Bible, la présence de la Bible n'asservit pas les faits. : — Nous gardons la Bible, donc nous ne saurions errer ! c'est un raisonnement faux. Vous gardez de la Bible ce qui ne contrarie pas vos œuvres, vous laissez ce qui les condamne, et cette Bible à votre insu mutilée ne vous défend pas contre vos propres entraînements.

Les sœurs, outre la Bible, lisent l'*Imitation ;* ce livre mis presque au niveau de la Bible par quelques protestants mystiques, ce livre qu'ils lui préfèrent souvent dans leurs dévotions journalières, ce livre qu'une villageoise appelait éloquemment un *livre de tristesse,* par opposition aux saintes Ecritures qui étaient pour elle *un livre de joie.*

Les sœurs ont encore les *Common Prayers*, le *Psautier*, le *Bréviaire* (*according to the use of Sarum provided for the Society,*) la *Dévotion* de l'évêque Andrew, etc.

Elles ne lisent d'autres ouvrages qu'avec la permission de la supérieure.

Je voudrais savoir jusqu'à quel point, dans nos maisons mères, les sœurs sont libres de choisir leurs lectures.

Les sœurs ne peuvent sans l'autorisation de la supérieure, donner des messages, recevoir des lettres, envoyer des réponses. Je ne sais si les sœurs résidant à Kaiserswerth et dans la maison de Paris, je ne sais si les frères de Duisburg reçoivent, envoient des lettres ou des messages selon qu'il leur plaît, avec une entière liberté, sans avoir besoin d'une autorisation quelconque, et je crois que la règle ou l'usage dans les institutions continentales doit ressembler beaucoup à cette règle-ci qui scandalise fort M. Spurrell. — J'ajoute qu'une discipline exacte sur ce point des lettres, des messages et des lectures, me paraît indispensable aux institutions monastiques.

Les sœurs écriront des lettres courtes et simples, elles auront soin d'y faire apposer le cachet de l'association.

Le révérend Spurrell voit dans cette dernière injonction un moyen employé par la supérieure pour se mettre au fait de la correspondance des sœurs. Cette inculpation est d'une si extrême gravité que nous n'avons pas la pensée de l'admettre. Le secret des lettres est inviolable ; hormis dans un établissement pénal où très ouvertement l'examen se fait de celles qui partent et de celles qui arrivent, partout, sauf dans les couvents proprement dits, le sceau reste intact. Je ne crois pas que le couvent de miss Sellon en soit à réclamer la connaissance des lettres envoyées ou reçues, je ne le crois pas plus du sien que je ne le crois des nôtres, et rien ne nous autorise à penser que la supérieure lise en secret, d'une manière détournée, les missives dont les règlements n'osent exiger la communication.

Ici se terminent les constitutions, ou plutôt ici s'arrête le mémoire de miss ***.

Chaque membre de la confrérie possède un livre où la supérieure écrit tous les matins des directions spéciales qui concernent le travail et la conduite des sœurs; ce livre est entièrement privé et on l'appelle *la petite âme* (the little soul).

Passons à d'autres détails.

L'oratoire de Devonport contient une croix de bois posant sur un piédestal en pierre, des flambeaux, des vases de fleurs, et quelques manuscrits placés au pied de la croix.

L'oratoire contient en outre une table de communion sur laquelle on voit un tableau de la crucifixion, une bible hébraïque et des livres de culte. Les flambeaux sont allumés et les vases garnis de fleurs fraîches les jours et veilles de fêtes. La communion est occasionnellement donnée dans l'oratoire; elle l'a été la veille de Noël, à minuit. (Nous avons vu qu'elle l'était à la même heure, ailleurs qu'à Devonport.)

On dit les heures canoniales modifiées. Les sœurs célèbrent quelques fêtes que l'Eglise anglicane n'a pas consacrées. — Les sœurs font simplement ici à l'égard de l'Eglise anglicane, ce qu'a fait l'Eglise anglicane à l'égard de la Bible : elles amplifient sur l'amplification. A certains versets du psautier, les sœurs se signent.

Leur livre de prières contient des invocations pour les morts (pour les *departed*) : « Donne-leur, ô Seigneur, un repos éternel, éclaire-les de ton éternelle lumière, délivre leurs âmes, Seigneur, des portes de l'enfer! » Ailleurs : « Absous, nous t'en supplions, Seigneur, absous les âmes de tes enfants... »

Le *Prayer-Book* autorise-t-il de telles prières comme l'affirme miss Sellon, nous l'ignorons, mais ce que nous savons, c'est que cette vague foi en un effet des prières par delà le tombeau, habite bien des cœurs protestants et que c'est là une croyance naturelle à tout chrétien pour qui l'exemple apostolique ne fait pas loi.

A un jour choisi par la supérieure, on tient le chapitre dans l'oratoire, les sœurs disent *leurs coulpes*, et la mère lave les pieds des sœurs. — Sauf le lavage des pieds, cela ressemble fort au chapitre du Rauhe Haus.

Il y a dans l'oratoire un service pour l'admission de chaque sœur. Un clergyman de l'Eglise d'Angleterre y officie.

M. Spurrell nous donne seulement une portion de la cérémonie.

La mère assistante prend la novice par la main, elle la présente à la mère supérieure en disant : « Ma mère, voulez-vous recevoir cette sœur comme votre enfant? » La supérieure se retournant vers les sœurs demande à son tour : « Mes enfants, voulez-vous que cette sœur soit reçue dans la communauté? » Elles répondent : « Nous le voulons. » Alors la supérieure se tournant vers la novice : « Consentez-vous à vivre comme nos sœurs, vous abandonnant entièrement aux soins et à la direction de votre supérieure? » — La novice s'agenouille : « Ma mère, avec l'aide de Dieu, je veux vous obéir en tout amour, honneur et humilité! »

La supérieure élève la croix et dit : « La croix est un symbole sacramentel dans lequel repose un profond mystère. Quand tu auras compris ce mystère, tu apercevras celui du renoncement à toi-même. Quand tu auras accompli le renoncement à toi-même, tu découvriras le point où gît le mystère de la paix. »

La mère supérieure investit la novice et prononce ces mots : « Sœur de l'ordre de la Sainte Communion, reçois la sainte croix ; nous te la donnons afin qu'elle soit toujours gravée dans ton cœur, proclamée par ta vie et par tes paroles. »

Après quelques prières, la mère assistante présente la nouvelle sœur à la supérieure et au prêtre officiant. La sœur leur dit : « Priez pour moi. »

A part l'investiture de la croix, en quoi cette cérémonie diffère-t-elle de la consécration des frères à Duisburg, des sœurs à Kaiserswerth ou à Berlin. Le service à l'église, l'imposition des mains, la prise d'habit, la bénédiction de la supérieure, la promesse d'obéissance, l'engagement solennel pris avec Dieu même vous paraissent-ils moins imposants !

Et remarquez-le bien, il n'y a pas ici de vœux, pas plus que chez nous, et miss Sellon le fera nettement ressortir ; la sœur n'enchaîne son indépendance ni pour un an, ni pour deux, ni pour quatre ; elle entre dans la corporation, elle y entre parce qu'elle en veut faire partie, et quand elle en voudra sortir elle en sortira plus librement que vos sœurs. Ce qui n'empêche pas que, comme elles, elle se sent une chaîne autour du cœur.

On se confesse dans l'institution de Devonport, toujours d'après les assertions de miss ***. Rien d'étonnant ; la confession et même une certaine absolution entrent dans les rites de l'Eglise anglicane. Les dames de Devonport choisissent leurs confesseurs parmi les ecclésiastiques de l'Eglise.

Miss *** donne la formule de cette confession. Le prêtre qui écoutait le récit des fautes de miss ***, après quelques conseils lui ordonnait ordinairement de répéter les sept psaumes de la pénitence.

Dans une occasion particulière, il fut enjoint à l'une des sœurs de faire le signe de la croix avec sa langue, sur le plancher de l'oratoire. — Nous voici en plein catholicisme romain.

Ici se placent des détails dont l'authenticité sera de nouveau contestée par miss Sellon. — Cette dame est représentée comme prenant habituellement la communion dans sa chambre, où se trouvait alors une table couverte d'une nappe brodée. Autre fait, une des sœurs ne se sentant pas en bon accord avec la mère, et pour cette raison ayant refusé malgré les ordres supérieurs de prendre la cène, aurait été dégradée, c'est-à-dire dépouillée de son costume, reléguée au rang des plus jeunes novices, et tenue sous une discipline exacte.

On se servait de rosaires à Devonport. La supérieure présenta à miss *** un rosaire à la Sainte-Trinité, elle en avait quelques-uns sur sa table, avec un grand crucifix sculpté donné par un des ecclésiastiques qui fréquentaient la maison. — Je n'ai pas vu de rosaires, mais j'ai vu des crucifix chez des gens respectables qui se croient protestants rigoureux.

Une des sœurs, toujours d'après miss ***, avait de la dévotion pour Marie ; le révérend M..., le premier père spirituel de miss *** conseillait, dit-elle, cette dévotion à certains esprits.

Lors de sa visite à Devonport, en 1850, l'évêque d'Exeter eut une entrevue avec miss *** qui commençait à soupirer après la maison maternelle. Miss *** parla de retour chez ses parents, et l'évêque répondit *que si la mère de miss *** la demandait, son devoir était d'obéir*, mais qu'il était bon pour son âme de rester dans l'institution aussi longtemps qu'elle le pourrait. — Ceux-là aussi se disent sincèrement : Nous respectons l'autorité paternelle.

L'évêque ensuite, adressa aux sœurs rassemblées le discours que répètent partout les fondateurs de corporations : Vous êtes employées à un travail angélique ! Cependant ne l'oubliez pas, si votre vocation est sainte, vous n'êtes, vous, que de faibles femmes, sujettes à l'erreur ! et l'évêque partit, croyant les sœurs bien prémunies contre les périls de l'esprit monastique.

Nous glissons exprès sur l'essai d'une fondation à Bristol. Les sœurs envoyées à cet effet et simplement vêtues, devaient s'employer à reconnaître la localité, à pressentir les dispositions des habitants de Bristol en colportant de maison en maison, pour les vendre, de petits objets confectionnés par les novices de Devonport. Bientôt on loua une maison, miss *** qui devait l'occuper avec d'autres sœurs, fut initiée par une servante à tous les ouvrages, depuis la cuisine jusqu'au grenier. Miss Sellon arriva plus tard, logea dans une autre partie de la ville, renonça vite au système de colportage qui ne réussissait pas, et fit l'observation, quelque temps après, *que l'Eglise n'était pas encore préparée à recevoir un ordre mendiant*. Si nous en croyons les vœux de la Broad Church, elle y viendra.

Cette fondation n'eut pas de suite alors, les deux sœurs établies par miss Sellon dans la petite maison solitaire, pompaient l'eau, allumaient le feu, lavaient et balayaient, faisaient la cuisine, couraient aux provisions, tout cela étrangement mêlé avec la régularité des prières deux fois par jour dans la cathédrale, avec les offices dans la maison, et l'exécution des commissions données de près ou de loin par la supérieure. Une novice qu'avait amenée miss Sellon, qu'elle avait momentanément laissée dans la maison, seule, de nuit, s'effraya, se sauva, et fut retrouvée dans une taverne, éperdue, presque délirante; il s'ensuivit une espèce d'émeute, l'on abandonna l'institution commencée[1]

Est-il plus raisonnable en Allemagne qu'en Angleterre d'établir de jeunes femmes seules à leur ménage, sous prétexte de vocation religieuse? Pourtant c'est ce que vient de faire le respectable directeur de Kaiserswerth, qui trouve la dignité de ses sœurs compromise dans les familles où elles s'abritaient, et qui les met deux par deux dans l'indépendance d'une vie cénobitique.

De Bristol, où la supérieure avait envoyé miss *** en la confiant à la garde des saints anges et particulièrement à celle de *Raphaël* à qui la maison de Bristol était dédiée, miss *** se rendit à Gosport où miss Sellon voulait établir une maison. Elle y a réussi.

Sur ces entrefaites, et comme la supérieure pressait miss *** de venir à Devonport pour y recevoir la consécration des mains de l'évêque, miss *** voit arriver une lettre de sa mère qui la rappelle; la supérieure cherche en vain à retenir *son enfant*, celle-ci commence à en avoir assez de la sainte obéissance et se dispose à rentrer dans le *home* au jour fixé. Miss Sellon alors, s'adresse à la mère de sa novice rebelle, elle se pose comme protestante déterminée, *elle a un profond attachement pour l'Eglise anglicane, elle ne voudrait pas être responsable de la conduite de ceux qui, se détournant après une autre communion, portent des jugements faux sur l'Eglise à laquelle ils ont l'honneur d'appartenir.* Elle ne verra partir miss *** qu'avec une extrême anxiété, car l'esprit de miss *** n'est pas bien guéri de ses tendances catholiques, et combien miss Sellon, combien la corporation des sisters of Mercy ne souffriraient-elles pas si miss *** au sortir de Devonport, *allait tomber dans les filets du catholicisme romain.*

[1] On l'a reprise plus tard.

Miss *** persiste, sa mère aussi, une entrevue a lieu entre la supérieure et miss ***, entrevue très solennelle d'après miss ***, très simple d'après la supérieure, où celle-ci ne gagnant rien, sort de la chambre en bénissant la jeune fille.

Miss *** retourne chez sa mère. Les lettres, la sollicitude de miss Sellon l'y suivent ; on y retrouve la sincère mais aussi la mielleuse tendresse monastique ; miss Sellon s'adresse à la jeune fille comme à une âme retournée au monde, elle appelle son attention sur la simplicité de costume prescrite par la règle, simplicité dont miss *** s'est départie en reprenant des vêtements conformes à son rang, elle lui reproche d'avoir abandonné l'esprit d'obéissance et de renoncement pour l'esprit de confiance en soi-même, et miss *** poussée à bout lui répond que ces vues-là, sont des vues *absolument romaines*.

Une dernière lettre de la supérieure achève l'œuvre si longue, si douloureuse du désenchantement de miss *** à l'égard de Rome. La supérieure lui dit adieu tout en protestant qu'il y a entre elles une chaîne spirituelle, qu'elle-même a nouée, et qui subsistera dans l'éternité.

Telle est l'histoire d'une âme un moment séduite par l'idée de la perfection monastique, ramenée au vrai par ce grand dialecticien qu'on nomme l'expérience.

Le révérend Spurrell, qui tient à se montrer juste, nous donne en terminant le relevé des œuvres de l'ordre de la Mercy, maintenant à la tête de maisons importantes dans plusieurs villes du royaume. Outre le service que réclament ces fondations, les sœurs portent des secours à domicile et soignent les malades.

« Toutes ces choses, dit M. Spurrell, bien qu'excellentes, ne doivent pas être séparées, dans l'esprit des lecteurs, *du système de l'institution*, » car, pense le révérend Spurrell, l'esprit de la corporation imprime nécessairement son faux caractère à ces œuvres même. Elles étayent une mauvaise création ; et le public, trompé par elles, accorde à la corporation un appui qu'il lui retirerait s'il en comprenait la vraie signification : « Les institutions qui répandent l'erreur avec les aumônes, ne sont une bénédiction pour aucun pays, le plus tôt qu'elles tombent est le mieux. »

Quelques pratiques puériles mises à part, la congrégation de miss Sellon a dû sa naissance et doit sa force au principe qui produit les nôtres. C'est la conséquence logique des éléments catholiques vivant dans la Réforme anglicane, comme Kaiserswerth est la conséquence logique des mêmes éléments engagés dans la Réforme de Luther. En France et en Suisse il n'y a pas eu création, il n'y a eu qu'imitation.

Nous ne nierons pas la valeur relative des coutumes qui séparent l'ordre de la Mercy des ordres continentaux ; certainement les heures canoniales, le signe de la croix, le rosaire, sont des marques caractéristiques ; les comparera-t-on à l'importance d'un principe ?

Des esprits légers seront très frappés de voir les sœurs de la Mercy faire la révérence à la croix, qui trouveront tout simple de voir nos sœurs vivre en communauté, dans la sainte obéissance et dans la régularité monastique ; lequel cependant est le plus grave ?

Les erreurs de l'anglicanisme d'un côté, de l'autre l'humeur de la supérieure, humeur altière, dominatrice ont seules poussé l'institution hors des limites où la souffre volontiers un public qui n'y regarde pas de près. Le penchant décidé de miss Sellon pour certaines puérilités romaines a seul compromis son œuvre. Mettez à la place de miss Sellon une supérieure un peu moins passionnée, un peu moins entichée de prime, de nones, de tableaux et de l'ange Raphaël ; mettez à la place de cet esprit logique, de ce cœur impérieux, un esprit mystique, un cœur amolli par la tendresse ; il n'y eût eu ni éclat, ni scandale, personne ne se serait ému, les maisons se seraient partout élevées au bruit des pieuses acclamations du public chrétien. Cependant toutes les énormités auraient subsisté.

Cela est si vrai que maintenant, l'éveil étant donné, les adversaires de miss Sellon, les plus fiers antagonistes de son œuvre ne mettent pas la question à sa place, ils n'en saisissent pas le vrai caractère. S'ils aperçoivent de ci de là quelques lueurs propres à les éclairer, ces lueurs s'éteignent instantanément comme des feux follets. Faute d'embrasser le rocher des Ecritures et de s'y tenir ferme, eux aussi vont à la dérive ; ils s'attaquent aux simagrées des sœurs, ils perdent leur temps à des querelles sur leurs croix portatives quand il faudrait marcher droit au principe pour le démasquer. Si de fortune ils le rencontrent, ce pur principe monastique, sous quelqu'une de ses manifestations : l'obéissance, la consécration, la séparation d'avec la vie normale, ils ferraillent bien, mais un peu gauchement, comme à tâtons, et frappant plus fort que juste. Ils ne voient pas que leur ennemi mortel c'est beaucoup moins les révérences, les pénitences, les génuflexions imposées aux *sisters of Mercy*, que ce n'est le fait même d'une corporation de *sisters of Mercy* : le fait d'une institution qui pose à sa base le célibat, l'obéissance, le renoncement au salaire et la vie commune. Voilà le tronc, voilà les racines où se doit exercer la hache.

Laissons à cette heure parler miss Sellon. Il nous

serait facile de rapporter sa justification d'une manière sommaire, mais alors on pourrait nous accuser d'inexactitude par entraînement. Non. Tout en passant vite au travers de sa réplique, nous la suivrons pourtant avec fidélité. Il faut que les faits se produisent ici l'un après l'autre et qu'ils tiennent au lecteur un langage qui ne lui sera pas suspect. Il faut que nos adversaires voient que miss Sellon ne croit pas être une abbesse catholique, que sa corporation ne croit pas être un ordre romain. Il faut que les fondateurs du continent entendent de la bouche même de la supérieure d'Angleterre ces arguments, ces apologies, il faut qu'ils retrouvent chez elle ce caractéristique procédé de défense qui leur est commun à tous. Miss Sellon nous en dira bien plus sur nos corporations, sur leur esprit, sur leur véritable couleur que ne pourrait le faire un critique impitoyable.

Avant d'ouvrir à miss Sellon les portes de l'arène, j'avertis le lecteur qu'il n'y aura pas de ma faute si l'on remarque dans le plan de cette dame, une certaine incohérence qu'on rencontre parfois dans les meilleurs ouvrages anglais. Ici, et quand il s'agit de reproduire le plaidoyer d'un autre, je ne puis que me soumettre à la sainte règle d'obéissance, doublement sainte pour tout analyste qui est en même temps un adversaire.

La réplique[1] de miss Sellon en est à sa *neuvième* édition. Elle a des amis, cela est clair.

Miss Sellon va tenir exactement le langage de nos

[1] Reply to a tract by the Rev. J. Spurrell... etc., etc., by the Superior of the Society; ninth edition. London, Joseph Masters, Aldersgate street, and Newbond street. Plymouth, Roger Lidstone. 1852.

fondateurs, elle va s'appuyer sur ses intentions qui sont pures, sur l'exemple de saints hommes qui ne sont ni des apôtres ni des prophètes; elle va arguer de la liberté qu'a chaque chrétien sincère d'outrepasser les Ecritures; elle va laisser la Bible dans son coin, sauf à en tirer au besoin un texte qu'elle appliquera en dehors du sens naturel; elle se réfugiera sous les ailes de son Eglise, vastes ailes qui, avec beaucoup de vérités, abritent plus d'un mensonge; puis, fidèle à la coutume, elle terminera en criant : *paix, paix,* quand il n'y a point de paix, et s'indignera qu'on la vienne inquiéter, elle et ses sœurs, pauvres servantes de Jésus occupées à lui sacrifier leur vie, elles qui ne demandent que le silence, que l'oubli avec le droit de mourir au saint service des pauvres, pendant qu'au dehors l'ennemi commun fait rage et menace de ruiner l'Eglise tout occupée à se déchirer elle-même.

Ouvrons la brochure.

Miss Sellon répond par ordre de l'évêque; son inclination, sa vocation auraient exigé d'elle le silence.

Avant tout, miss Sellon aurait désiré que son adversaire s'assurât du fondement de ses assertions avant de les produire.

Elle aborde les accusations.

La communion. La communion n'a jamais été donnée dans un appartement particulier, sauf en cas de maladie; celle de la nuit de Noël 1850 était portée à la supérieure elle-même qui, souffrante, n'avait pu se rendre à l'église.

La confession. Cette pratique est si peu une règle dans la maison, que miss Sellon n'en parle qu'aux sœurs qui lui demandent conseil; car « c'est une affaire entre l'âme et Dieu! Si une personne, poursuit miss Sellon, se sentait éloignée de la cène par le trouble de sa conscience, je lui conseillerais de voir un clergyman; si une âme soupirait après une confession fréquente, je ne me regarderais pas comme obligée de lui défendre ce que notre *Eglise ne lui défend pas*... J'ai parlé de confession à miss ***, parce que miss *** mettait la confession en avant comme un des motifs qui lui faisait préférer l'Eglise romaine à l'Eglise d'Angleterre. Un prêtre romain lui avait dit qu'elle ne pouvait, tant qu'elle resterait dans sa communion, goûter le bienfait de l'absolution; et moi je lui montrai dans le *Prayer-Book le passage relatif à la confession et à l'absolution, et je lui dis que la confession était pratiquée par des milliers en Angleterre.* Je ne la pressai point, ce fut elle qui me pressa. L'Eglise d'Angleterre conseille aux consciences troublées l'usage de la confession avant la communion; elle ordonne que pendant la maladie les âmes inquiètes y soient invitées par le prêtre; elle n'ordonne pas d'y contraindre, ce serait une usurpation sur l'individualité. » — Anglicane, miss Sellon nous semble ici dans son droit; ce n'est pas elle qui sur ce point en dit plus que la Bible, c'est son Eglise.

La pénitence. — Il fut commandé à miss de faire avec sa langue une croix sur le plancher. — La supérieure n'a eu connaissance de cet incident que longtemps après le départ de miss ***, et par un tiers. Si la pénitence a été imposée, elle n'a pu qu'être conseillée comme un acte d'humilité, à accomplir seule dans l'oratoire.

Miss Sellon s'écrie à ce sujet, qu'il y a assurément une grave injustice à demander au clergé des directions pour récompenser ensuite la charité de ses membres, en répétant des paroles souvent mal rendues, exagérées, et faites pour donner des idées fausses : « car une demi-vérité est le plus grand des mensonges. » L'indignation de miss Sellon vient au secours de la pauvreté de sa cause. Là où l'on ne sait que répondre, il fait toujours bon se fâcher. Battu sur le terrain des faits, on prend son vol vers la région de la délicatesse. Miss Sellon en redescend et dit qu'un éminent évêque d'Angleterre, a recommandé cette même pénitence pour un semblable péché.

L'obéissance en dehors de la maison. — On a dit que les *children*, ou sœurs secrètement affiliées, demeuraient, bien que vivant dans leurs familles, sous l'autorité de la supérieure. — Miss Sellon le nie fortement. — *La supérieure exigeait d'elles des révélations sur leur vie intérieure!* même dénégation absolue. — Miss Sellon ne cherche point à capter la confiance des sœurs ou des affiliées; ce sont elles qui cherchent à la lui donner. Un système qui ne serait pas *pleinement volontaire* serait tout *simplement impossible.*

On le remarquera, quand il s'agit de règles conventuelles, *volontaire*, de l'autre côté de la Manche comme de celui-ci, est synonyme de *biblique.*

Confession à la supérieure. — Volontaire aussi et facultative: «C'est l'habitude de mes enfants de me raconter celles de leurs fautes qu'il leur plaît. C'est aussi ma coutume de les aider à s'en corriger, et de prier avec elles. Je n'ai pas de *chaise confessionnelle* (miss *** avait dépeint la supérieure siégeant dans une espèce de chaire au chapitre); j'ai certainement une chaise où je m'assieds pour lire mes allocutions aux sœurs; au chapitre, je m'agenouille comme les sœurs, qui, si elles le désirent, se disent leurs fautes les unes aux autres, aussi bien qu'à moi.» — Quoi de plus simple! des conseils demandés, donnés, des confidences faites à toutes, faudrait-il pas avoir un esprit bien hargneux pour trouver là matière à critique.

Lavage des pieds. — M. Spurrell, le rapprochant de

l'acte du Seigneur, a appelé une moquerie (*mocquery*) la cérémonie pratiquée par miss Sellon. Miss Sellon s'en offense. Miss Sellon, en lavant les pieds de ses sœurs, suit l'exemple du Seigneur Jésus; elle le fait parce qu'elle désire être placée dans le royaume des cieux aux pieds de ses sœurs. Il y a dans sa vie peu de moments aussi doux que cet instant. Heureux office que celui de laver et de baiser les pieds des messagères de consolation auprès des malades, des délaissés et des malheureux... « Si moi, votre Seigneur et maître, je vous ai lavé les pieds, vous aussi vous devez vous les laver les uns aux autres, car je vous ai donné un exemple; faites comme je vous ai fait. » — La parole de Jésus peut être accomplie dans l'esprit sans être suivie à la lettre; mais miss Sellon ne peut appeler *moquerie* la soumission *à la lettre* de cet ordre.

Les constitutions de la société. Miss Sellon était d'autant plus curieuse de lire les pages du révérend Spurrell sur ce sujet, qu'elle n'a *jamais écrit de constitutions*.

Elle accorde qu'il y a trois *ordres* ou trois *règles*. La première pour les sœurs vivant en communauté et se consacrant au service des pauvres. La seconde pour celles que *la maladie* ou *d'autres causes* rendent *incapables d'aucun travail actif*, et qui désirent vivre d'une vie paisible, occupées de bonnes lectures, de prières et de travaux qui conviennent à leur faiblesse : couture, écriture, etc. — La troisième destinée à ceux qui, *mariés ou célibataires, vivent dans le monde*, mais qui veulent appartenir à la confrérie et aider l'œuvre par différents moyens. — C'est à ce dernier ordre que fut admise miss ***.

« Je n'ai jamais fait de règles définitives pour les sœurs vivant en communauté. Je fus une fois priée d'écrire une esquisse réglementaire; cette esquisse est passée de main en main ; elle a été à Londres, ailleurs, je ne sais maintenant qui la possède et je n'en ai pas de copie. — Ceux au pouvoir desquels elle se trouve sont parfaitement libres de la publier. »

Les symboles. Chaque ordre a le sien, nous le portons sans aucun mystère. Nous avons le droit de porter ce que nous voulons, aussi longtemps que nous ne le portons ni avec ostentation ni avec irrévérence. Miss Selon rapproche cette querelle de celle qu'on lui fit en 1849 pour un semblable objet ; il lui paraît inouï qu'on cherche là des preuves de son catholicisme romain; elle condamne l'indiscrétion qui met au grand jour les confidences ou les remarques du *coin du feu* pour en tirer des accusations ; elle dit que si l'on recherche de semblables *niaiseries*, c'est faute de trouver l'ombre *d'un soupçon* ou dans son institution, ou dans ses écoles, ou dans ses fondations charitables, ou dans son œuvre publique parmi des centaines et des milliers d'individus. — Toujours même système ; parlez Bible, et les fondateurs monastiques, tous, vous répondront par un profond dédain des idées ; ils vous montreront leurs asiles, leurs hospices, comme si les ordres romains n'en avaient pas, comme si de telles œuvres les justifiaient d'avoir rompu avec les commandements de Dieu.

Miss Sellon se récrie sur le déshonneur qu'une telle discussion fait rejaillir sur l'Eglise !

Etablir à la face du soleil des principes opposés à la Parole de Dieu, les mettre en action ; il n'y a là que triomphe pour l'Evangile. Mais avertir ceux qui s'égarent, rendre contre eux hommage à la vérité ; voilà le scandale, voilà l'injure à Christ : la liberté de lui désobéir ne peut que l'honorer ; le devoir de reprendre ceux qui désobéissent obscurcit sa gloire.

: « On dit, s'écrie miss Sellon, on dit que j'ai modelé notre institution sur les établissements religieux de l'Eglise romaine! Cela est *impossible;* car je n'ai connaissance d'aucun d'entre eux. Cette société a crû par elle-même, comme les fruits de la terre qui naissent et mûrissent d'eux-mêmes. » — Nous n'en pourrions pas dire autant en France, où les règles de l'institution de Paris (cela m'a été dit dans le temps par un des fondateurs) ont été rédigées *d'après* les statuts de l'ordre des sœurs de la Charité et de Saint-Joseph.

: « J'ai d'abord vécu et travaillé seule à Devonport; puis une personne, puis deux, puis plusieurs se sont jointes à moi. Elles m'ont demandé de les recevoir sous mon toit, m'exprimant le désir de m'aider dans mon œuvre et de vivre séparées d'avec le monde. Elles sont arrivées une à une. Je ne leur ai pas adressé de questions, elles ne m'en ont pas fait. Je leur ai souhaité la bienvenue au nom du Christ, et je leur ai demandé, avant de les admettre dans ma société, la promesse de m'obéir. » Miss Sellon démontre qu'elle a eu raison d'exiger l'obéissance des membres de la communauté. Sans cette condition elle ne pouvait les recevoir, puisqu'elle est responsable des actes de chaque habitant de ses *household.* Et si miss Sellon s'expose en recevant ainsi des personnes étrangères, ces personnes ne risquent rien de leur côté : « *Elles sont libres de venir, libres de s'en aller.* Miss Sellon insiste sur ce fait, ne l'oublions pas.

« Quels plans secrets pourraient être imaginés, suivis, dans un ménage aussi ouvert! » — Hélas! ce n'est pas un plan diplomatique, ce sont des entraînements.

« La promesse d'obéissance comprend la soumission *pour tout ce qui ne concerne pas la conscience.* » Comme si, dans une vocation qu'on appelle le service du Seigneur, tout jusqu'aux plus intimes détails, *ne concernait pas la conscience.*

« Dans mes lettres, continue la supérieure, j'aurais insinué que miss *** avait fait un *vœu d'obéissance* dont je ne pouvais la relever. Je n'ai jamais pensé cela. Miss *** n'a jamais fait un vœu. La *promesse d'obéissance n'est pas un vœu.* Une promesse est extrêmement sacrée, elle lie dans la mesure de ce qu'elle contient, mais une promesse à moi, n'est pas un *vœu à Dieu*... Comment aurais-je pu penser à une obéissance éternelle de la part de miss *** ? Qui pourrait l'imaginer ? »

Quant au principe d'obéissance en lui-même, que le rév. Spurrel appelle la grande règle de l'ordre de la Mercy, miss Sellon déclare qu'elle le regarde comme indispensable à toute association qui veut posséder élasticité, harmonie et action.

En vérité, nos fondateurs n'ont jamais dit ni beaucoup plus dans le sens de la liberté individuelle, ni beaucoup mieux dans le sens de l'obéissance.

Miss Sellon, en cela d'accord avec tous les créateurs de nos corporations, met l'*obéissance* au rang des *principes religieux.* Si la douceur, si l'amour, si la paix, si la joie et la tempérance, dons du Saint-Esprit, s'écrie-t-elle, sont accrus dans la famille et chez les individus par la pratique de l'obéissance, combien plus le seront-ils, dans une famille spirituelle formée dans le dessein de se consacrer à Dieu ! — Fausses applications des grandes vérités, ce sera toujours le mot des incompréhensibles triomphes de l'erreur.

L'Ecriture dit : Obéis à ton Dieu, à tes parents, à ton mari, à ton pasteur, à ton maître, dans la mesure que j'ai fixée ; n'appelle personne ni ton père ni ton directeur ! L'esprit monastique dit : Obéis ! obéis d'une manière abstraite, obéis pour obéir ; l'obéissance prise en soi est une vertu de premier ordre dont le Seigneur a oublié de parler ; obéis donc, obéis à ton Dieu, sans doute... mais aie un directeur qui t'en explique les ordres, aie un supérieur qui gouverne ta vie.

Une sœur a été dégradée pour n'avoir pas voulu communier : « Cela n'est pas vrai, dit miss Sellon. Il est vrai que par suite de certaines circonstances, je donnai le choix à une des sœurs, ou de se soumettre à une certaine discipline (moins sévère et moins longue qu'on ne l'a dit), ou de quitter l'association ; cette sœur choisit immédiatement la discipline ; je respectai profondément sa décision. La sœur pensait comme moi que ce que je lui demandais était un acte de devoir et de justice envers notre société. Je me donnai à moi-même la satisfaction de partager sa discipline autant que je le pus. Les joies et les chagrins des membres de la communauté sont les miens comme les leurs.

— *Dans un entretien solennel avec miss ***, la supérieure lui aurait dit : Mon enfant, quand vous m'entendez, vous devez penser que c'est la voix de Christ!* — Ces paroles sont absolument contraires à la manière de s'énoncer de miss Sellon ; elle le déclare et les sœurs le confirment ; miss Sellon *ne les a pas proférées, elle en est parfaitement sûre.* Elle a dû dire que les directions d'un supérieur *appliquées à des choses légitimes* doivent être et sont la volonté de Dieu pour la personne qui en reconnaît l'autorité, elle n'a pu dire autre chose, elle en appelle à ses sœurs.

C'est trop, et pourtant si ce n'est pas cela, qu'est-ce que l'autorité d'un supérieur ! Où est le droit qu'il a de se faire obéir, si ce droit ne réside d'une part dans l'acquiescement une fois donné des volontés, de l'autre dans le caractère religieux que revêt sa direction ?

Miss Sellon coupe court à cette scabreuse question d'obéissance en citant les textes de l'Ecriture qui ordonnent aux enfants de se soumettre à leurs parents, aux domestiques d'obéir à leurs patrons, et en rappelant quelques conseils adressés par les apôtres aux membres des troupeaux : Nous vous prions pour le Christ, soyez réconciliés, etc., etc. — Il me semble voir une société s'érigeant dans l'Etat, tirant du code des lois pénales et des règlements, nommant un pouvoir exécutif lequel décréterait les travaux, lèverait les contributions, imposerait les amendes; et qui s'étonnerait très fort lorsqu'on lui viendrait dire au nom du roi, qu'elle est en pleine révolte. — Nous en révolte! voyez donc nos lois, nous les avons prises dans le code. — On leur rirait au nez, et on leur répondrait que ce qui est légitime venant d'un gouvernement légitime, ne l'est plus, venant d'une association volontaire. Ceci est l'histoire des corporations vis-à-vis de la Bible.

La supérieure a dans sa chambre une image de la Vierge avec des flambeaux brûlant devant. — Miss Sellon possède un tableau de la Vierge à l'enfant, comme beaucoup de personnes; il y a dessous une table, et sur cette table des livres avec des flambeaux; cela diffère essentiellement, dit-elle, de l'idée réveillée par ces mots : « *Candler burning before the picture of the Virgin.* »

Dévotion à la Vierge. — Il n'y a pas de prières adressées à la Vierge dans le psautier des *sisters of Mercy.* Pas une sœur n'a de dévotion particulière pour la Vierge Marie. — Une seule des sœurs a usé quelque temps de la salutation : Hail Mary! Cela est fini, et miss Sellon ne croit pas qu'aucun ecclésiastique ait conseillé de semblables pratiques.

Prières pour les morts. Miss Sellon les sépare absolument de l'idée du purgatoire. Elles sont nées dans l'Eglise chrétienne avant l'idée du purgatoire; les chrétiens qui les offraient les présentaient à Dieu dans un but bien différent du but romain. Rome prie pour que les âmes soient délivrées du purgatoire; les chrétiens prient afin que les âmes aient paix en attendant la résurrection, afin qu'au dernier jour elles reçoivent une parfaite consommation de bénédictions : ces prières ne s'élèvent qu'en faveur des fidèles. L'Eglise d'Angleterre n'a pas voulu défendre l'usage de ces prières-là. Miss Sellon cite quelques témoignages en sa faveur, entre autres un certain alphabet (*primer*), imprimé en 1559, au commencement du règne de la protestante Elisabeth à l'exclusion de tout autre livre de la même espèce, et où se trouvent des intercessions pour les morts : « Tout-puissant Eternel Dieu, à qui jamais une prière n'est adressée sans espoir de miséricorde; sois miséricordieux aux âmes de tes serviteurs qui sont partis de ce monde pour, ou dans la confession de ton nom, afin qu'ils puissent être associés à la compagnie de tes saints par Jésus notre Seigneur. Amen. » — Il n'y a qu'une chose à répondre : les apôtres n'ont pas prié pour les morts.

*La supérieure a remis miss *** à la garde des anges, spécialement de Raphaël.* — Miss Sellon cite les hymnes du docteur Watt, généralement reçues en Angleterre; dans ces hymnes le fidèle demande que les anges fassent pendant la nuit la garde autour de lui. Elle cite plusieurs dignes évêques protestants qui souhaitent que les anges campent autour d'eux. Ceci nous paraît légitime. Quant à saint Raphaël dont le nom ne figure pas dans la Bible, il faut qu'elle aille le demander au livre apocryphe de Tobie.

Secret du lien qui unit les children à la société. —

Il n'y a point là de mystère, la promesse n'est nullement secrète, les parents en ont une parfaite connaissance.

Miss Sellon se lave du reproche d'avoir invité miss *** à tromper sa mère sur l'état de son esprit; elle lui a toujours conseillé de le découvrir simplement. Elle n'a point voulu retenir miss *** dans l'institution, mais elle voulait conférer avec la mère de miss *** avant de se séparer d'elle; cela était dû à la société. On a mal agi envers la supérieure, en ne publiant ses lettres que par fragments.

*Conseil donné à miss *** de s'agenouiller à l'ombre de la croix!* — Est-ce donc là une pensée si étrangère à nos cœurs que de nous prosterner au pied du Calvaire et de nous offrir pleinement à Celui qui répandit son sang pour notre rançon?

Les sœurs font le signe de la croix. — Miss Sellon cite le *Canon XXX* et plusieurs ouvrages qui établissent que les chrétiens firent de bonne heure le signe de la croix. Elle s'appuie sur Cyrille et sur Tertullien. — Rien là d'étonnant, un des dignes fondateurs de l'institution continentale n'a-t-il pas appelé Tertullien au secours de sa thèse.

Consécration des sœurs. — Pas de vœux! l'évêque d'Exeter désapprouve toute association cimentée *par des vœux.* L'évêque demande que *la liberté qu'ont les sœurs de quitter quand elles veulent soit nettement exprimée, et cela est ainsi.* — Quant à la consécration, c'est bien simple : « L'évêque nous donne sa bénédiction quand nous la désirons, il nous la donne comme sœurs de la Miséricorde. C'est une espèce de prière à Dieu, pour lui demander de nous soutenir, de nous fortifier dans notre œuvre. L'évêque me l'a dit lui-même. Ce n'est pas une consécration à un état définitif de vie. Il ne savait pas, ni nous non plus, que cela s'appelât une *consécration*, nous ne la considérons en aucune façon comme telle. » Et puis miss Sellon craignant d'être allée trop loin, d'avoir trop ouvert la porte, s'écrie dans un retour bien naturel à une fondatrice passionnée. « Quoique n'étant liées par aucun vœu, qui d'entre nous pourrait sans péril tourner le dos à un appel, à un travail sacré, quand elle y a répondu sincèrement et par la volonté de Dieu. Quel est cet appel? C'est cette voix qui parle dans le cœur et qui lui ordonne de tout offrir au Seigneur, qui lui défend de penser plus longtemps à la terre; qui presse l'âme de vivre pour Dieu en attirant à lui d'autres âmes, en s'unissant elle-même d'une manière toujours plus étroite au Seigneur. » Miss Sellon croit qu'après qu'un chrétien a compris cet appel, après qu'il en a éprouvé la réalité, il ne peut se retirer qu'en regardant en arrière et qu'en cédant à la tentation du démon. — Mais *se retirer*, est-ce donc, aux yeux de miss Sellon, cesser de travailler dans la maison de Devonport, sous l'autorité de la supérieure, est-ce vivre chez soi? non, miss Sellon donne une signification bien plus large au nom de *sister of Mercy*. Soit qu'elle vive dans la confrérie, soit qu'elle vive dans *sa famille pour y accomplir des devoirs filiaux*, soit *qu'elle travaille ailleurs*, la chrétienne ainsi appelée doit *demeurer une sister of Mercy* n'ayant plus de pensées pour les choses temporelles. — C'est dans cette conviction qu'elle a écrit à miss ***, afin qu'elle ne retournât pas au monde.

S'il y a ici un peu de confusion, cette confusion tient à la situation même, à cet inévitable combat que se livrent dans la conscience de tous les protestants fondateurs de corporations religieuses, et le principe monastique, et un reste de respect pour la liberté humaine. — Qu'une sœur quitte les institutions continentales, donnant pour motif de sa retraite l'illégitimité de l'obéissance qu'on lui impose, les directeurs, tout en affirmant comme miss Sellon que la sœur est libre, parfaitement libre, ne la taxeront-ils pas de légèreté, d'insubordination mondaine; ne penseront-ils point qu'elle a regardé en arrière, aimant le présent siècle!

La pauvreté. — Miss Sellon désirerait que beaucoup d'héritières venant à elle, consacrassent leur fortune à de bonnes œuvres. — Toute femme qui entre dans l'association fait ce qu'elle veut de ses biens; miss Sellon donne des conseils là-dessus lorsqu'on lui en demande; elle ne s'informe ni de l'emploi qu'une sœur fait de sa fortune, ni si elle est riche ou pauvre. Seulement, ce qu'une sœur conserve pour son usage est considéré non comme lui appartenant en propre, mais comme appartenant à la communauté. Une trésorière garde la bourse, on y puise à mesure des besoins. Quand une sœur reçoit de l'argent, elle le porte à la masse commune, à moins qu'elle ne pense qu'il y a devoir pour elle à l'envoyer hors de la communauté. — Cela est conventuel, oui, mais cela est fondé sur cette fausse tradition qui attribue la communauté des biens à l'Église apostolique, tradition que détruit absolument une étude approfondie des textes, et que beaucoup de chrétiens, hommes d'entraînement plutôt que d'examen, respectent et défendent malgré les faits.

Nous n'entrerons pas dans les détails de l'affaire de Bristol; intéressante pour le public anglais, elle ne nous apprend rien sur le caractère de l'institution. Ici comme ailleurs; miss Sellon nie tout ce qui la compromet ou l'atténue en l'expliquant.

Miss Sellon appelle les très légitimes investigations

dont son institution est l'objet : un despotisme. Elle prétend, comme tous ses cofondateurs, à l'inviolabilité de son œuvre; comme eux elle se réfugie sous la protection du Dieu dont elle viole les lois. « La volonté de Dieu soit accomplie, dit-elle, et si, pour nos péchés, nous sommes privées du repos et de la sécurité dans notre demeure terrestre, d'autres prieront pour nous, afin que nos cœurs soient d'autant plus attachés à la maison qui n'est pas faite par des mains! »

Miss Sellon tyrannise les sœurs. — Comment le pourrait-elle? tyrannise-t-on des femmes d'âge mûr et de bon sens? Une supérieure qui se jouerait de la confiance des sœurs, une supérieure qui abuserait de son autorité sur elles, ne s'en jouerait pas, n'en abuserait pas longtemps. — Miss Sellon se trompe; dès que l'obéissance est un devoir religieux il n'y a plus de contrôle.

Les Anglais pauvres qui sont nos juges, s'écrie miss Sellon en poursuivant la justification des sœurs, les Anglais pauvres nous respectent et nous aiment, la voix du blasphémateur s'arrête quand paraît l'habit d'une sœur; et miss Sellon rappelle les paroles d'un vieux matelot, scandalisé des attaques soulevées contre l'institution : « Bien, Dieu vous bénisse, et ne pensez jamais à ce que le monde dit de vous. »

Bien, en effet, quand vous marchez dans la ligne des Ecritures; mal, et très mal, quand au lieu de chercher votre raison d'être dans la révélation des volontés de Dieu, vous la demandez au sentiment, à cet aveugle, conducteur d'aveugles.

La supérieure appelle les travaux matériels des sœurs une œuvre angélique. —Miss Sellon déclare qu'elle en a le droit. Les anges s'emploient pour le salut de ceux qui habitent la cuisine comme pour le salut de ceux qui habitent le salon; les sœurs font ce que font les anges, même quand elles s'adonnent à un service matériel. Le rév. Spurrell s'est scandalisé des vulgaires occupations qu'imposait miss Sellon aux sœurs de Bristol, jeunes dames distinguées. Miss Sellon s'étonne à son tour du scandale de M. Spurrell.

Quant à moi, ce n'est pas de voir des mains blanches nettoyer des légumes ou laver des escaliers que je me scandalise : seulement, lorsque de semblables soins ne s'exercent pas envers les pauvres, lorsqu'il s'agit tout simplement de faire faire par une lady ce qu'une honnête servante ferait mieux qu'elle, je m'émerveille qu'on ôte à celle-ci son gagne-pain, pour confier à celle-là qui n'y est pas propre, un travail qui stérilisera ses facultés.

En nous mettant à une certaine place, Dieu nous a donné une certaine série de devoirs à remplir ; ces devoirs sont inhérents au poste que nous occupons : à chaque situation son activité spéciale. C'est mal entrer dans les intentions de Dieu que de bouleverser son œuvre. On ne fait pas avancer plus promptement son règne en mettant une lady dans la cuisine qu'en mettant une cuisinière au salon. Il y a une œuvre également belle, également chrétienne pour la cuisinière et pour la lady. Si Dieu avait voulu faire naître la grande dame cuisinière et la cuisinière grande dame, nous croyons que cela lui eût été facile ; Dieu les a faites l'une et l'autre ce qu'elles sont, qu'elles se fassent chrétiennes et tout ira bien [1].

Ici se place la profession de foi de miss Sellon : « J'ignore la controverse ; je connais peu nos divisions

[1] M. Spurrell qui partage sur ce point mon opinion dit « que la question n'est pas de savoir si des femmes de bonne éducation et de haute respectabilité doivent travailler à améliorer l'état spirituel et temporel

actuelles, mais voici ce que je crois. Je crois les symboles. Je désire aimer notre Seigneur en sincérité et lui obéir par la vertu de sa grâce aussi bien que je le pourrai. L'Eglise d'Angleterre est ma mère et je l'aime d'un amour fidèle et cordial. Ce qu'elle enseigne, je le reçois ; ce qu'elle permet, je ne le repousse pas ; ce qu'elle défend, je ne le regarde pas même. Je prie Dieu de me conserver docile et fidèle. C'est tout ce que moi, une de ses plus indignes enfants, je puis dire. »

Miss Sellon en terminant proteste de sa compassion pour ceux qui l'ont offensée. Elle s'élance vers le ciel où il n'y a plus de place pour les dissensions, pour la désunion, pour le vacarme papiste ou protestant ; « où la vision de l'Eglise, dans le corps de Christ, militante sur la terre, triomphante dans les cieux, remplit l'âme de joie. »

Elle rappelle à M. Spurrell ce passage : « La religion pure et sans tache consiste à visiter les orphelins et les veuves, et à se maintenir pur des souillures du monde ; » oubliant un peu, comme la plupart de nos adversaires qui allèguent aussi ce texte en leur faveur, que l'erreur est une souillure du monde et que les visites aux pauvres ne nous dispensent pas plus de la recherche de la vérité qu'elles ne nous absolvent de l'égarement.

Enfin, ce vœu, qui part toujours du camp de l'erreur : « Combattons contre le monde, contre la chair,

de leurs voisins pauvres, ce qui est hors de doute, mais que la question est de savoir s'il est nécessaire que pour accomplir cette obligation elles deviennent servantes. « Une dame peut être éminemment serviable à mon avis (et beaucoup le partagent), une dame peut être éminemment secourable aux pauvres, et cependant rester dame. La religion de l'Evangile ne nous demande point de *rebuter* notre rang ou notre état ; elle nous ordonne de rester dans la position où nous sommes appelés et d'y servir Dieu. »

contre le malin, *non les uns contre les autres !* » — Ah ! ce n'est pas les uns contre les autres que nous luttons, c'est contre le péché qui loge chez les uns et chez les autres. Quand Jésus a dit : Paix! il n'a pas voulu dire paix au mensonge ; car alors comment expliquer ses propres anathèmes? comment qualifier la rude guerre que faisaient les apôtres à toute erreur? Le péché, l'erreur, hélas! c'est toujours le péché, toujours l'erreur de *quelqu'un;* bien plus, c'est habituellement le péché, l'erreur *d'un frère,* à moins qu'il ne se trouve quelque part un frère sans erreur et sans péché. Les erreurs et les péchés ne sont pas d'impondérables atomes volant dans l'air, ne se manifestant que par des idées abstraites ; le péché, l'erreur habitent notre cœur, et qui veut les y garder, s'expose à être rudement froissé par la main de ses meilleurs amis.

Miss Sellon, habile en même temps qu'elle est sincère, se tourne en finissant vers miss *** pour lui dire un doux et tendre adieu : « Si jamais le temps vient, où parmi le tumulte du monde, la mémoire des heures paisibles remonte au cœur de miss ***, qu'elle se le rappelle, l'amour qu'elle a abandonné vit encore, le cœur qu'elle a blessé n'a pas cessé de battre, il n'a pas besoin de pardonner, c'est déjà fait, *car le lien qui est spirituel est éternel.* »

On ne saurait donner une interprétation plus heureuse et plus touchante au dernier trait incriminé.

La bénédiction est la suprême vengeance des saintes âmes monastiques.

Voilà comment, une fois soustrait à l'autorité des textes, à celle de l'exemple apostolique, tout s'explique et tout se justifie.

On avait un couvent, un ordre religieux, on le voyait,

on le reconnaissait à des traits irrécusables; on s'approche, ces traits s'évanouissent à mesure qu'on les touche.

Le célibat religieux! — Mais il n'existe pas chez nous, puisque nous ne faisons pas, puisque nous n'admettons pas de vœux, pas même un engagement temporaire.

L'obéissance! — Mais celle que nous exigeons est tout simplement celle que réclame l'organisation de la famille; elle laisse la conscience absolument indépendante.

La pauvreté. — Illusion! nous conservons la direction de nos biens, et nous ne mettons en commun que notre argent de poche.

La confession. — L'Eglise nous y encourage; d'ailleurs elle est facultative; ce n'est à vrai dire qu'une conversation confidentielle.

Les heures canoniales. — Il faut bien régler le temps de la prière. Si nos âmes, plus faibles que d'autres, ont besoin d'une plus fréquente alimentation spirituelle, refuserons-nous à nos âmes les secours qu'elles implorent?

Les constitutions. — Où est la famille qui puisse se passer impunément d'un peu d'arrangement dans ses habitudes? Quant à nos statuts, ils n'existent pas même écrits; chacune de nous les porte gravés dans son cœur.

Les tableaux, les croix. — Niaiseries! Vous ornez votre chambre comme il vous plaît, vous vous entourez des images qui vous rappellent les plus doux souvenirs; nous faisons ce que vous faites, nous usons du droit commun.

Vous aviez devant vous un monastère, vous n'avez plus qu'une famille. — Pourtant quand vous reculez de trois pas, la même illusion renaît; vous avez beau vous frotter les yeux, c'est encore, c'est toujours un ordre religieux que vous voyez. Ah! c'est que le vulgaire bon sens est meilleur logicien que l'habileté, même monastique. Un avocat n'aurait peut-être rien à répliquer aux raisons de miss Sellon, le lecteur de bonne foi la laisse dire et reste convaincu que la maison de Devonport est un couvent, qu'on y pratique le célibat, l'obéissance, la pauvreté; et, comme il sait que l'Eglise apostolique n'avait point d'institution pareille et que Rome en a, il la juge romaine et s'en détourne.

Dans tous les pays, sur le continent comme aux îles Britanniques, cette réunion de coutumes fort innocentes sauf que les apôtres n'en usaient point, constitue ce que tout observateur naïf nomme : *un couvent;* couvent protestant, luthérien, anglican peut-être, mais couvent toujours.

Il m'a semblé que placer en face des établissements continentaux et de leur système de défense, la *sisterhood* de miss Sellon et son mode d'argumentation, c'est faire ce qu'en arithmétique on appelle : la preuve.

Je glisserai rapidement sur la réplique de M. Spurrell[1]. Le révérend Spurrell regrette que la droiture et la candeur manquent à l'écrit de miss Sellon.

Pour moi je crois cette dame très diplomatique, mais je la crois sincère, et je fais remarquer que les positions fausses commandent toujours une habileté de faux aloi.

M. Spurrell réintègre les lettres de miss Sellon dans leur entier; il met la règle de la supérieure en regard de la règle de Loyola ; et à propos de l'obéissance : « Qu'est cette obéissance, s'écrie-t-il, sinon l'abandon

[1] A rejoinder to the reply of the superior of the society of the Sisters of Mercy, etc., etc., by the rev. James Spurrell. Third edition. London, 1852. Thomas Hatchard, 187, Piccadilly.

des sœurs dans les mains de miss Sellon, pour être dirigées comme il lui plaît ; et qu'est une semblable condition, sinon cette grande règle de Loyola : Dans toutes choses excepté le péché, je dois faire la volonté de mon supérieur et non la mienne! »

Les règles continentales disent-elles autre chose?

: « Et quant à ce que la promesse d'obéissance n'implique la soumission que dans les seules choses qui ne touchent point à la conscience, poursuit le révérend Spurrell, *l'assertion est absurde.* Car si les sœurs en croient leur règle, elles croient que la volonté de leur supérieure ne doit pas être méprisée, de peur qu'en la méprisant, on ne méprise la volonté de Dieu en elle ; leur conscience sera donc subjuguée. »

: « — Un système qui ne serait pas pleinement volontaire serait tout simplement impossible, » avait écrit miss Sellon. « : Il ne s'ensuit pas, répond M. Spurrell, que parce que quelques dames sont volontairement venues à miss Sellon et lui ont promis obéissance, tout ce qui leur arrive après soit également volontaire. Miss Sellon ayant réussi à leur persuader qu'elles sont entrées dans la communauté poussées par l'influence du Saint-Esprit; si, une fois entrées, elles refusent d'obéir à ses ordres, elles en sont réduites à rejeter ce qu'elles pensent être l'appel, la volonté de Dieu! »

Cela est clair ; vous criez : C'est ici le *temple de l'Eternel! le temple de l'Eternel! le temple de l'Eternel!* on accourt, on se trouve pris dans l'atmosphère conventuelle, sous le joug d'une autorité absolue; l'âme se trouble, elle a des doutes, elle voudrait résister ; mais résister à quoi? à la règle humaine d'une institution défectueuse, à la direction d'un homme ou d'une femme qui peuvent se tromper et qui se trompent? non. — Si vous résistez, vous résistez à la voix de Dieu ; car c'est la voix de Dieu qui vous a appelés ; car ce service-là, tel que le voilà, c'est le service de Dieu ; et cette vocation comme Dieu l'a faite, ne peut s'accomplir qu'avec une obéissance *cordiale*.

M. Spurrell revient sur la confession ; j'y reviens avec lui. — Elle n'existe pas dans les maisons mères du continent; cependant qu'on me permette de faire tomber un rayon de lumière sur ce point délicat.

Il ne saurait y avoir d'obéissance filiale sans confiance, sans une confiance parfaite ; la famille, une famille bien unie n'admet pas de secrets ; le père et la mère sont les confesseurs nés de leurs enfants. La prétention des ordres religieux est de réédifier la famille sur d'autres bases mais avec les mêmes éléments. Il n'y a ni père ni mère, ni mari ni femme, il y a un supérieur ou une supérieure, puis il y a des fils et des filles. Les enfants de la famille dont Dieu est le créateur, deviennent hommes à leur tour et fondent de nouveaux clans. Les fils et les filles de la famille monacale restent toujours mineurs et ne voient sortir d'eux que de nouveaux essaims de mineurs ; l'émancipation n'arrive jamais pour eux, — à moins que comme l'enfant prodigue, ils ne se séparent du père, lui disant : Donne-moi mes biens.

Qu'arrive-t-il? c'est que ces filles et ces fils mineurs demeurent vis-à-vis de leurs supérieurs dans la dépendance enfantine. Il faut que ceux-ci voient clair dans l'âme de leurs enfants, sans cela, comment gouverner, comment appliquer les facultés diverses aux divers travaux de l'œuvre. Donc, et pour obéir à une nécessité inexorable, on habituera les frères et les sœurs à rendre compte de leurs pensées ; il importe à la bonne direction de l'établissement que le supérieur connaisse à fond le caractère de ses subordonnés ; il faut que la tête sache ce qui se passe dans le cœur; cela se fera à l'amiable, avec toutes sortes de tempéraments, mais cela se fera; on n'ira pas à confesse, non, mais on causera de soi avec un directeur, avec une supérieure, et l'on y reviendra jusqu'à ce qu'il n'y ait plus une retraite de l'âme où leur regard, très tendre je n'en doute point, tendre mais investigateur, n'ait passé. Je n'appuie pas, j'indique; je veux mettre en garde contre une précipitation irréfléchie, les partisans de nos monastiques institutions qui éprouveraient le besoin de se scandaliser des conversations librement confessionnelles de Devonport. Et je demande qu'on ne me réponde pas par du pathos sur la confiance réciproque; nul mieux que moi n'en apprécie la valeur, toutefois si je la trouve sainte et belle dans la vie normale, elle m'est fort suspecte dans la vie conventuelle; c'est une de ces odeurs suaves en plein air, qui deviennent intolérables dans un lieu fermé.

Le rév. Spurrell reproduit ici, à l'occasion de la consécration d'une sœur, des prières fort touchantes, pénétrées d'humilité, de foi, et qui témoignent de la pureté des cœurs engagés dans une erreur si funeste : nous en reproduirons deux ou trois, afin qu'on voie comment s'allie chez nous, dès que nous quittons la Bible, une parfaite droiture d'intention, une piété très avancée, avec un égarement absolu : « O Dieu, sainte Trinité qui possèdes toutes choses! claire majesté de Dieu qui remplis toutes choses, qui disposes de toutes choses! ô béni et saint nom de Dieu qui sanctifies toutes choses! ô Dieu, Saint des saints, nous sollicitons avec la plus humble dévotion ta clémence, afin que tu daignes envoyer à notre évêque et à cette société le don de ta grâce avec l'abondance de ta bénédiction. — Donne tout bien, préserve de tout mal et surmonte-le par ta puissance. Que tes saints anges habitent avec nous pour garder tes servantes dans la paix. Où que ce soit que tes servantes crient à ton saint nom, entends leurs prières, toi notre bien-aimé Seigneur... Permets-nous de demeurer ensemble comme dans ton tabernacle. Que toujours heureuses et nous réjouissant dans ta sainte adoration, nous puissions constamment persévérer dans la confession de ton saint nom et dans la véritable foi en toi. Amen. » Ailleurs : « ... Arme tes servantes d'une *foi saine*, d'une espérance assurée et d'une forte charité, afin qu'elles puissent vaincre toutes les tentations de l'ennemi. Que méprisant les choses présentes, elles poursuivent les choses à venir. Qu'elles préfèrent le jeûne aux festins, les saintes lectures aux passe-temps. Que nourries de prières, pénétrées d'instructions spirituelles, éclairées par la vigilance, elles puissent accomplir l'œuvre de leur vocation. Qu'il y ait en elles, par le don de ton Esprit, une prudente modestie, une sage bonté, une *sainte liberté*... Sois leur honneur, leur volonté ! oh ! toi leur joie, leur consolation dans le chagrin, leur conseil dans les difficultés, leur défense dans les injures, leur patience dans les tribulations, leur abondance dans la pauvreté, leur bien dans la privation, leur médecine dans la maladie... qu'elles aient toutes choses en toi !... »

Dira-t-on que les femmes qui prient ainsi sont des femmes artificieuses ? Dira-t-on que ce ne sont pas des chrétiennes ? — Oui, ce sont des cœurs droits ; oui, ce sont des chrétiennes, mais des chrétiennes qui se trompent, et plus respectable est leur foi, plus funeste est leur erreur.

Les prières ou *collectes* font allusion à leur tour aux cent quarante-quatre milliers dans la bouche desquels il ne s'est point trouvé de fraude ; les sœurs qui demandent à Dieu une place parmi ces saints ne les désignent que par ce beau caractère de la franchise; elles se gardent bien d'indiquer chez eux cette perfection de fabrique traditionnelle, *le célibat*, sur laquelle insistent nos honorables adversaires.

M. Spurrell, après avoir donné le service de consécration, s'écrie : « Il serait difficile de prouver qu'un engagement pris d'une si solennelle manière, accompagné d'un long service religieux où officie un clergyman, n'est qu'une simple promesse, demandée seulement dans des vues de prudence à celles qui viennent vivre avec miss Sellon. » Nous en disons autant, seulement nous le disons pour le continent comme pour l'Angleterre.

Les sœurs lisent indistinctement et des ouvrages de piété protestants et des ouvrages d'édification catholiques. Parmi nos réformés combien n'en font-ils pas autant. Combien de prédicateurs qui affectent de citer des Pères très suspects et des moines qui le sont encore plus : saint Bernard, saint Jérôme, saint Basile, sans avertir qu'il faut trier parmi les doctrines très mélangées de ces saints-là. Et le troupeau qui n'a pas fait d'études théologiques, sort persuadé qu'un saint Augustin, qu'un saint Chrysostôme, qu'un Ambroise, qu'un Fénelon étaient des docteurs infaillibles dont les enseignements, parfaitement évangéliques, doivent être reçus de confiance!

M. Spurrell rend l'Angleterre attentive aux envahissements monastiques : « Si de semblables institutions sont tranquillement souffertes, dit-il au public chrétien, vos *homes* se changeront en abbayes, et vos filles et vos sœurs, séparées de leurs amis et de leurs parents, seront *consacrées* dans ces *prisons du corps et de l'âme.* » — Prisons! et pourtant l'on en sort quand on veut, et ces sœurs, loin d'être cloîtrées, vont et viennent aussi librement que les nôtres. — Mais M. Spurrell a raison, les meilleures grilles sont celles qui s'élèvent entre la conscience et la vie comme Dieu l'a faite.

: « Puisse le peuple d'Angleterre se remuer pour défendre la vérité avant qu'il soit trop tard. N'oublions pas que notre aide est au nom du Seigneur, que notre œuvre est celle de Christ et que si nous sommes *fidèles à nos principes, intrépides à l'ennemi, vaillants pour la vérité*, tenant ferme ce que nous avons, confiants au Seigneur, cherchant les directions de l'Esprit, nous n'aurons rien à redouter de l'issue ; mais si nous sommes *négligents et indifférents, ne prenant souci d'aucune de ces choses*, alors il n'y a pas besoin d'être prophète pour annoncer que les jours se hâtent où les espérances de Rome se réaliseront, où le peuple d'Angleterre, tiré trop tard de sa léthargie, ne se réveillera que pour se trouver garrotté dans les chaînes de l'esclavage clérical. »

Nous ne sommes pas Anglais, toutefois je pense que l'avertissement nous regarde.

: « Si nous désirons retenir intacts le protestantisme légué par nos pères, la foi qui a valu de si éclatantes bénédictions à notre pays, alors parlons *décidément et fortement* contre ces tentatives de nous apporter des institutions monastiques incompatibles avec les principes que nous professons. Après Dieu, la victoire dépendra du parti que nous prendrons. Une puissante expression de l'opinion publique peut écraser le mal dans le germe. »

Voilà le langage des vrais protestants anglais. Ceux-là ne parlent pas d'emprunter à Rome ce que Rome a de bon. Est-ce que par hasard Rome aurait en elle quelque chose de bon que ne renfermât pas l'Evangile? Le vrai protestant d'Angleterre rougirait de tenir le langage qu'on entend chez nous; ce n'est pas lui qui, parce que Rome a des frères noirs et des sœurs grises, s'écrierait : Montrons à Rome et des sœurs grises et des frères noirs. Non, nos frères d'Angleterre, je veux dire les réformés de cœur, connaissent trop la puissance de la Bible, et ils voient de trop près les ruses de Rome.

Craignant d'avoir épuisé l'attention des lecteurs, longtemps fixée par l'affaire des sœurs de la Miséricorde, nous passerons à peu près sous silence un article du *Record* (19 janvier 1854) qui signale dans la maison de refuge de Clewer, ouverte par la communauté de miss Sellon, ces caractères d'étroitesse romaine, de matérialisme cérémoniel que les corporations monastiques impriment à tout ce qu'elles touchent. Les heures de retraite imposées aux pénitentes, la composition d'un livre particulier de prières et de dévotion pour leur usage, les actes solennels de repentir auxquels on les invite, cette place à part qu'on leur fait, tout cela indigne l'auteur. Il admire le soin avec lequel on a éliminé du *prayer-book* destiné aux pénitentes *tout passage loyalement coupable de doctrines romaines*, et pourtant le livre est si bien romain, qu'on s'étonne d'une seule chose, c'est de n'y trouver ni les litanies de la vierge ni les invocations aux saints. Revenant sur la position spéciale qu'on fait aux pénitentes en créant pour elles un système d'offices et de dévotion particulières, l'auteur appelle cela : un cérémonial pharisaïque; il a raison; de quel droit faisons-nous ce que le Seigneur n'a pas fait? Le Seigneur a donné aux pécheresses le même Evangile qu'aux saintes, il s'est contenté de leur dire : Ne pèche plus désormais ! Les soumettre à une autre nourriture spirituelle que nous, c'est méconnaître et notre cœur et la puissance divine. Y a-t-il plus à faire chez elles que chez nous? La Bible qui a changé nos cœurs ne saurait-elle changer le leur? Le Seigneur ne l'a pas pensé, je ne le pense pas non plus.

Nous ignorons quel esprit préside aux refuges ouverts par les maisons mères du continent, nous avons quelques raisons de croire qu'on y trouverait plus d'un vestige de la discipline monastique si vertement relevée par l'écrivain du *Record*, et c'est pour cela qu'en deux mots nous venons d'indiquer cette face de la question.

Je conclus, en disant que l'institution des *sisters of Mercy* est comme les autres institutions du même genre un ordre religieux, non pas *protestant* ainsi que le prétendent toutes les corporations analogues, mais un ordre religieux greffé dans le protestantisme sur les erreurs romaines que le protestantisme a gardées. Je crois aux bonnes intentions, je crois à la piété des sœurs; je crois au zèle chrétien, à la franchise de la supérieure, j'y crois autant qu'à son égarement; elle suit sa propre voie tout en pensant marcher dans la voie de Dieu; ce qu'elle fait, elle le fait au nom de Dieu; très innocemment elle se prend dans cette question pour la voix de Dieu même, et comme elle n'a ni le dogme de l'autorité des textes, ni le dogme de l'autorité des exemples apostoliques pour la rectifier, elle va, elle ira jusqu'au bout de son erreur dans une entière bonne foi.

L'institution est en progrès. Malgré l'opposition militante d'un parti nombreux, évangélique, et qui dans cette affaire fournit à M. Spurrel de nombreux frères d'armes, la haute Eglise patrone l'ordre de la Mercy et la large Eglise le prône; les évêques proposent à son exemple la réintégration de la vie religieuse dans le protestantisme; l'ordre bâtit des maisons monumentales dans les principales cités de la Grande-Bretagne, il écrase ses ennemis sous la multitude de ses bonnes œuvres[1]; il a pour lui les classes riches, les classes élégantes; la mode est aux *sisters of Mercy* d'abord, puis à toute espèce de *sisters* qui viendront ajouter à celle-ci d'autres fondations monastiques.

Rien qu'un courageux retour à la Parole sainte, rien qu'une rigoureuse confession de principes trop sacrifiés dans la discussion aux conséquences incidentes; rien que le sacrifice de toutes les traditions romaines que garde la Réforme anglaise ne sauvera l'Eglise d'une dissolution intérieure, mille fois plus funeste que les envahissements extérieurs de Rome.

[1] Nous rappelons ici quelques-unes des œuvres déjà mentionnées de l'ordre de la Mercy : cuisines pour les soupes, distributions quotidiennes, maison d'orphelines, collége pour les fils de marins, maisons de paix pour les filles pauvres, maisons pour les vieux marins, écoles industrielles pour les enfants pauvres, hospices, refuges, maisons mères. Et encore ce n'est ici qu'une espèce de vue à vol d'oiseau, fort sommaire et fort incomplète.

LES NURSING SISTERS.

En même temps que s'élevait à Paris la maison des sœurs de charité protestantes, quelques dames quakers réunies par madame Fry fondaient à Londres l'établissement des *nursing sisters*, ou garde-malade. Elles s'adjoignirent des personnes dignes de tout respect, mais dont la couleur religieuse n'est pas celle de l'anti-romanisme.

On connaît la largeur de vues, j'ai presque dit le latitudinarisme qui distingue, au milieu de qualités admirables, le caractère quaker. Les quakers ne s'inquiètent guère des questions, souvent ils s'en inquiètent trop peu; ils font le bien prochain sans scruter jusqu'au fond les idées. De là est résulté dans l'œuvre fondée par la vénérable madame Fry une déviation du côté monastique.

Bien que fort regrettable, cet infléchissement n'empêche pas l'établissement des *nursing sisters* de se séparer profondément de nos institutions, profondément de la corporation des *sisters of Mercy*.

Les *nursing sisters* [1] n'entrent pas dans la maison avant l'âge de vingt-sept ans.

Les sœurs reçoivent des émoluments, simplement ap-

[1] Règles manuscrites envoyées à l'auteur par les amis de l'œuvre et Rapport de l'institution, 4, Devonshire square, Bishopsgate.

pelés gages (*wages*). Ces émoluments s'élèvent de vingt à vingt-trois livres sterling par an.

Les sœurs s'engagent au service de l'institution pour trois, cinq, ou sept ans. L'engagement est précédé de deux mois d'apprentissage à l'hôpital public.

Le prix de l'apprentissage à l'hôpital est de cinq livres sterling, dont deux payés par la garde-malade, les trois autres par l'institution, à moins que la sœur ne quitte l'institution, ou ne soit éliminée avant la fin de son engagement.

Les sœurs doivent se conformer aux règlements; être propres sur elles et tenir leur appartement en ordre.

Les sœurs n'accepteront aucune rémunération de la part des malades, car elles sont payées par la société; il leur est défendu de recevoir même un cadeau.

Elles porteront un uniforme composé d'une robe brune, d'un petit col blanc, d'un bonnet de tulle, d'un châle noir et d'un chapeau de paille.

Les sœurs ne recevront ni au dehors, ni au dedans la visite d'aucun homme, à moins *que les matrones* ne le permettent.

Les sœurs doivent être polies et respectueuses envers les supérieurs de l'établissement, sous peine de se voir démises de leurs fonctions.

Les sœurs avertissent trois mois à l'avance lorsqu'elles veulent quitter l'institution.

Les sœurs disponibles visitent les pauvres et les malades des quartiers pauvres.

L'établissement emploie constamment de soixante-dix à quatre-vingt garde-malade

On le voit, il règne dans cette institution une espèce de prosaïsme qui la distingue des corporations monastiques. — Il y a là une société qui s'attache de bonnes servantes chrétiennes, qui les forme rapidement au soin des malades, qui les paye, qui les envoie là où on les demande, et qui n'élève pas ses prétentions au-dessus de la pratique terre à terre.

Point de renoncement au salaire, point de perfection extraordinaire proposée aux sœurs; pas question de service angélique, de consécration, de vocation quintessenciée; pas un mot de la sainte obéissance; on se contente de réclamer le respect et la politesse envers les supérieurs : pas autre chose que ce fait très positif, très vulgaire, bien que très honorable, d'une profession ordinaire, chrétiennement acceptée. Il est impossible d'avoir moins le parfum monastique. On sent là comme des seaux d'eau froide versés non sur le zèle évangélique, mais sur toute espèce d'illusion ou d'exaltation de faux aloi. On entre, on sort, l'œuvre est bonne et veut être accomplie par des femmes pieuses; on ne va pas plus loin; c'est un état comme un autre, pas plus relevé, pas plus désintéressé, il appartient au travail naturel que propose Christ à tous ses enfants. Là est le beau, le bon côté de l'œuvre.

Voici le côté défectueux. Il vient d'un vice dans la construction de l'édifice, et ce vice c'est la direction; c'est la réunion dans la même main d'une foule d'individualités diverses, tenues nécessairement, par le fait même de l'institution dans une dépendance où Dieu ne les a pas mises. Dieu nous émancipe à un certain âge; il nous veut finalement indépendants; la grande faute des institutions monastiques, c'est de prolonger indéfiniment la dépendance.

Ainsi les *nursing sisters* restent attachées à l'établissement pendant toute la durée de leur engagement.

Ainsi elles portent un costume qui est comme la marque de leur assujettissement.

Ainsi elles prennent le nom de *sœurs.*

Ainsi elles doivent se soumettre à certains règlements d'un caractère étroit, comme celui qui leur interdit de recevoir même un petit cadeau.

Les nursing sisters, à quelque âge qu'elles soient parvenues, n'ont ni la liberté de leurs mouvements, ni le choix de leur destination. On les envoie ici ou là, on les place dans cette maison, on les en retire pour les mettre dans une autre, elles restent passives : ce caractère de l'œuvre compromet la dignité avec l'indépendance humaine.

Le Seigneur ne veut pas qu'on pense pour nous, qu'on décide pour nous; il nous veut la spontanéité des mouvements, il nous maintient le droit de dire oui ou de dire non; il veut que nous pesions le pour et le contre, il veut que nous suivions tel instinct ou que nous résistions à tel autre; il nous a établis sacrificateurs et rois, et nous ne pouvons pas plus abdiquer notre royauté que nous ne pouvons résigner notre sacrificature.

La *nursing sister* s'engage pour un certain nombre d'années. — Pourquoi la lier ainsi? Tant que son cœur marchera avec vous, elle ne vous quittera point, et si son cœur se sépare de vous, si ses idées changent, voulez-vous la garder malgré elle? Non, car vous lui reconnaissez le droit de vous quitter en tout temps. Il est donc bien inutile d'exiger un engagement, qui, dans le fait, n'engageant rien, n'a d'autre avantage que de donner à votre institution un faux air monastique.

Les *nursing sisters* ne recevront jamais de cadeaux. Je comprends que des vues de délicatesse et de prudence aient fait admettre ce règlement; toutefois, il ne fait guère ici que ce que font beaucoup d'autres ailleurs; il dénote la fausseté du système adopté. Oui, dans une association pareille à la vôtre, vous devez éviter les sujets de jalousie, d'envie, les importunités; mais ces inconvénients, nuls s'il s'agissait de garde-malade indépendantes formées par vous, tiennent à l'organisation même de votre établissement.

Songez-y bien, interdire l'expression effective de l'affection, de la reconnaissance, c'est être plus austère que le Seigneur. Saint Paul ne refusait pas les cadeaux; il est vrai que saint Paul n'appartenait pas à une corporation. Jésus ne les refusait pas non plus, puisqu'il vivait de dons librement offerts. Qui oserait imposer une règle que le Seigneur n'a pas donnée? Sans doute, tout a ses abus; mais défendrez-vous ce que l'exemple de Jésus et des apôtres autorise? Quoi! le pauvre n'aura pas la joie de préparer de ses doigts une petite offrande, d'autant plus touchante qu'elle sera plus misérable; il n'aura pas la joie de l'offrir à l'amie qui a veillé près de son lit? Quoi! il faudra que sa reconnaissance revête l'expression officielle d'un salaire administré par le caissier de l'institution. Et si le riche paye pour le pauvre, le pauvre ne pourra pas même se procurer l'immense joie de placer un souvenir dans les mains qui ont soutenu son corps défaillant. Quoi! cette petite fille ne pourra timidement offrir à la *nursing sister* qui a soigné sa mère un mouchoir ourlé en secret, un de ces signets où resplendit le mot : *Reconnaissance*, brodé en belle soie écarlate! Ah! vous tarissez les plus pures sources de l'affection; vous croyez faire du désintéressement et vous faites de la sécheresse. A l'indigent vous ôtez son dernier trésor, le bonheur de donner de sa pauvreté. A votre sœur vous ôtez la suprême bonne grâce, celle qui consiste à recevoir peu en échange de beaucoup, à recevoir ce peu avec un cœur tout ému de gratitude.

Quant au costume, c'est une livrée, et le Seigneur n'en veut pas. Il a dit : Vous les reconnaîtrez à leurs œuvres! Il n'a point dit : Vous les reconnaîtrez à leur robe.

Ces défauts-là, défauts positifs, sont en partie corrigés par l'esprit même de l'œuvre, œuvre fort simple quant à l'intention. Les fondateurs n'ont pas eu la prétention de combler un vide immense; ils n'ont pas voulu doter le protestantisme d'un principe nouveau; ils n'ont pas pensé lui ouvrir des horizons inconnus. Ils ont voulu former un corps de garde-malade, et ils l'ont formé. Seulement, à leur insu, ils ont été influencés par les idées de confrérie et d'organisation monastique qui couraient dans l'air au moment où ils créaient leur institution; elle s'en est ressentie.

Il y aurait une manière bien simple de s'en débarrasser, c'est de faire un pas de plus, pas décisif vers la simplicité; c'est de se mettre dans une plus exacte dépendance à l'égard de la Parole, sacrifiant sans hésiter tout ce qui la dépasse.

Voici ce qu'on verrait alors : L'établissement des *nursing sisters*, libérant ses servantes de tout engagement, se bornerait, d'un côté, à former des garde-malade, les abritant pendant le court apprentissage de deux mois; de l'autre, à les indiquer aux gens qui en auraient besoin, se transformant ainsi en un bureau de placement chrétien. Les riches auraient la joie de témoigner directement leur gratitude aux personnes qui les auraient soignés. Et quant aux pauvres, l'établissement créerait, au moyen de la charité, un fonds commun d'où il tirerait les émoluments des garde-malade que le comité directeur ou que les amis des malheureux appelleraient au service des classes indigentes.

Les garde-malade vivraient chez elles d'une manière indépendante, ou se logeraient dans le sein de familles chrétiennes qui les recevraient avec plaisir. De la sorte, le comité directeur, par le fait de la caisse pour les pauvres, dont il aurait le dépôt, par le fait de son caractère de bureau de placement indicateur, conserverait une action directe et salutaire sur les garde-malade; et en même temps les garde-malade rentreraient dans les conditions normales de liberté, de spontanéité, de *self-government*, écrites d'une manière ineffaçable à toutes les pages du Livre de Dieu, sur toutes les fibres de l'âme humaine.

Voilà mon plan, bien simple, et qui clôt bien misérablement ce chapitre, où l'on a vu se dresser une organisation bien autrement savante.

Mais que voulez-vous, en fait d'œuvres comme en fait de dogmes, je crois que le royaume des cieux est pour les pauvres d'esprit.

CHAPITRE III.

LA SUISSE.

DIACONESSES D'ECHALLENS TRANSFÉRÉES A SAINT-LOUP.

Les corporations monastiques sont librement, spontanément sorties de la Réforme allemande et de la Réforme anglaise. Elles sont la conséquence directe des restes de catholicisme mal à propos conservés dans le protestantisme de ces deux pays. Il était impossible qu'en Angleterre comme en Allemagne le germe romain ne poussât pas ses branches, et l'Allemagne devait être la première à les voir verdir parce qu'elle n'était pas au même degré que l'Angleterre gardée par l'autorité des Ecritures. Il y avait longtemps que, grâce au rationalisme mystique et grâce au rationalisme raisonneur, elle se donnait licence quant à l'obéissance envers les textes bibliques comme envers l'exemple des apôtres.

Chez nous, en Suisse, en France, il n'en va pas ainsi. Notre Réforme a mieux réformé. L'esprit exact d'un Calvin, d'un Zwingle ont mis leur cachet à la transformation du seizième siècle. Le retour à la Bible n'a pas été plus cordial qu'en Allemagne, il a été plus positif; une impitoyable logique en a tiré toutes les conséquences, et celles qui n'en sont pas encore sorties, le réveil du dix-neuvième siècle achève de les dégager.

Il y a dans notre Réforme, à nous Français et Suisses, comme un levain de bon sens qui éternellement fera lever la pâte, et produira, chacune à son heure, de petites réformes destinées à parachever l'œuvre de la grande. Toutes elles porteront le sceau qui a souverainement marqué la première : le respect des Ecritures, l'obéissance absolue aux Ecritures.

Qu'est-ce qui a signalé notre dernier mouvement, la crise qui a donné naissance à l'Eglise libre du canton de Vaud, à l'Union des Eglises évangéliques de France? le besoin, l'impérieux besoin d'obéir aux Ecritures plutôt qu'aux hommes; le besoin, l'impérieux besoin de retourner pour cette immense question de l'Eglise, aux Ecritures et à l'exemple des apôtres.

Qu'est-ce qui nous travaille à l'heure qu'il est? Toujours l'obéissance aux Ecritures. Examinez nos différends, tous nos différends, les discussions entre chrétiens comme les querelles entre les chrétiens et les gens du monde, vous trouverez qu'au fond un seul point les divise : le point des Ecritures. Il n'y a en fait que deux camps, celui des hommes qui reconnaissent l'autorité absolue des Ecritures et ne reconnaissent que celle-là, pour lesquels l'exemple apostolique avec la Parole inspirée fait loi, qui ne s'attribuent le droit ni de penser, ni d'inventer au delà de ce qui est écrit; le camp des hommes, chrétiens ou mondains, pour lesquels l'Ecriture n'est pas l'irrévocable autorité, l'autorité unique; qui *dans la Bible* cherchent la Parole de Dieu; que les textes, que le modèle apostolique n'asservissent pas; en un mot, qui se sentent à un degré quelconque, libres à l'égard de ce qui est écrit. Il y a entre ces derniers de fortes nuances, mais des nuances dans le même ton de couleur. Le blanc ne comporte que le blanc; il est un, il n'a pas de dérivé; le noir au contraire comporte le gris, il se décompose en mille teintes.

Le caractère biblique, ayant donc été, étant donc chez nous plus qu'ailleurs le caractère de la Réforme; des faits tels que la création d'institutions monastiques ne pouvaient s'y produire spontanément. La France et la Suisse toutes seules n'auraient rien imaginé de pareil. Il fallait aller chercher dans le sol qui leur est propice ces sortes d'excroissances, et nous l'avons fait. Chez nos voisins les corporations de sœurs et de frères sont un fruit naturel; chez nous ils sont un fruit exotique.

Si le catholicisme a laissé peu de traces dans notre Réforme, il a pourtant ses racines dans notre cœur à tous, ne l'oublions pas; il ne domine les hommes que parce qu'il sort de l'homme; nous avons fortement ancrées en notre âme, étroitement mêlées avec notre fibre religieuse toutes les tendances catholiques; étouffées et bientôt détruites chez celui qui ne veut écouter que la Bible et l'écouter tout entière, elles parlent et parlent très fort chez celui qui veut s'écouter lui-même à côté de la Bible. C'est cela, ce sont nos secrètes sympathies pour l'organisation romaine, pour le plan romain, pour l'esprit de Rome, qui ont ouvert la porte aux ordres religieux récemment introduits chez nous. Si nous avons été querir le poison à l'étranger c'est que le poison ne nous déplaisait pas. Notre pays se refusait à le produire; mais de ce fruit comme de tant d'autres on nous a dit: Il est beau à voir, agréable au goût, et nous avons tendu la main.

En cela, nous avons été plus coupables que nos frères d'Allemagne ou d'Angleterre. Ils subissaient la conséquence des imperfections que leur avaient léguées leurs pères; nous avons, nous, gâté l'œuvre des nôtres.

Je dis nous, et je le dis exprès. Tous, ou presque tous, nous avons mis la main à ce travail insensé. Tous nous avons subi l'illusion du mirage. Tous nous avons obéi à l'entraînement qui nous séparait des Ecritures.

Bon nombre, à propos effrayés, se sont demandé : Où allons-nous? que faisons-nous? ceux-là portant un ferme regard sur la Bible ont vu qu'ils avaient dévié : ils ont rebroussé chemin.

D'autres rêvent encore. Certes nous ne leur en faisons pas un crime ; leur faute est la nôtre ; mais, avec tous les égards possibles, nous les secouerons un peu pour les réveiller.

Nous nous y sommes pris de bonne heure. Il y a longtemps, dès l'aurore de l'œuvre il faut le dire, que par des conversations et des correspondances privées d'abord, que par une discussion publique ensuite, nous avons essayé de les arracher à l'erreur.

Nous y avons mal réussi dans un sens. Cependant, si les institutions monastiques subsistent encore chez nous ; si comme il arrive toutes les fois qu'il y a lutte, leurs partisans se sentent enflammés pour elles d'une passion plus intense et d'un zèle plus sourd à la critique ; cette critique même a rendu l'œuvre circonspecte ; l'œuvre a fait des efforts inouïs pour modérer, pour conjurer son propre esprit ; elle se défie d'elle-même ; ses fondateurs, ceux-là justement qui s'indignent des attaques dont elle est l'objet, ceux qui la déclarent innocente et qui la proclament sainte, ceux-là, au fond, en doutent un peu ; ils en doutent et prennent des précautions contre elle. A chaque instant des mesures nouvelles, sans efficacité parce que ne modifiant que les apparences, elles laissent le fait comme le fond intacts, à chaque instant des mesures nouvelles viennent témoigner de leurs méfiances secrètes, de leur insurmontable inquiétude. Ah! qu'ils ne s'en défendent pas, ce trouble, ce malaise font honneur à leur conscience. — Ils nous ont frappé, souvent frappé un peu fort, mais ils nous ont écouté; espérons qu'ils nous écouteront tout à fait et qu'ils ne nous anathématiseront plus.

Par l'influence de la critique sur les fondateurs et par son action directe sur les masses, l'œuvre a donc été à quelque degré raccornie, muselée ; elle a donné beaucoup mais elle n'a pu, comme en Allemagne, comme en Angleterre, donner tout ce qui était en elle. Cela se conçoit; ceux qui bâtissaient, ils le disent eux-mêmes, devaient avec la truelle manier l'épée, non contre des ennemis, mais contre des frères couverts de cette armure qui s'appelle la Parole de Dieu. Bien plus, il leur a fallu, il leur faut encore défendre leur institution contre leur propre conscience, contre les investigations de leur propre intelligence nourrie des enseignements bibliques, constamment avertie, pressée par une opposition qui est née des Ecritures et que les Ecritures alimentent. Tout en proclamant leur œuvre excellente, ils ont besoin de se persuader qu'elle est scripturaire... tout au moins qu'elle n'est pas romaine, tout au moins qu'elle fait ce qui ne se faisait pas et qui ne saurait se faire sans elle! Je ne sais s'ils y parviennent, mais les forces qu'ils mettent à se gagner eux-mêmes à leur propre cause, à la défendre contre des adversaires sérieux, ils ne peuvent les employer à pousser l'institution; d'une main ils la tiennent, de l'autre ils la retiennent; elle marche pourtant, elle les entraîne parce qu'un principe est plus fort qu'un homme, et de cet élan contenu, surveillé, modéré, naît une situation un peu forcée, un peu fausse, qui pourrait être plus fatale à la vérité que la triomphante allure des corporations d'Allemagne et d'Angleterre.

La vérité gagne tout à la lumière. Les ménagements, les atermoiements sont toujours au profit de l'erreur.

Montrez-moi une idée fausse armée de pied en cap, bien hardie, bien militante, qui porte le front haut, qui ait le visage découvert, qui ne dissimule aucune de ses conséquences, qui se donne fièrement pour ce qu'elle est, qui marche résolûment à la conquête du monde; je ne la crains pas. Elle-même sera sa plus cruelle ennemie; quiconque la verra, j'entends les hommes à vue simple et à cœur droit; quiconque la verra se sentira saisi de dégoût. Mais qu'une erreur vienne, au pas incertain, au maintien modeste, hésitante, à demi voilée, mal sûre d'elle-même, une main appuyée sur la Bible qu'elle cache à moitié, de l'autre montrant furtivement des trésors; qu'elle ait la paupière baissée, le maintien sage, la parole prudente, que tout en avançant elle semble reculer, qu'elle fléchisse au moindre sourcil froncé, qu'elle se rapetisse tout en grandissant toujours, qu'elle soit si chastement enveloppée, qu'elle s'indigne si noblement lorsqu'un doigt téméraire soulève quelque pli de ses draperies, qu'à son saint aspect la foule pénétrée de respect s'incline sans l'oser regarder en face. Ah! j'aurai peur alors ; — voilà l'erreur sous sa plus dangereuse forme; elle avait cet air, elle avait cette retenue, elle avait ces grâces monacales, elle avait cette timidité lorsqu'elle enfonça son dard empoisonné au sein de l'Eglise primitive. Ses voiles font sa beauté, il n'y a que la vérité qui puisse aller nue.

Montrez l'ordre de la *Mercy* au public protestant, le public protestant se signera; montrez-lui Kaiserswerth, il fera peut-être ses réserves; montrez-lui les corporations de la France et de la Suisse; ah! pour celles-là, il n'y a rien à redire; elles s'accroissent modérément, elles demandent la permission de servir l'Eglise sans en exiger grand'chose en retour; la faveur générale ne leur est pas acquise, tant s'en faut; chaque année leurs fondateurs répondent aux objections en s'efforçant de présenter quelque combinaison plus rassurante ; ces institutions-là sont surveillées ; la critique en les observant de près nous est un garant de leur impuissance à nuire, tout va bien, et nous pouvons fermer les yeux puisque d'autres les ouvrent.

C'est comme cela que trompés par de faux dehors, mal à propos rassurés par des modifications qui laissent intacts et le principe et ses manifestations les plus importantes, se fiant à la faiblesse relative de l'œuvre, s'en reposant sur les adversaires du soin d'administrer le contre-poison à fortes doses, le public et les fondateurs se tranquillisent tout en fumant l'opium.

Ils se tranquillisent, et l'institution s'implante dans les habitudes, dans le cœur. Elle vit, elle se maintient, fait énorme, car durer pour une erreur, c'est vaincre. Fidèle à son esprit et quels que soient les semblants de sacrifices qu'elle s'impose, l'œuvre avance dans sa ligne, elle gagne du terrain, toujours calculée mais toujours conséquente ; et là où plus indiscrète elle aurait excité la rumeur publique, là d'où on l'aurait vertement expulsée, elle s'établit en douceur, d'abord soufferte, puis vue d'un œil indifférent, puis mieux aimée sitôt que se dessine l'opposition, puis adorée et se faisant servir en reine, et mettant hardiment la main sur les insignes royaux partout où elle est assez forte pour jeter le masque. Ce n'est la faute de personne, et c'est la faute de chacun. Le fait là-dedans est le plus grand coupable ; les complices sont ceux qui le laissent subsister ou qui le soutiennent, public, amis, fondateurs.

Les documents que nous fournit la corporation d'Echallens transférée à Saint-Loup ne sont pas très riches d'incidents, en revanche l'esprit de l'institution s'y enveloppe de moins de réticences et d'habileté qu'en France. Le caractère de l'œuvre est placé dans un jour plus vrai. C'est bien de l'obéissance qu'on veut, c'est bien un ordre pareil à celui des sœurs de la Charité qu'on introduit dans notre Réforme.

Le règlement, très sommaire, ressemble à tous ceux des confréries pareilles.

[1] La corporation est *libre* (libre d'abdiquer sa liberté). C'est une corporation *vouée* à ce service des malheureux et des malades qui nous incombe à tous.

En fait de convictions religieuses, on demande un certificat de piété et de bonnes mœurs, délivré par le pasteur (national ou libre), ou par telle autre personne digne de confiance. — C'est n'être pas trop exigeant lorsqu'il s'agit d'une consécration supérieure à celle que réclame l'Evangile, d'une sorte de perfection très spéciale réservée à l'élite des croyants.

L'âge d'admission est fixé à vingt et un ans au moins, à *quarante-cinq au plus*. — Il me semble que pour rester dans les conditions du programme, conditions proposées dès le début de l'œuvre : fournir un aliment d'activité aux existences déshéritées d'intérêt, aux femmes que le courant de la vie normale aurait laissées comme échouées sur ses bords; il fallait porter l'âge d'admission, non pas à vingt et un ans, mais d'emblée à quarante ou quarante-cinq ; il ne fallait pas dire à vingt et un ans au moins, et à quarante-cinq au plus, mais à quarante ans *au moins*. Il est vrai que cette fidélité au plan primitif aurait désillusionné beaucoup de chauds amis de l'œuvre, il est vrai qu'elle aurait infiniment restreint le nombre des sœurs.

[1] Règlement en tête de tous les rapports de l'institution du canton de Vaud.

A vingt et un ans on peut se croire inutile sur la surface du globe; on peut se croire et l'on se croit volontiers déplacé dans la place que Dieu nous a choisie; à vingt et un ans on pense volontiers que la vie a dit son dernier mot, qu'il n'y a plus rien à en attendre; à vingt et un ans on a la vue si longue que les devoirs prochains échappent entièrement aux regards, tandis que les horizons éloignés, tandis que les régions inconnues surtout revêtent un ineffable charme et une importance suprême; à vingt et un ans la maison paternelle est un nid bien étroit, bien connu, bien étouffant, dont les brins froissent, et que l'on a hâte de quitter; à vingt et un ans on est impatient de se dérober aux jougs naturels, aux sacrifices monotones, pour se lier de quelque belle chaîne un peu clair-sonnante et pour s'immoler avec quelque apparat. — A quarante ans, on a beaucoup plus d'illusions; on croit que la vie, cette voyageuse au pied léger, qui se hâte vers la patrie et qu'on ne voit jamais que par derrière, cache toujours, cache jusqu'au bout des trésors dans le pan de sa robe. A quarante ans, après avoir promené en divers lieux son cœur avec sa fantaisie, on s'imagine qu'au bout du compte Dieu nous a mis tout juste là où il fallait que nous fussions; à quarante ans, on pense, bien à tort sans doute, que loin de nager dans le vide, nos facultés, toutes nos facultés se meuvent dans un milieu si chargé de devoirs, qu'il nous faudrait dix vies et dix cœurs pour en remplir fidèlement les exigences; à quarante ans, la vue s'est accourcie, les regards ne se promènent guère au delà des régions voisines, mais ils y sont arrêtés par tant d'objets d'un intérêt immense, mais tant de malades, tant de pauvres, tant de malheureux, tant de saines occupations les attirent et les enchaînent qu'ils ne regrettent pas leurs lointaines pérégrinations. La femme de quarante ans est à ce point aveuglée de les traiter parfois de chimères et d'en rire un peu. A quarante ans enfin la Bible, qu'on a beaucoup lue, l'expérience, ce commentaire vivant qui l'a constamment éclairée, la prière, l'humilité croissante ont fortement ancré dans l'âme cette idée, fausse peut-être, que la perfection chrétienne proposée à tous les fidèles dépasse toutes les perfections; qu'il n'en est point au delà; que la consécration imposée à tout chrétien par Jésus l'emporte sur toutes les consécrations; qu'il n'y a qu'une vocation, celle de racheté, fidèle esclave de Christ, que celle-là contient toutes les autres; que partout où il y a une âme convertie il y a sacrifice, il y a dévouement, il y a immolation dans la mesure biblique, que tout ce qui sort de cette mesure-là est mauvais, et que là est toute la pratique évangélique.

Voilà pourquoi, si l'on ne recevait de sœurs qu'à l'âge de quarante ans, âge de la force, de la vigueur morale, de la sagesse, seul âge où vraiment on ait quelque prétexte d'offrir un but avec un asile aux existences déshéritées; voilà pourquoi on n'aurait quasi pas une aspirante, voilà pourquoi l'institution s'affaisserait sur elle-même, voilà pourquoi on a été forcé de changer de marche dès les premiers pas, et d'expectant qu'on était, de se faire provocateur.

L'établissement pourvoit à l'entretien des sœurs, ne leur alloue aucune rétribution en argent, et leur offre une retraite dans son sein. — Toujours le même principe monastique.

Les capitaux des sœurs leur demeurent en toute propriété. — Les capitaux, oui, mais la jouissance personnelle, je veux dire l'appropriation aux besoins de l'individu, non. Le costume, l'habitation, le genre de vie, tout étant réglé, fourni par l'institution, aucune application individuelle ne peut être donnée aux revenus. — Cela est ainsi, parce que l'institution conventuelle une fois donnée, il est impossible que cela soit autrement.

Les sœurs sont toujours libres de se retirer en faisant connaître leur résolution et leurs motifs trois mois d'avance. — On n'a pas osé, chez nous, établir l'engagement de cinq années, et là où on l'avait essayé, en France par exemple, on a été obligé de le retirer. Mais nous l'avons dit, le fait assujettit moins que l'idée, et dès que vous faites l'idée sainte, vous engagez plus étroitement l'âme que ne le ferait un bail passé par-devant notaire.

Aussi longtemps qu'une sœur fait partie de la corporation, elle demeure sous l'autorité du directeur et de la directrice. — C'est la règle de sainte obéissance, et celle-là vous la retrouverez partout; sans elle plus de confrérie : ou sœur et obéissante, ou désobéissante et renvoyée de l'institution. Il ne se peut autrement. Je ne répéterai pas que c'est cette nécessité de conditions anormales qui, avec le célibat, la vie commune et bien d'autres choses, condamnent votre création.

Les sœurs peuvent être déposées pour causes graves; dont le directeur, dont le comité sont les seuls appréciateurs.

La direction envoie les sœurs dans des hôpitaux, dans des maisons particulières, dans des établissements charitables, suivant les demandes et de son autorité suprême.

Le costume dont les règles ne parlent pas existe cependant, ainsi que la monastique appellation de *sœur*.

Nous reprenons l'œuvre là où l'avait laissée la discussion de 1850.

Dans son huitième rapport (1er janvier au 31 décembre 1850), le respectable directeur, M. le pasteur Germond, se montre partisan sincère des corporations catholiques vouées au soin des malades et des pauvres.

Apparemment dans le but de justifier la création d'ordres analogues au sein du protestantisme, M. le pasteur Germond nous apprend que deux hospices, l'hôpital Pourtalès à Neuchâtel et l'Abendberg au canton de Berne, avaient demandé naguère, pour le service de leurs malades, des sœurs catholiques. Qu'est-ce que cela prouve ? que le directeur de l'hospice Pourtalès comme celui de l'Abendberg, ont sur ce point des idées fausses, et que loin de les fortifier en y acquiesçant, il faut travailler à les détruire en y résistant. Ce n'est pas parce que notre frère voit vert, que nous devons mettre des lunettes vertes. Qu'il y ait parmi nous de bons chrétiens à tendresses catholiques, à tendances monastiques, c'est malheureusement un fait qu'on ne saurait nier; mais depuis combien de temps l'existence d'une idée en prouve-t-elle la légitimité : Je suis, donc j'ai raison d'être, une telle proposition n'a pas encore reçu chez nous force de loi.

M. Germond va plus loin, l'entraînement qu'il subit l'emporte au delà des limites raisonnables de l'humilité collective, et il dit, parlant du protestantisme et des protestants : « Il faut convenir que si nous avions su *choisir le rôle le plus facile*, nous leur laissions en échange (aux catholiques) *le plus beau*.

Sérieusement je ne me sens ni pour M. Germond, ni pour notre sainte foi évangélique, l'humeur aussi modeste qu'il l'a lui-même. Le rôle de M. Germond, même avant qu'il fût directeur de la corporation d'Echallens, le rôle des pasteurs chrétiens de son pays et du nôtre, de la Suisse, de la France, de l'Angleterre encore ; le rôle de nos instituteurs, de nos colporteurs, de nos évangélistes, de nos missionnaires, de nos directeurs d'asiles, de nos maîtres de ragged school, de nos garde-malade pieux, à nous, vivante chrétienté protestante ; le rôle de nos missionnaires sous les zônes glacées et sous les latitudes brûlantes, dans les îles où l'on mange des hommes et sur la terre ferme où l'on se contente de les laisser mourir de faim ; le rôle bien obscur de simple croyant et de simple croyante dans sa ville, dans son village, inquiets des besoins du pauvre, l'œil vigilant, la main secourable, les pieds prompts à courir partout où retentit une plainte sans pour cela délaisser les devoirs impérieux de la famille ; cette bataille journalière de la vie, où la conscience réveillée vient manier sa rude épée, ce fardeau que le Seigneur Jésus soutient, mais où la fidélité quotidienne jette un si lourd surcroît, non, rien de tout cela n'est un *rôle facile*. Chez nous, tous les vrais chrétiens sont frères, sont sœurs de charité, et par-dessus, ils sont pères, ils sont mères, ils sont maîtres, ils sont domestiques, ils sont hommes publics, ils sont tout ce que Dieu veut qu'ils soient ; et ce *tout*-là, tenez-vous-en pour certain, ce tout-là quoi qu'en disent les apparences, ce tout est plus vaste, ce tout est plus *malaisé* que vos spécialités monastiques.

Mais le *beau !* — Les belles apparences sont du côté de Rome. Non le beau idéal.

Oui certes, une belle procession s'avançant bannières déployées, par une large rue, fendant des deux côtés une foule agenouillée, cette mise en scène de la foi cléricale et de la foi laïque est un bien plus beau spectacle que l'humble procession des fidèles de tout rang, de tout habit, qui s'empressent un dimanche matin vers les portes d'une pauvre chapelle évangélique à moitié perdue dans quelque amas de maisons. — Certes de beaux ordres religieux, bien enrégimentés; une belle charité monastique, bien ordonnée; des sœurs, des frères, tous obéissants, tous uniformément vêtus par dedans et par dehors, voilà qui est superbe. — Cependant je me fais une question : Dieu veut-il de nous le *beau*, ou le scripturaire? Qu'est-ce que Dieu penserait d'un rôle qui serait le plus *beau* mais qui ne serait pas scripturaire. Et cette beauté-là même, dès qu'elle n'est pas scripturaire, est-ce vraiment de la beauté?... Avons-nous le droit de trouver beau ce que Dieu a trouvé laid? Irons-nous ramasser et enchâsser dans l'or pour nous en faire un joyaux précieux, cette pierre que le Seigneur a tout exprès rejetée lorsqu'il bâtissait le magnifique édifice de l'Eglise!

Méfions-nous beaucoup de nos idées sur le beau, ce sont elles qui ont égaré des chrétiens qui nous valaient, jusqu'à leur faire dédaigner le culte en vérité et en esprit; cè sont elles qui ont orné les Eglises d'images et de statues, ce sont elles qui ont dressé des autels où elles ont mis des vierges et des saints, ce sont elles qui ont restitué à l'ancienne idolâtrie les dieux champêtres placés aux carrefours des chemins et aux bords des près; c'est cette idée là qui a fait asseoir le pape sur un trône, qui lui a mis la triple couronne en tête et les clefs à la main; c'est cette idée qui a enchaîné les longues, les lamentables cohortes de moines et de religieuses qui traversent les siècles chrétiens : prenons-y garde; quand le diable enfourche cette idée-là et qu'une autre, celle de la sainteté, monte en croupe, toutes deux talonnées par son éperon nous mènent loin.

« L'institution des diaconesses est venue *relever à*

cet endroit l'honneur des Eglises protestantes. » Mauvais signe, quand les disciples du divin Méprisé en sont à s'inquiéter plus de la réputation que de l'obéissance.

La confession qu'on revendique en Allemagne nous relèvera du déshonneur de n'avoir pas de directeurs. Les révérences, les heures canoniales de miss Sellon, nous vont relever du déshonneur d'un culte sans cérémonie. Les aspirations du savant M. Matter, ses retours au cléricalisme, aux processions, aux décorations, nous lavent du déshonneur d'une foi personnelle, d'une adoration tout simplement scripturaire; continuons à chercher l'honneur, l'honneur tel que le comprend Rome, et marchant cette fois par le chemin qui vraiment mène à Rome, nous finirons bien par y arriver.

M. Germond sourit. Il ne peut s'empêcher de se moquer un peu des gens qui repoussent une institution dès qu'elle ressemble de près ou de loin à quelque institution de l'Eglise romaine; il trouve un peu bien défiants, les gens qui s'imaginent que le fait de la possession de la Bible ne suffit pas pour garantir du poison des erreurs romaines, ceux qui l'ont pris à forte dose. Hélas! je suis de ces esprits inquiets et bornés. Ce qui me servira peut-être d'excuse, c'est que miss Sellon a la Bible, qu'on la lit dans son monastère, qu'on la lit et qu'on la répand; c'est que pendant quatre ou cinq siècles, tous les ordres religieux, même ceux dont M. le pasteur Germond désapprouverait hautement les statuts, avaient la Bible, qu'ils l'avaient et qu'ils l'étudiaient.

Il ne faut que la main placée devant les yeux pour nous dérober le soleil.

Les institutions de sœurs, reprend M. Germond, ont montré *la puissance de la foi par les œuvres*. Il me semble que la démonstration en avait été produite avant, partout où l'Evangile avait converti les hommes ; c'est une preuve qui se fait journellement sous tous les cieux, dans tous les rangs, de la mansarde au palais, dès que l'âme humaine rencontre le regard de Dieu. Et sans rentrer dans le débat, nous demanderons aux partisans des corporations de frères et de sœurs, si cette preuve-là leur paraît moins éclatante dans les Eglises évangéliques que dans les Eglises romaines, si elle leur paraît mieux donnée par les ordres religieux de Rome que par les troupeaux laïques et croyants de l'Europe et de l'Amérique protestante ; si, après avoir lu l'ouvrage de M. Roussel, si après avoir entendu ces voix parties des quatre bouts des cieux et qui toutes proclament l'immense supériorité des œuvres, du côté numériquement le plus faible ; ils pensent encore que notre foi, pour se prouver, a besoin des secours de l'organisation romaine.

« Mais les éléments de cette famille bénie (je m'insurge contre l'application de ce nom de famille, aussi témérairement usurpé que celui de diaconesse), mais les éléments de cette famille bénie, c'était dans une société *religieuse imprégnée d'orgueil spirituel, d'amour de l'indépendance, d'esprit de contestation et de dispute* qu'il fallait les chercher. »

Il ne s'agit pas ici du monde, comprenons-le bien ; il s'agit de la société *religieuse*, c'est à celle-là que M. le pasteur Germond veut demander ses sœurs, et c'est celle-là qui est *imprégnée d'orgueil, d'amour d'indépendance, d'esprit de contestation et de dispute ;* ce ne sont pas quelques individus, une forte proportion d'individus, c'est toute la société.

Voilà les caractères de notre réveil. Hélas ! il a eu et il a ses défauts, j'en sais quelque chose ; mais je sais aussi que toutes les erreurs, le prenant à partie, au lieu de s'adresser aux individus et de s'attaquer au péché, je sais que toutes les erreurs l'ont successivement incriminé. Les rationalistes l'ont déclaré étroit; les étroits l'ont déclaré latitudinaire et mondain; M. Darby lui a reproché son cléricalisme; les nationaux l'ont accusé d'avoir trop émancipé le laïque; les mystiques le trouvent trop préoccupé du dogme et pas assez du sentiment. Dans tous ces reproches il y a du vrai parce que le siége du réveil c'est le cœur de l'homme, et que le cœur de l'homme est malin pardessus toutes choses; mais de grâce prenons-nous-en à l'homme plutôt qu'au réveil.

Ici j'admire la candeur des fondateurs de corporations religieuses. Ils nous avouent que leur œuvre : « exige des personnes qui s'y emploient un fond *particulier de simplicité, d'humilité, de renoncement et d'amour.* » Cette œuvre-là ne saurait se contenter *de la simplicité, de l'humilité* que Jésus donne à ses enfants, il en faut comme une provision spéciale. Il faut assez *de simplicité* pour n'user point de son jugement, il faut assez *d'humilité* pour accepter de confiance une pensée, une volonté étrangères qui s'exercent constamment à la place des mêmes facultés que Dieu mit chez nous. Dès lors ne nous étonnons pas de voir une société religieuse qui a produit et qui produit chaque jour des œuvres de dévouement, de sacrifice et de paix, si légèrement taxée d'orgueil spirituel, et du reste.

Penser dans la question des sœurs, qu'avec la Bible pour soi on a la raison, et avec la raison le droit; c'est pécher par orgueil spirituel.

Croire de toute son âme, croire parce que la Bible le dit, que Jésus ne nous veut d'autre directeur que lui, que l'obéissance en elle-même n'est pas une vertu, que les jougs humains sont réprouvés par la Parole de Dieu; c'est pécher par amour de l'indépendance.

Enfin regarder comme un pénible mais impérieux devoir l'obligation de dénoncer l'erreur, d'éclairer les questions obscures; c'est pécher par esprit de contestation et de dispute.

La Bible n'est plus le divin appréciateur de la vérité des doctrines et de la sainteté des cœurs; une idée, l'idée monastique l'a détrônée : Qui est avec elle amasse, qui est contre elle disperse!

A la suite de la discussion de 1850, six diaconesses ont quitté la corporation : « trois avec l'intention de continuer à soigner les malades, mais d'une manière indépendante et moyennant un salaire; une pour raison de santé, une autre pour se marier; une sixième, qui avait depuis quelques années une sœur dans les missions de l'Inde, s'est cru appelée de Dieu à la suivre dans la même carrière. »

Ces chrétiennes, cessant d'être sœurs à la manière monastique, sont les unes rentrées dans la vie normale, les autres devenues diaconesses à la manière biblique.

Sur ce point encore, nous ne nous rencontrons pas, M. Germond et moi. M. Germond attribue bien ces quelques brèches *à l'étrange procès de tendances catholiques* intenté contre l'institution, et ce n'est pas en cela que je le contredirai, reconnaissant avec lui les conséquences de la discussion et en bénissant Dieu; mais il en accuse avant tout *le souffle d'orgueil et d'indépendance qui se fait sentir de nos jours dans l'Eglise aussi bien que dans le monde;* et ici je l'arrête, le suppliant, suppliant tous les fondateurs de corporations, de considérer quelle confession inouïe ils font là, de quel triple cachet ils rivent les chaînes de leurs institutions libres.

Vous quittez la maison mère, vous la quittez parce que vous avez compris que très loyalement, qu'à bonne intention sans doute on vous demande ce que Dieu ne veut pas que vous donniez; vous laissez l'habit de sœur désirant servir Jésus dans la personne des pauvres, non pas au moyen d'une consécration exclusive, mais dans la mesure d'un dévouement que vous demandez à Dieu de rendre sincère, de diriger Lui-même, de faire harmonier avec les exigences de tous vos devoirs; et dès que vous faites cela, vous obéissez à l'esprit d'orgueil, à l'esprit d'indépendance qui se promène par le monde! — De quel œil alors vos sœurs, celles qui restent, vont-elles considérer une vocation à laquelle on ne renonce point sans encourir un tel blâme? Sortir, sortir parce qu'on préfère la Parole de Dieu à la parole de l'homme, c'est avoir de l'orgueil, c'est user d'une mauvaise indépendance! Quels fers et quel cadenas. Vous pouvez bien maintenant effacer de vos statuts jusqu'aux dernières traces d'engagement, vous ne perdrez guère que celles dont l'âme ne vous aura jamais appartenu.

Le directeur de la corporation a *autorisé* deux sœurs à prendre des engagements privés avec l'hospice protestant de Lyon, et avec les fondateurs de l'asile de Gilly.

M. Germond persiste, comme tous ses collègues dans l'œuvre, à confondre les œuvres annexées aux institutions de sœurs avec ces institutions mêmes. Un Juif a été converti dans l'hôpital chrétien de Jérusalem (dans celui justement que ne desservent pas les sœurs), par conséquent, il faut des corporations monastiques. Nous l'avons redit cent fois, nous voulons des hospices, nous en voulons d'évangéliques, nous n'en voulons pas trop, car alors ils favoriseraient l'épouvantable égoïsme des parents en les dégageant du droit de soigner leurs malades; mais de ce que les hospices sont nécessaires, il ne s'ensuit pas que les confréries le soient; on peut fournir, on fournit les hospices de garde-malade pieux qui ne sont ni frères ni sœurs; il n'y a qu'à vouloir, et nos adversaires le savent mieux que nous.

Suit un appel pressant aux personnes qui, *faute d'une tâche suffisante et bien déterminée, traînent d'un jour à l'autre une existence vague.* Il y a des tâches suffisantes et très déterminées pour tous; ce n'est pas le travail qui manque, ce sont des yeux pour le voir, un cœur humble pour l'accepter. Le propre de l'alanguissement chrétien, c'est de rêver au milieu de la vie normale aussi fournie de devoirs qu'un champ l'est d'épis en plein été; c'est de rêver une tâche précise, une mission déterminée, quelque chose d'autre que ce qu'on a devant soi.

M. le pasteur Germond presse les personnes isolées, qui auraient renoncé à se marier, *de se faire les sœurs des malheureux pour l'amour du Sauveur.*

Sœur! je le suis déjà, répondra toute femme chrétienne; l'heure qui me fit croyante me fit sœur et des pauvres et des riches. Jésus m'a donné, me donnera de plus en plus le cœur fraternel, le zèle, le temps, tout ce qu'il me faut pour le servir; je n'ai pas besoin d'une autre règle, l'Evangile seul saura bien ordonner ma vie et l'assujettir à Christ.

M. Germond engage les personnes qui doivent se marier à passer *un an ou deux dans l'établissement.* En vérité, on ne comprend pas pourquoi; et terminant là-dessus, il déclare avec une grande sincérité qu'il n'a pas la pensée d'attribuer à la *vie de diaconesse une sainteté particulière, une prééminence quelconque sur toute autre vie utilement employée.* — Ceci est un progrès dans la pensée de M. le pasteur Germond, qui écrivait en 1844[1] : « J'imagine que si un *ange* avait *à choisir entre tous les emplois de la terre, il n'en choisirait pas d'autre que celui-là.* » — Nous avons la vanité de penser que cette modification dans ses vues, le digne fondateur la doit tout entière à notre discussion. Cependant il y a quelque chose de plus fort que ces protestations partielles commandées par la critique et par l'intérêt de l'œuvre ; il y a l'esprit même de l'institution ; esprit qui, tout en rabaissant la vocation d'un côté, de l'autre la tient haut élevée ; esprit qui, plus puissant que les apparentes contradictions qu'il souffre volontiers, fait de la *sœur* la servante proprement dite de Jésus, et de sa vocation l'œuvre même de Dieu ; esprit enfin qui dans Rome a tenu les mêmes discours, d'une part et quand le voulait sa politique passant le niveau sur les ordres religieux et rabattant leur orgueil ; de l'autre, fidèle à son principe et portant jusqu'aux cieux l'état qu'il venait de coucher dans la poussière.

Non, si rien ne distinguait le service des sœurs et des frères aux yeux des fondateurs, si cette vie-là n'avait dans leur pensée aucune prééminence de beauté, d'excellence sur les autres vies ; ils s'empresseraient d'en effacer les caractères monastiques suspects à tant de chrétiens sérieux, et qui seuls font de ces existences-là, de ces vocations-là, des existences et des vies à part. Si elles ne valent pas mieux que d'autres, elles n'ont pas leur raison d'être ; si ce n'est pas un perfectionnement, c'est une injustifiable innovation. De quel droit s'écarter du modèle apostolique, sinon pour se rapprocher de l'idéal mystique ?

Au fond, sans s'en douter, M. le pasteur Germond

[1] Second rapport d'Echallens.

pense exactement comme nous. Il ne maintient son œuvre telle quelle que parce qu'il la croit supérieure aux autres; s'il ne la croyait pas supérieure, il céderait aux vœux pressants des amis de l'Evangile, et la ramènerait aux caractères des autres institutions protestantes. Nous n'aurions plus une corporation monastique, nous aurions une simple école normale.

Ce que nous disons, M. Germond va l'exprimer d'une manière plus nette : « Des personnes honorables nous ont demandé de la modifier (l'œuvre) à la fois *dans ses bases fondamentales* et dans quelques détails insignifiants de dénomination, de costume, etc. En vérité, nous leur abandonnerions volontiers *ces derniers points* si nous pouvions espérer de les contenter à si peu ; mais aurions-nous le droit de *dénaturer l'œuvre par des changements essentiels, lorsque l'approbation unanime du comité de l'établissement* et les bénédictions que Dieu a répandues sur nos travaux, nous sont un *indice évident de persévérer dans la voie que nous avons suivie.* Nous irons donc en avant, au nom du Seigneur. »

Une telle résistance, opposée à des personnes honorables, quand il s'agit du maintien de principes contestés, de principes dont la Bible n'offre pas une trace, qu'elle condamne, qui ne touchent en rien à l'existence même des œuvres en faveur desquelles on les invoque : hospices, écoles, asiles; une telle résistance ne peut s'excuser que par une confiance illimitée en la suprême excellence de l'institution.

Le directeur de la corporation d'Echallens ne donne pas ce motif, qui est l'unique; il produit deux raisons dont certainement son esprit pas plus que sa conscience n'ont pu se satisfaire : Nous ne dénaturerons pas notre œuvre, car l'approbation unanime du comité nous est un garant que telle qu'elle est, elle est bonne ; nous n'y changerons rien, car les bénédictions de Dieu nous prouvent que nous marchons dans le bon chemin.

Il serait fort étonnant qu'un comité composé des plus ardents partisans de l'institution lui refusât l'unanimité de ses suffrages; cette unanimité, qui lui est tout acquise, ne prouve pas grand'chose, on en conviendra, et ne tranquillisera pas beaucoup les âmes scrupuleuses.

Ce qu'on appelle les bénédictions de Dieu, c'est-à-dire une certaine réussite, n'a jamais manqué aux institutions monastiques. Lisez l'histoire des ordres religieux que vous aimez le moins, des dominicains, des jésuites, vous y verrez ce genre de succès, le même que des amis prévenus ont toujours appelé bénédictions; vous y verrez des pauvres nourris, prêchés, des populations converties, vous y verrez ce qu'on voit partout où il y a de la foi, même quand la foi s'égare, vous le verrez, et il ne vous viendra pas en pensée de vous méprendre sur ces conséquences prochaines d'un zèle et d'un dévouement incontestables, au point d'en faire le sceau de l'approbation divine.

« Nous irons donc en avant! s'écrie M. Germond, *au nom du Seigneur!* » C'est cela! Nous ne tiendrons compte, ni des avertissements, ni des critiques, ni des supplications. Ce qu'on veut nous ôter et qui n'est point de Christ, nous le tiendrons plus passionnément serré sur notre sein; au nom de Jésus, de ce Jésus contre les enseignements duquel nous bâtissons, enveloppé dans notre sens propre, nous irons en avant.

Hélas! cher frère, vous irez en avant, toujours en avant, toujours au nom du Seigneur, comme M. Fliedner, comme miss Sellon, faisant un bien partiel parce que vous êtes un homme de grande foi, de grande piété, d'intentions parfaitement droites; faisant un mal incalculable comme tous les chrétiens qui, sur ce point ou sur d'autres, cessent de prendre le mot de la Bible pour prendre le mot de leur imagination ou de leur sagesse.

Le rapport se termine par un élan vers la religion *du cœur*. Miss Sellon se réfugiait dans le même fort, elle était lasse de débats, M. Germond en est *rassasié*, il est *fatigué de chicanes*. — Je le crois bien, l'erreur l'est toujours. La vérité, qui n'aime pas les combats, ne les fuit jamais, parce qu'à elle seule en appartient la victorieuse issue.

Il y a peu de sœurs et peu d'argent : voilà pour les faits.

L'année 1851 (IXe rapport) s'ouvre par la retraite de quatre sœurs. Sur les quatre, une a quitté l'institution pour se marier. Je fais remarquer, et l'observation sera renouvelée lorsque nous nous occuperons de la maison mère de Paris, je fais remarquuer que ces mariages sont le fruit de la discussion de 1849 et 1850 ; avant il n'y en avait pas[1]; à partir du 1er janvier 1850 il n'y en a guère qu'un ou deux, mais enfin il y en a. — C'est un fait important. Nous avons traversé cette phase d'en-

[1] C'est-à-dire, comme on peut s'en convaincre par les Lettres au rédacteur de l'*Avenir*, que si une diaconesse *sortie* s'était mariée plus tard, on n'en pouvait pas citer une qui fût sortie *par le mariage*. Il y avait eu un cas de fiançailles exceptionnel de toutes manières puisqu'il s'agissait de la fille du directeur, il n'y avait pas eu de mariage. Le rapport de 1854 n'a pas encore paru au moment ou j'écris ces lignes (21 juillet) ; on me dit que cette année une sœur s'est mariée; est-on bien informé? est-ce une sœur déjà sortie qui s'est mariée? est-ce une sœur qui est sortie par le mariage? je ne sais; en tout cas, j'enregistre scrupuleusement cette troisième diaconesse mariée depuis treize ou quatorze ans que dure l'institution. Il m'importe de faire la part belle à mes adversaires. Depuis treize ans et même quatorze, si je ne me trompe, voilà donc trois sœurs mariées; et ces trois mariages n'ont éclaté qu'a dater de la discussion ouverte en 1849. — Il me semble que les sœurs mariées et leurs maris doivent quelque reconnaissance à l'auteur.

gouement aveugle où M. Germond pouvait dire des sœurs : « Le zèle des diaconesses *n'a point failli*. Quoique toujours libres de se retirer, *aucune d'elles n'en a seulement manifesté la pensée.* » (IIe rapport, 1844.) Est-il besoin d'ajouter que ce fait inévitable de la rupture avec la corporation dès qu'il y a mariage, en signale tout particulièrement un des caractères essentiellement monastiques : l'organisation du célibat! — Organiser le célibat, c'est inventer une espèce de dévouement qu'on ne peut exercer que non marié.

Plusieurs demandes d'admission sont adressées à la direction pour le printemps. Cependant il y a peu de sœurs et M. le pasteur Germond s'en attriste. L'œuvre est-elle encore mal comprise? Monsieur Germond pense que notre *réveil religieux est trop peu pratique*. Toujours ce faux critère. Peu de sœurs, cela veut dire : égoïsme général. La pratique chrétienne, c'est la vocation de sœur. On a beau se jeter hors du labyrinthe, une force invisible y ramène. Le cadre des institutions donnera la mesure de la pureté des réveils !

L'accusation de M. le pasteur Germond est formulée en face d'une Eglise évangélique dont les pasteurs et dont les troupeaux, bien éloignés sans doute de la perfection, donnent chaque jour pourtant les nobles preuves d'une foi conséquente, prompte aux sacrifices.

Le directeur de la corporation d'Echallens va entreprendre une tournée missionnaire dans le but de recommander le *christianisme pratique en général* et l'œuvre des diaconesses en particulier; il espère trouver des vocations. Nous osons affirmer que s'il avait exécuté son projet, M. le pasteur Germond en aurait indubitablement créé; nous y reviendrons.

On ne doit pas exiger des sœurs, écrit M. Germond, qu'elles soient *des anges*. Nous pensons avec lui que ce sont des chrétiennes comme d'autres, mais des chrétiennes à qui l'on rend la simplicité de cœur, la véritable humilité beaucoup plus difficile, en leur préparant des tentations particulières.

« L'œuvre demande d'elles un certain assemblage de force et de *soumission*, de pureté de foi et de *largesse de charité*, qui par malheur se montre assez rarement dans le temps où nous vivons. » Il est malaisé de trouver des personnes qui aient cette piété *dénuée d'esprit de secte*, ce *détachement d'elles-mêmes*, cette promptitude d'obéissance que réclame l'institution. M. Germond a éprouvé depuis sept années bien des mécomptes à ce sujet; maintenant il est content de l'esprit qui anime les sœurs. — C'est cela; vous êtes tout à fait assujetties, vous acceptez de confiance la règle humaine, vous n'examinez plus, vous ne doutez plus, l'abdication est signée; dès cet instant votre esprit est bon, vous comprenez votre devoir, vous avez la foi pratique. Rappelons-nous seulement qu'il y a une obéissance qui va à la mort, qu'il y a telle humilité qui est un suprême orgueil. Obéir à l'homme en désobéissant à Dieu, c'est cette soumission-là; s'asservir quand Dieu nous voulut libres, c'est cette humilité-là; sacrifier son opinion quand elle est biblique, faire bon marché d'un commandement de Dieu, c'est tout simplement renoncer le Seigneur et non se renoncer soi-même.

Obéissance, obéissance! crie-t-on à ce siècle qui périt justement faute de vouloir. Effacement, guerre à l'individualité! quand nous nous évanouissons comme en fumée faute de savoir ce que c'est qu'un caractère. Encore une saignée, à cet homme qui meurt parce qu'il n'a plus de sang dans les veines!

Les fonds se relèvent, les sœurs disponibles sont employées comme directrices d'hospices, de refuges, d'asiles en différents pays, M. Germond se félicite de voir l'institution s'implanter rapidement dans la plupart des contrées protestantes.

Ainsi faisaient, ainsi font encore les ordres religieux romains.

Nous voici en 1852 (X[e] rapport). L'institution prend le nom d'*établissement des diaconesses d'Echallens transférées à Saint-Loup*.

De généreux amis de l'œuvre lui ont imprimé une vigueur nouvelle en assurant à la corporation la jouissance du domaine de Saint-Loup, dont les bâtiments réparés avec soin, servent maintenant d'hospice.

M. Germond explique la dénomination un peu singulière dont il a doté son institution. « Si l'on en est surpris, dit-il, nous conviendrons ingénument que nous sommes assez de ces personnes *qui aiment la tradition* et les souvenirs. Trop de gens de nos jours paraissent n'avoir rien de plus pressé que de rompre tous les chaînons qui *les attachent au passé.* » — Rien de plus légitime que de se souvenir, seulement nous voudrions que le souvenir s'attachât encore plus à la vérité qu'à la tradition.

La situation de Saint-Loup plaît tout particulièrement au respectable directeur de l'institution. *Une ceinture de rochers et de bois* l'environne de tous les côtés excepté celui du levant, c'est un lieu retiré, à l'écart, « de belles eaux animent le paysage, dont le caractère paisible et *quelque peu sévère* semble être en parfaite harmonie avec l'œuvre des diaconesses... et plus loin, *nos chères diaconesses aiment leur solitude.* »

Nous n'y mettons pas la moindre malice, mais nous ne pouvons nous empêcher de remarquer que chaque plante a son sol favori, où elle se plaît et vient mieux qu'ailleurs. Nous croyons que la corporation du canton de Vaud a trouvé son terrain. Saint-Loup était jadis un couvent, fondé par saint Lupicin, qui couvrit les vallées du Jura de ces saints édifices, et qui certes s'entendait à en choisir les sites. Si la coïncidence est fortuite, elle est piquante, on en conviendra ; il y a là comme une réintégration du passé, de la *tradition*, qui doit en effet sourire au respectable fondateur.

L'inauguration de la nouvelle maison a eu lieu le 1er novembre, « au milieu d'un nombreux concours de personnes venues de plusieurs lieues à la ronde. La présence de tant d'amis de l'œuvre des diaconesses était à elle seule un touchant témoignage de la sympathie que cette œuvre a obtenue, et un précieux encouragement accordé à ceux qui la dirigent. »

Ce nombreux concours, il faut le croire pour l'honneur de la vérité, venait moins de sympathie pour l'institution que d'inconséquence, et aussi que de la confusion habilement établie entre les deux créations : la corporation des sœurs, l'hospice desservi par elles. Parmi cette foule, il y avait certainement des personnes sympathiques à l'œuvre tout entière ; il y en avait beaucoup de sympathiques à l'hôpital qui ne l'étaient point à l'institution, et celles-là ne mesurant pas assez la portée de leur acte étaient venues pour l'hospice, tout comme elles donnent à l'institution *à cause de l'hospice.* Il y a dans une telle conduite plus d'entraînement que de charité ; la charité ne s'exerce que dans la vérité ; il y a plus de mollesse que de désir de conciliation ; il y a surtout une indifférence toute mystique pour le vrai et pour le faux. On fait ses réserves, à part soi, et les réserves faites, on agit contrairement à ses principes, en pleine liberté, sans un remords. Outre les conséquences directes très positives et très mauvaises d'une telle inconsistance, je vois là un des signes de notre décomposition morale, et j'y reviendrai lorsqu'il en sera temps.

Le nombre des diaconesses maintenu à quinze depuis dix ans, est monté à seize cette année.

Il n'y a pas eu de cas de retraite.

« Mais les ouvrières manquent, s'écrie M. Germond, c'est le cas de prier le Maître *de la moisson d'envoyer des ouvriers dans la moisson.* » Même langage dans toutes les institutions monastiques.

M. Germond a renoncé à la tournée missionnaire qu'il se proposait d'entreprendre pour prêcher la foi pratique et trouver des diaconesses même temporaires. Il espère que des *comités locaux* dont il presse la formation de tous ses vœux, rempliront la tâche qu'il s'était proposée.

Un appel, annexé au rapport, va nous expliquer la pensée du directeur de Saint-Loup.

Il nous apprend qu'à l'inauguration de la maison, M. le pasteur Décoppet d'Yverdon émit l'idée des comités locaux, idée que l'assemblée parut adopter unanimement.

Ces comités devront faire connaître l'œuvre, y intéresser les habitants de chaque localité, recueillir des dons.

« A cela ne se bornera pas l'utilité des comités locaux. Ils s'intéresseront à *procurer à l'établissement des ouvrières*. Combien n'existe-t-il pas, en divers lieux, de personnes bien disposées d'ailleurs, pleines de *dévouement, de foi, qui consument leurs meilleures années dans une existence plus ou moins vague, plus ou moins vide,* mais qui n'auraient besoin que d'être *averties* et *encouragées* pour devenir d'*excellentes diaconesses*. En leur rendant *cet utile service*, les comités locaux rendront service à la cause de Jésus-Christ et à celle de l'humanité. »

La cause des corporations de sœurs *est la cause de Jésus-Christ!* Première énormité; la répétition ne nous y accoutume point. Hélas! la cause de Jésus-Christ est aussi celle des *sisters of Mercy*, celle des sœurs de Kaiserswerth, celle des frères de Duisburg; elle est celle des lazaristes, des dominicains, de toutes les erreurs qui ne pouvant s'étayer de la Bible, s'emparent du nom de Celui qui s'appelle la Parole de Dieu, pour en renverser tout le plan.

Il y a des *chrétiennes pleines de dévouement et de foi, qui consument leurs meilleures années dans une existence plus ou moins vague, plus ou moins vide!* Seconde énormité contre laquelle nous nous élevons de toute la puissance que nous donnent et les faits et la Bible. — Où existent-elles? quelle étrange contrée habitent-elles, ces femmes *croyantes* et *dévouées*, dont les heures s'écoulent dans le vague et dans le vide? C'est un pays où il n'y a pas un seul pauvre, pas un seul malade, pas un seul vieillard, pas un seul enfant; ce sont des femmes qui n'ont plus ni un père, ni une mère, ni un frère, ni une sœur, ni neveux, ni nièces, pas d'oncles, pas de tantes, pas même quelque vieux cousin infirme et grondeur à réconcilier avec la vie, à doucement conduire vers son Sauveur. Ces chrétiennes-là habitent sûrement quelque oasis desséchée au fond d'un désert de l'Afrique; ramenez-les alors, et placez-les dans le moindre de nos villages, il y aura de quoi les occuper plus que dans les maisons mères, j'ose vous le garantir. — Mais s'il s'agit de ces chrétiennes languissantes qui rêvent un travail anormal pour échapper au très vulgaire travail dont elles sont pressées de toutes parts; s'il s'agit de ces imaginations qui s'élancent par delà les mers pour y trouver un dévouement à leur gré et qui n'osent pas franchir le seuil de leur porte parce que *le grand lion est couché dans la rue;* s'il s'agit encore de ces âmes dans lesquelles l'ardeur de la jeunesse fait beaucoup de fumée et qui voient trouble dans leurs devoirs et dans leur vocation parce qu'elles voient trouble dans la Parole de Dieu. Oh! dans ce cas, ce ne sont pas vos institutions qu'il faut prêcher, c'est l'institution de Dieu; ce n'est pas la carrière de diaconesse comme vous l'entendez, c'est la vocation de chrétienne biblique, d'ouvrière à ciel ouvert; il ne faut pas dire: Faites-vous sœurs, il faut dire: Faites-vous servantes de Christ. Il ne faut pas dire en montrant vos maisons: C'est ici le service de Dieu; il faut dire: Le service de Dieu est partout, et surtout devant vous; ouvrez vos yeux, ramenez-les tout proche, voyez; voyez et travaillez.

Ces personnes-là, futures sœurs, ne demandent qu'à être averties pour accourir, dites-vous! — Averties, elles le sont. Il y a longtemps que vos invitations leur sont parvenues; vous les réitérez chaque année, en termes de plus en plus pressants, et elles ne viennent pas, et votre institution reste absolument stationnaire. Alors, comme il vous faut des sœurs, saisis que vous êtes par cette roue d'engrenage qu'on appelle un principe, vous faites un pas de plus. Vous appeliez, vous pressiez, vous allez provoquer, vous allez pressurer. C'est un fait immense; vous passez là où a passé Kaiserswerth, où passe Paris, là où passeront tous ceux qui, à votre exemple, ont créé un état anormal pour des existences anormales, et qui sont forcés de reconnaître que toutes les vies que Dieu fait sont normales, que toutes ont un but, que toutes ont un cadre, que toutes ont leur place naturelle et bonne en ce monde.

Comme on ne vient pas à vous, comme en dépit de vos invitations et je dirai de vos injonctions aux consciences, le nombre des sœurs n'augmente pas ou presque pas; vous êtes obligés d'inventer ce qui n'existe point. L'institution s'élevait pour servir d'abri aux femmes battues de l'orage, oubliées par la vie; de celles-là il y en a peu; celles-là, ou ne veulent pas de votre vocation, ou c'est votre vocation qui ne veut pas d'elles; maintenant il faut des femmes tout exprès pour l'institution. On dirait une cage magnifique préparée par quelque enfant plus généreux que sage, en faveur des oiseaux chassés de leurs nids, perdus dans les cieux, embarrassés de leur personne et heureux d'une douce servitude qui les délivrera du soin de pourvoir à leurs besoins; et voici que la cage une fois terminée, on ne trouve pas d'oiseaux dans ces conditions-là! Que faire, mettra-t-on la cage en morceaux? non, ce serait dommage, elle a coûté tant de soins, tant de peines! et puis l'idée était si bonne!—On changera tout simplement les conditions; on ne peut obtenir d'oiseau fatigué des bois et des prés qui vienne de lui-même s'abriter dans cette retraite, eh bien! on en dénichera; la cage aura des hôtes, et certes, ils ne seront pas à plaindre.

Les comités locaux seront des comités provocateurs, ils ne peuvent être que cela puisque vos appels ont pénétré partout et que les partisans de l'œuvre, quoique en minorité, sont partout aussi.

Voici ce qui se passera. Votre comité connaît son mandat; il a pour mission de trouver des diaconesses, il en trouvera, il en fera. N'en pas trouver, mais ce serait manquer à son devoir, mais ce serait une honte; chaque année on constatera les succès de telle ou telle autre association locale, et lui, le comité de cette ville-ci ou de cette ville-là serait le seul qui n'eût pas envoyé une sœur à Saint-Loup! il laisserait peser ce déshonneur sur sa localité ou sur son zèle! Il n'en sera rien, croyez-le, et vous avez pris le vrai moyen.

Chaque comité aura des membres, séides de l'œuvre, qui ne se donneront à eux-mêmes et qui ne laisseront à qui que ce soit paix ou trêve jusqu'à ce qu'ils aient découvert, cultivé, déterminé une vocation. On cherchera, on fouillera, on interrogera; le sujet trouvé, on viendra et on reviendra à la charge, on lui prouvera que son goût est là, si son goût n'y est pas que c'est son devoir, s'il l'entend autrement qu'il se trompe.

— Mais vous supposez, me dira-t-on, qu'il n'y a donc ni tact ni conscience chez les membres de ces comités-là, qu'ils sont formés d'énergumènes!

Je ne suppose rien, je crois que la passion, quand on la lance au nom de Dieu, ne s'arrête devant aucun obstacle; elle n'en voit même plus, elle ne voit que sa fin, et elle y court.

Ce n'étaient pas des fous, et ce n'étaient pas des impies ces terribles catholiques des seizième et dix-septième siècles qui faisaient monter au ciel les âmes des hérétiques en s'aidant de la flamme du bûcher; c'étaient tout simplement des gens qui entendaient le salut d'une autre manière que ne l'entend la Bible.

Ce ne seront ni des insensés ni des despotes que vos associés locaux qui, selon votre parole, rendront aux jeunes filles le *service* de les faire diaconesses, un peu malgré elles, ce seront tout simplement des gens qui entendent la consécration chrétienne d'une autre manière que ne l'entend la Bible.

Quoi qu'il en soit, vous aurez des sœurs; à moins d'une grande victoire de la vérité vous en aurez beaucoup. Vous assumerez une responsabilité effrayante.

Forcer une vocation, même quand la vocation est scripturaire, c'est quelque chose d'inouï déjà, cependant la faute est réparable. Provoquer une vocation quand cette vocation n'est pas scripturaire, quand elle arrache un individu à la vie telle que Dieu l'a faite, quand elle le soustrait aux devoirs naturels, quand elle le place dans des conditions étranges, quand elle s'impose à la conscience pour l'enchaîner, quand elle imprime à l'âme un caractère spécial et que le christianisme ne lui impose point, quand on ne peut la quitter sans des luttes intérieures; c'est commettre un péché très grave.

Ne dites point que je rêve, ne dites point que j'exagère, les faits sont là : vous avez appelé, vous avez parlé, vous avez écrit; on ne vient pas; maintenant vous envoyez le long des haies avec cet ordre : « Contrains-les d'entrer. »

Lorsqu'il s'agit de la conversion et que c'est Dieu qui l'exerce, la contrainte est une souveraine compassion.

Quand il s'agit d'une vocation quelconque et que c'est la passion qui l'impose, la contrainte est un crime.

Ceci n'est pas une accusation, ce n'est pas une condamnation, comprenez-nous bien. A votre place, entraînés comme vous l'êtes nous en ferions autant si Dieu ne nous gardait; il n'entre dans notre pensée aucun blâme orgueilleux, nous ne vous jugeons pas du haut de notre sagesse; nous nous tenons pour pécheurs, faillibles, misérables plus que qui que ce soit, mais nous sommes justement épouvantés et nous crions.

Les sœurs établies à Saint-Loup desservent pour la plupart l'hospice annexé à la maison mère; quelques-unes, en fort petit nombre, sont appliquées par la direction à diverses œuvres extérieures comme le soin des malades à domicile et la surveillance d'établissements de charité.

L'Eglise vaudoise du Piémont, cette Eglise essentiellement militante, qui fait face à Rome et qui occupe les postes avancés, a cru devoir accepter des sœurs pour ses hospices de Turin et de la Tour dans les vallées. Les diaconesses placées là y remplissent les fonctions des sœurs de la Charité catholiques, c'est-à-dire que tout en s'appliquant au service des malades, nous n'en doutons nullement, elles sont encore plus directrices que servantes. Ce qui le prouve, c'est que, si nous sommes bien informé, elles ont sous leurs ordres des infirmiers et des infirmières laïques.

Nous relevons avec une profonde tristesse ce fait de l'envoi des sœurs à l'avant-garde de notre armée : en Piémont comme en Orient, il nous humilie et nous serre le cœur.

Voilà donc ce que nous protestants, ce que nous esclaves de la Bible, nous avons de mieux à présenter aux catholiques romains; voilà ce que retrouveront tout d'abord chez nous, ces nobles convertis qui passent des ténèbres de l'esprit monastique à la lumière de l'esprit évangélique. Au lieu de leur montrer le dévouement spontané, le zèle scripturaire, la charité comme l'ont pratiquée, et Jésus, et les apôtres, et les saintes femmes, nous courons au-devant d'eux avec nos ordres conventuels : Voyez, frères, nous en avons aussi, comme en a Rome; ne vous effarouchez point; nous vous donnerons ici ce que vous avez quitté là. Rome n'a pas tout à fait tort, frères, quand elle organise le célibat, l'obéissance et la pauvreté; ne vous hâtez pas de la condamner, vous iriez un peu trop loin; prenez garde que l'esprit de la Réforme ne vous entraîne; ne rompez pas avec tous les enseignements de notre mère Eglise, il y a bien du bon, il y en a plus que vous ne croyez dans ses règlements ecclésiastiques. Méfiez-vous d'une fidélité trop scrupuleuse à la Parole de Dieu, elle dessèche l'âme, elle stérilise pour les bonnes œuvres; frères, il faut l'avouer ; dès qu'il s'agit de la charité pratique, de l'application de la foi, Rome s'y entend mieux que nous. Vous promenez sur nous des regards effarés, vous nous montrez d'une main les nations catholiques, de l'autre les nations protestantes ; d'une main les hideuses plaies sociales, le chancre de misère qu'étalent les premières et qui n'éclatent jamais mieux qu'autour de ses ordres aumôniers; de l'autre vous nous faites voir la prospérité des Etats réformés, les secours abondants, bien entendus, libéralement versés sur les classes pauvres; frères, vous êtes le jouet d'une illusion d'optique, cette supériorité partout victorieuse que donne la Bible à ses enfants n'existe que dans votre imagination, nous autres aussi nous avions fait ce rêve, nous en sommes revenus. Oui, sur ce point, et sur quelques autres peut-être, nous sommes retournés à l'école de Rome, et nous avons bien fait. Oui, frères, malgré l'horreur que vous inspirent les ordres religieux, malgré les anathèmes qu'en sortant de l'Eglise infidèle vous avez lancés avec la poussière de vos pieds, et contre l'organisation du célibat, et contre l'obéissance, et contre le désintéressement monastiques, et contre les livrées de la sainteté; tout cela est excellent, il faut reprendre tout cela. — La Bible n'en parle pas, dites-vous; Jésus et les apôtres n'ont rien ordonné de semblable; ils ont formellement condamné les premières tentatives de cette perfection plus que parfaite! La charge de diacre a été définie d'une manière précise, le modèle que nous en donne le Nouveau Testament est juste aux antipodes de ce que nous faisons! Peut-être, frères, mais sachez que le chrétien est libre à l'égard de ce qui est écrit, et que cela vous suffise.

Ah! quittons ce langage qui rend plus incisif l'accent

de la vérité révoltée, mais qui me froisse le cœur.

Chrétiens d'Italie, vous qui faites le front de la bataille, nous venons vous conjurer de présenter aux ennemis la Bible, et rien que la Bible. Nous venons vous conjurer de ne pas mettre dans votre camp les idoles du leur. Allez, la foi qui produit les Madiaï et les Cereghini, la foi qui produit ces maçons, ces artisans de Turin visiteurs de pauvres, colporteurs des saintes Ecritures, veilleurs de malades après le rude labeur du jour, cette foi-là, cette terre-là ne vous laisseront jamais manquer d'infirmières, d'infirmiers pieux, ardemment dévoués. Ouvrez-leur vos hospices. Ces serviteurs et ces servantes selon la Parole ne sont pas loin de vous, ils sont dans vos troupeaux, ils sont parmi les prisonniers de l'Evangile que vous faites sur Rome. Chrétiens d'Italie, cherchez-les, vous les trouverez. Au nom du Dieu qui a écrit la Bible, du Dieu dont les bénédictions récompensent toute fidélité à la Bible, revenez à la Bible !

RICHEN.

[1] Le 11 novembre 1853, a eu lieu à Richen, territoire de Bâle-Ville, le premier anniversaire de l'institution de sœurs, ouverte sous la direction d'une supérieure qui a fait son éducation à Kaiserswerth. Une école est annexée à l'établissement, la corporation s'accroît, quatre nouvelles sœurs sont *consacrées* par l'*imposition des mains ;* c'est l'esprit, c'est l'œuvre de Kaiserswerth, de toute confrérie analogue; c'est l'enthousiasme accoutumé. N'ayant pu nous procurer de rapport, nous

[1] *Semaine religieuse* du 17 décembre 1853.

sommes forcé de nous borner à ces faits, très suffisants d'ailleurs, puisque la maison ne date que d'une année.

Telle est la situation de l'œuvre en Suisse : Dans la Suisse française contrariée et militante, stationnaire et ambitieuse, défiante d'elle-même et pourtant laissant voir ses tendances monastiques. Née à peine dans la Suisse allemande, et cependant déjà triomphante (quatre sœurs consacrées dès la première année), grâce au caractère plus germain que français, grâce au silence de la critique qu'une langue étrangère arrête à la frontière du canton.

A Richen comme à Saint-Loup, comme à Kaiserswerth, comme en Angleterre et nous l'allons voir comme en France, même esprit, mêmes traits, qui font partout reconnaître le même profil.

J'ai été ferme parce que je suis convaincu ; j'ai été vif parce que la question veut qu'on s'émeuve ; j'ai été franc parce que je respecte trop mes adversaires pour croire leur plaire en amoindrissant ma pensée. Si j'ai blessé, blessé par la faute de mon orgueil, si c'est mon péché qui a porté les coups et non la vérité, je m'en humilie devant Dieu, devant mes frères, et je leur en demande pardon du fond du cœur.

CHAPITRE QUATRIÈME.

FRANCE.

PARIS.

C'est sans aucun sentiment de malice que nous plaçons en tête de ce chapitre quelques mots sur les sœurs *agrégées de Saint-Joseph* et sur les sœurs *de la Charité*.

Les fondateurs de nos modernes corporations, qui ont évité le modèle apostolique, se sont presque exactement conformés aux constitutions de ces deux ordres romains. Ils ne s'en cachent pas, bien au contraire, ils réclament une sorte d'identité avec les confréries que nous venons de nommer. Ces confréries, pas plus que nos corporations monastiques, ne livrent au public leurs règles intérieures; nous n'aurons donc à nous occuper que de la forme extérieure, que des grandes lignes de charpente.

Ne l'oublions pas; la congrégation des sœurs agrégées de Saint-Joseph, celle des sœurs de la Charité figurent au même titre que les ordres les plus rigoureux dans le tableau des institutions monastiques du catholicisme; entrer dans l'une ou dans l'autre, c'est toujours *entrer en religion*.

Les sœurs agrégées de Saint-Joseph[1], vivant par communauté de trois ou de quatre (comme les sœurs de Kaiserswerth dans les localités où on les envoie), s'appliquent à toutes sortes d'œuvres de miséricorde. Ce

[1] *Dictionnaire des ordres religieux*, publié par l'abbé Migne. Tome II. 1848, aux ateliers du Petit-Montrouge, colonnes 692, 693, etc.

sont elles qu'on voit dans nos villages. Elles font deux ans de noviciat, après quoi elles prononcent trois vœux *simples* ; célibat, pauvreté, obéissance, *tant qu'elles demeurent* dans la corporation ; *en sorte que soit qu'elles en veuillent sortir* ou qu'elles en soient expulsées pour quelque faute considérable, *elles sont absolument libres de leurs vœux sans autre dispense.*

Les sœurs de Saint-Joseph proprement dites, sont dispensées de leurs vœux par l'évêque, selon qu'elles le désirent.

Les filles séculières hospitalières de Saint-Joseph, ordre religieux composé de filles, de veuves, et fondé en 1638 par Henri d'Escoubleau de Sourdis, archevêque de Bordeaux, *ne faisaient qu'un vœu simple d'obéissance.* Maintenant elles y ont ajouté le vœu simple de célibat; elles ne font pas le vœu de pauvreté. Autant de congrégations, autant de constitutions différentes[1]. Quelques-unes ont pris l'état régulier (les vœux perpétuels), d'autres sont restées dans leur situation primitive. Les sœurs de Rouen portent l'habit sans s'engager par des vœux solennels; celles de Paris ne font que des vœux simples ; celles de La Rochelle, qui ont embrassé l'état régulier, reçoivent parmi elles des *séculières associées*, engagées aux mêmes obligations, excepté la clôture et les vœux solennels.

Les hospitalières de Saint-Joseph [2], instituées à la Flèche en 1642, pour desservir les hôpitaux, ne faisaient que des vœux simples, et encore ne les faisaient-elles qu'après avoir passé huit années dans la congrégation. Elles s'engageaient alors pour un an ou pour trois. Les maisons de cet ordre se multiplièrent à l'in-

[1] *Dictionnaire des ordres religieux*, colonnes 696, 697, etc.
[2] *Dictionnaire des ordres religieux*, colonne 702, etc.

fini ; mais comme la plupart des sœurs quittaient la confrérie pour rentrer dans le monde, en 1659, seize ans après la fondation, on établit la stabilité. Nos sœurs protestantes, en général très fidèles à leur vocation ne donnent pas ce souci à leurs directeurs. La congrégation de la Flèche, souche de toutes les autres, ne céda qu'au bout de trente-quatre ans ; ce fut la mère des Essarts qui de force établit la stabilité dans ses constitutions.

Les sœurs de la Charité [1]. — En 1617, Vincent de Paul organisa dans plusieurs paroisses de France des associations de femmes zélées pour les bonnes œuvres ; ces femmes, appartenant à toutes les positions, mariées, célibataires, filles ou veuves, soignaient les pauvres et les malades ; elles se réunissaient tous les mois pour résumer leurs travaux et pour en rendre compte au fondateur.

Vincent de Paul établit la même œuvre à Paris ; mais là, comme il s'agissait de grandes dames déjà gâtées par la spécialisation que crée partout la communion romaine, on estima qu'elles ne pouvaient *elles-mêmes* assister les malades et les pauvres ; on résolut donc de leur procurer *des servantes* qui pratiquassent la charité à leur place et sous leurs ordres.

Vincent de Paul proposa cet humble emploi aux femmes de campagne qui composaient les associations chrétiennes qu'il avait créées dans les villages ; plusieurs de ces femmes vinrent à Paris. Une fois arrivées, et après quelques années d'expérience, il parut bien plus *commode* de les réunir en *communauté*. Cela se fit en 1633, seize ans après la formation des associations libres. On leur donna pour directrice ma-

[1] *Dictionnaire des ordres religieux.* Tome Ier, colonnes, 810-823.

dame Legras, veuve, qui rendait à Vincent de Paul une *obéissance si parfaite qu'elle n'entreprenait rien que par ses avis et par son ordre*, le regardant comme le ministre et l'interprète des volontés de Dieu.

Les dames de Paris visitent donc les malades dans les hôpitaux, les femmes de la campagne vivant en communauté sous la direction de madame Legras, les servent; il n'y a ni vœux, ni engagements, ni règlements, et des institutions analogues couvrent bientôt la France.

Vingt-deux ans après, pas avant, Vincent de Paul et madame Legras, qui seule avait fait des vœux, dressent des statuts, et font approuver la congrégation; on en nomme les membres : *servantes des pauvres*.

Elles sont nourries dans les hôpitaux; elles *perçoivent chacune un modique salaire*. Elles payent à leur entrée une petite somme pour leur premier habit et leur ameublement. Tout ce qu'elles ont apporté leur est rendu si elles sortent, en espèces ou en valeur. Elles restent en possession de leurs capitaux et de leurs revenus. Elles passent six mois au séminaire, après quoi elles prennent l'habit de l'ordre, font cinq ans d'épreuve et sont admises aux vœux simples *seulement pour un an*. Elles renouvellent ces vœux selon qu'il leur convient, après en avoir obtenu la permission de leurs supérieurs. Elles sont envoyées dans diverses localités ou rappelées par la direction de laquelle elles restent dépendantes tant qu'elles demeurent dans la confrérie.

La supérieure élue pour trois ans est rééligible.

On le voit, la ressemblance est parfaite. Des deux côtés, même organisation, même respect apparent de la liberté, mêmes principes monastiques : obéissance, célibat ; et je n'ajouterai pas même renoncement au salaire, car les sœurs de la Charité, que madame Fry semble avoir prises pour modèle de ses *nursing sisters*, ne sont point si avancées que les nôtres, elles reçoivent de modestes émoluments. — Des deux côtés il y a séparation d'avec la vie normale, règle humaine substituée à la règle divine, engagement déclaré ou déguisé mais toujours positif, abdication de la liberté, de la responsabilité, costume, perfection supra-biblique ; des deux côtés il y a un ordre conventuel créé par l'esprit conventuel.

Les catholiques revendiquent l'ordre de Saint-Joseph et l'ordre de la Charité comme les deux plus beaux fleurons de leur organisation monastique ; nous ne pouvons de notre plein gré les en détacher : ils lui appartiennent par le fait, par l'histoire, par l'idée, ils en sont une des mères branches.

Avant d'examiner les statuts de la corporation parisienne fondée au sein du protestantisme, nous jetterons un coup d'œil sur les débuts de l'œuvre. Elle a fait comme les autres, elle s'est hâtée d'exister avant de se définir. Point de rapports, quelques feuilles volantes, une maison de santé des plus modestes, une carrière ouverte aux existences inutiles dont les devoirs ordinaires ne voulaient pas, quelque chose de très petit, de très humble, de très défiant de soi, qui cherchait à se faire accepter, qui écoutait respectueusement toutes les objections, qui reconnaissait tous les dangers, qui comprenait tous les doutes, qui ne demandait qu'à vivre dans l'ombre et qui se déclarait prêt à recevoir tous les conseils.

Cependant, dès le commencement, les constitutions étaient nettement définies; en 1842, un an après la fondation, les créateurs de l'ordre pouvaient dire : [1] «*La discipline, telle que nous l'avons conçue*, s'est établie et maintenue de la manière la plus facile et la plus édifiante.»

On manifestait l'intention d'appliquer avant tout les diaconesses au service des malades, mais déjà l'on prévoyait le cas où l'arrivée de *jeunes sœurs*, ouvrirait à la corporation la carrière de l'enseignement.

Les fondateurs s'étaient procuré des documents sur l'organisation intérieure de Kaiserswerth ; ils avaient reçu de madame Fry des renseignements sur *les sœurs de la Charité* ; ils s'étaient mis en relation avec le créateur de la maison de Strasbourg, afin d'imprimer une même tendance à la marche des deux établissements. L'esprit monastique de Kaiserswerth, on le verra, l'a emporté d'emblée sur l'esprit plus libéral de l'institution des *nursing sisters*.

L'œuvre de Paris ne voulait et ne veut que des croyantes, mais comme elle juge de la foi *par la pratique*, et que la pratique dans une institution de ce genre, c'est avant tout l'acceptation de la règle d'obéissance ; le cercle des aptitudes s'élargit.

L'âge d'admission était alors fixé de vingt-un à quarante-cinq ans. On l'a abaissé.

Les sœurs passaient par deux degrés avant de devenir diaconesses ; celles du premier s'appelaient *aspirantes*, celles du second se nommaient *novices*. On n'a pas changé la chose, on a modifié la dénomination ; les novices sont devenues des *adjointes*.

Il y avait un engagement, cet engagement était de deux ans et pouvait se renouveler de deux ans en deux ans. — On a rayé le mot d'engagement que la critique

[1] Troisième rapport des diaconesses de Paris. 1842.

avait rendu suspect, mais grâce aux bourses et demi-bourses, l'attache subsiste.

Les sœurs employées aux divers travaux pour lesquels on leur reconnaissait de l'aptitude devaient « *s'y dévouer avec une obéissance entière.* » Cet article dont le fond est resté le même, exactement, a été modifié dans la forme.

Les sœurs payaient une pension de 500 francs par an pendant la durée de l'aspirance et du noviciat. — On a fixé le taux de la pension à 400 francs, et la création des bourses et demi-bourses substituées à l'engagement, a changé la teneur de l'article sans changer le fait.

L'institution commençait avec cinq personnes, tant supérieure qu'aspirantes.

Dès l'année 1843, on ouvrit, outre la maison de santé, une infirmerie pour les enfants, un refuge, un disciplinaire et des écoles. Sur dix sœurs qui étaient successivement entrées, deux avaient quitté la corporation, une était morte, et l'on avait dû éliminer la quatrième. Cependant il en restait douze sur lesquelles trois seulement portaient le titre de diaconesse[1].

On avait abaissé à trente-cinq ans la limite supérieure de l'âge d'admission.

Trente-cinq ans est le moment d'ordinaire, où la vie se dessine nettement, où elle prend son cours définitif, où les devoirs sont classés, où l'avenir probable se fait moins obscur, où l'on sait à peu près si l'on est libre ou non d'appliquer ses forces à une œuvre extérieure. C'est à cet âge qu'il aurait fallu fixer l'entrée. Mais trente-cinq ans est l'âge du bon sens, c'est l'âge de la saine appréciation de toutes choses ; je ne veux pas me répéter, je dis seulement qu'à trente-cinq ans on ne

[1] Quatrième rapport des diaconesses de Paris. 1843.

risque guère d'échanger la règle divine dont on expérimente chaque jour la sagesse, contre une règle humaine dont on craint d'expérimenter à ses dépens la folie; je dis qu'à trente-cinq ans on ne se fait guère sœur, que si on se fait sœur on apporte avec soi des habitudes de juste raisonnement qui gênent fort la direction; et j'ajoute que c'est pour cela qu'au lieu de s'ouvrir à trente-cinq ans, c'est à trente-cinq ans que se ferme pour les femmes l'entrée à la carrière de sœur protestante : c'est une infraction au dessein primitif des fondateurs, c'est une nécessité du principe qui les mène.

Les sœurs avaient des *aides* (servantes), qu'elles venaient de renvoyer, et qu'elles ont reprises.

On parlait déjà d'appliquer les sœurs à l'instruction primaire.

Toutes les sœurs, excepté les trois diaconesses en titre, jouissaient de bourses ou de demi-bourses.

A la même époque, *la sœur supérieure* et les fondateurs de l'établissement publiaient un *appel aux femmes chrétiennes* [1], dont il faut extraire quelques morceaux.

«... Nous venons à vous, *jeunes chrétiennes que les devoirs de famille ne réclament pas*, et qui, ayant connu l'amour infini dont vous avez été aimées, êtes prêtes dans votre gratitude à consacrer à Jésus-Christ votre temps et vos forces! Nous venons à vous qui gémissez *sous les mille servitudes où vous retient le monde... à vous qui vous débattez au milieu des entraves qu'il met à votre activité religieuse*... à vous qui, absorbées par *les détails matériels de votre existence, avez à peine un instant à donner au Seigneur, quand vous voudriez ne vivre que pour lui*... à vous, enfin, qui depuis si longtemps avez faim et soif de cette vie chrétienne *que rien à l'intérieur n'interrompt*,

[1] Annexé au rapport de 1843, daté de juin 1843.

que rien à *l'extérieur ne trouble*, où le don *entier* de soi-même à Dieu *est l'offrande de chaque jour.*»

Je ne sais pas si l'on mesure bien la portée d'un tel discours, adressé par des chrétiens d'élite à de jeunes filles inexpérimentées, brûlant de ce zèle qu'allume la foi naissante dans un cœur ignorant; souvent égoïstes de cet égoïsme que crée la passion, même quand elle est désintéressée; rêveuses comme on l'est à vingt ans; lasses des jougs vulgaires et des tâches quotidiennes comme on l'est à l'aube de la vie, quand l'avenir se balance incertain et tout voilé par des nuées que le soleil levant colore de sa pourpre. C'est à ces jeunes filles-là que vous parlez avec un certain mépris des *détails matériels* qui absorbent leurs facultés avec leur temps, c'est à elles que vous présentez l'appas de la sainte vie *monastique* contrastant avec la vie *du monde;* c'est devant leurs yeux que vous étalez les douceurs d'une existence que *rien à l'extérieur ne trouble*, que rien à *l'intérieur n'interrompt*, où le *don entier de soi-même à Dieu est l'offrande de chaque jour*; c'est devant leurs yeux que vous l'opposez *à ces mille servitudes, à ces entraves, à ces détails matériels* de la vie normale, qui nous laissent à peine *un instant pour le Seigneur.* Certes ni M. de Rancé, fondateur de la Trappe, ni M. de Sales, fondateur de la Visitation n'ont mieux dit. Ils avaient comme vous cette certitude de la supériorité du *don de soi-même* fait dans une corporation, sur le don de soi-même fait dans la vie ordinaire; ils pensaient comme vous que si la consécration au sein de l'existence normale est un accident très rare et fréquemment contrarié, elle est dans la vie religieuse un événement quotidien, *l'offrande de chaque jour.*

Tout pour la gloire de Dieu! ont dit Jésus et les apôtres qui regardaient au cœur : — Sans doute!

leur répondez-vous avec les Pères monastiques, cependant il y a des actes qui constituent bien mieux que d'autres le service de Dieu, et les chrétiens qui s'appliquent exclusivement à ces actes-là sont des chrétiens mieux consacrés que les autres. — M. de Rancé, M. de Sales insistaient comme vous sur cette paix de la vie religieuse que rien à *l'extérieur ne trouble,* que rien à *l'intérieur n'interrompt;* ils étaient persuadés avec vous que le fait de la vocation chasse les tentations de l'ennemi, ils étaient convaincus que les devoirs naturels, que les conditions de l'existence telle qu'elle est nous troublent d'une manière fâcheuse, et comme vous ils exhortaient les jeunes chrétiennes que ne réclamaient aucuns devoirs de famille, à venir dans leurs couvents pour s'y appliquer au soin des pauvres. Les jeunes filles qu'ils appelaient ainsi n'étaient pas des orphelines. Non, elles avaient, elles ont pour la plupart un père, une mère, des frères et des sœurs, des parents âgés, des familles à soutenir de leur travail; mais qu'est-ce que cela!... est-ce que cela constitue vraiment des devoirs de famille?... est-ce que ce service-là réclame impérieusement la jeune chrétienne?

Si elle peut le croire, si elle éprouve quelque hésitation qu'elle écoute encore.

: « — Nous venons à vous *au nom du Seigneur*, et nous vous disons : *Le Maître vous appelle* : » Qui oserait résister quand *le Maître* appelle; le Maître n'est-il pas Celui qui a dit : Quiconque aime son père ou sa mère plus que moi n'est pas digne de moi?

: « — Venez et vous éprouverez que mon *joug est aisé et mon fardeau léger.* » — Oh c'est cela, je ne saurais m'y tromper; oui la vocation de sœur, oui le règlement de l'institution, c'est bien là le joug, c'est bien là le fardeau du Sauveur!

« — Venez et vous éprouverez qu'il y a paix et bonheur à marcher sur les traces, dans les sentiers de *l'obéissance* et du *renoncement !* » — C'est clair, c'est évident, mon Sauveur a renoncé aux délices du ciel, moi je dois renoncer aux délices *de la maison paternelle;* mon Sauveur a obéi à son Père, moi je dois obéir à la Supérieure; si j'ai des doutes, ces doutes viennent de Satan, d'où viendraient-ils puisque c'est Christ qui parle !

« — Hésiteriez-vous à vous faire *servantes* sous Celui qui, pour vous sauver, s'est fait *serviteur?* Craindriez-vous de *trop donner* à Celui qui s'est donné lui-même pour vous? Vous serait-il pénible *d'obéir* pour l'amour et le service de Celui qui, dans l'œuvre du rachat des âmes, s'est *fait obéissant* jusqu'à la mort de la croix !... Ah ! *si vous l'aimez*, si vous comprenez quelle est la part *qu'il veut faire vôtre*, vous *répondrez* à cet appel !

« — Si je t'aime, mon Sauveur? si j'hésite; pourrais-tu le croire ! Tu me parles bien de certains devoirs qui peut-être enchaînent ma vie; mais ma vie est-elle plus enchaînée que la vie des autres jeunes filles? Toutes, à très peu d'exceptions près, ont comme moi des parents, et si cela me retient, qui répondra? Craindrais-je de te *trop donner !* Mon père, ma mère me détournent de cette vocation, mais mon père, mais ma mère sont-ils convertis? Comprennent-ils la gravité de l'appel de Jésus, la valeur de cette *part* que Jésus veut *faire mienne.* Les répugnances qu'ils témoignent ne sont-elles pas justement ces *discours du monde* par lesquels je ne dois pas me laisser arrêter? Oh j'obéirai, *j'obéirai jusqu'à la mort de mon orgueil.* Et que risqué-je d'ailleurs, est-ce une œuvre d'invention humaine à laquelle on m'invite; serait-ce une œuvre romaine, comme quelques-uns l'ont osé dire?... non « c'est *l'œuvre évangélique qui se faisait sous* les apôtres, *par des veuves,* » par *Phœbé, diaconesse,* par *Tabitha,* Supérieure des veuves; toutes ces femmes, et Marie, et Tryphène, et Tryphose, et Perside, étaient à ce qu'il paraît des sœurs de la Charité, vivant en communauté sous la règle d'obéissance, vêtues d'un costume qui annonçait leur sainte vocation, professant une évangélique pauvreté. Ce qu'elles ont fait, je veux le faire; je ne m'arrêterai ni *aux objections* ni *aux difficultés de détail;* on me dit : « Regardez au ciel, regardez au Maître... suivez sa voix si elle parle à votre cœur! » — Oui, mon Seigneur et mon Dieu, je regarde à toi seul, ta voix a pénétré mon âme; parents, adieu! adieu, travail vulgaire! vie mondaine d'un égoïste cœur qui voudrait battre pour les terrestres émotions, adieu! me voici, je charge ton fardeau, Jésus, je prends ton joug, je me fais *sœur.*

Et maintenant que la voilà décidée, cette jeune chrétienne qui a pris au sérieux l'appel de la Supérieure et des fondateurs de l'institution de Paris; nous allons examiner à quels règlements (règlements extérieurs, ne l'oublions pas) elle se verra soumise.

Ces règlements reposent sur des *Principes fondamentaux.*

PRINCIPES FONDAMENTAUX.

[1] Les diaconesses qu'instituent les fondateurs sont les diaconesses de la *primitive* Eglise. — On n'a pas osé mettre de l'Eglise *apostolique.*

Les fondateurs ne veulent admettre que des personnes ayant la foi. Cependant, les fondateurs pressentent là un principe tyrannique à la façon de tous les principes;

[1] Règlements de l'institution des diaconesses de Paris. Principes fondamentaux, page 85.

ce principe restreint infiniment le cercle d'admission, et les fondateurs se hâtent d'ajouter que : comme il existe différents degrés dans la foi et dans la vie chrétienne, la pierre de touche à laquelle ils éprouveront leurs sœurs sera moins la connaissance religieuse que la vie active, que l'esprit *de renoncement* et *de soumission* qui est selon Christ.

Les sœurs devront franchir deux degrés avant de parvenir à celui de diaconesse. Les sœurs ne seront admises à ce dernier degré qu'après avoir acquis les connaissances et les *habitudes* nécessaires *pour en remplir les saints devoirs.* — C'est-à-dire que le temps du noviciat est à peu près *ad libitum.*

Les fondateurs qui n'ignorent pas quelle opposition rencontre leur institution, qui savent quels doutes elle soulève dans leur propre cœur, établissent sans le prouver, que leur création n'a d'autre base que l'Evangile, « quelque rapprochement qu'on puisse faire entre les usages d'une autre communion chrétienne et telle *ou telle mesure, telle ou telle expression* » qu'ils aient adoptée.

Les sœurs de Rome *se dévouent pour se sauver*, les leurs se dévouent par reconnaissance pour Celui qui les a sauvées. — Voilà une assertion fort inexacte. J'ai souvent interrogé des sœurs catholiques sur ce point, et la plupart m'ont affirmé que le motif de leur vocation était le pur amour. Je ne sais si Port-Royal, par exemple, Port-Royal monastique, étroit, conventuel au delà des bornes; Port-Royal qui réformait tous les monastères de son ordre, les amenant *par force* à une règle extraordinairement rigoureuse; je ne sais si Port-Royal martyr de la *justification par la grâce*, se dévouait pour acheter le salut? — La rédemption *par les œuvres*, il faut le redire ici, est une conséquence de l'esprit monastique, ce n'en est pas le principe. L'idée du mérite des œuvres se dégage peu à peu de l'idée d'une sainteté particulière, elle ne la précède pas. Elle en sort progressivement, d'abord vague, comme une vapeur qui monte de quelque bouillante chaudière, puis elle se dessine mieux, puis elle se condense, puis elle se formule, puis elle se fait dogme. Quiconque établit en dehors de l'Ecriture une perfection ultra-scripturaire, monopole des forts, celui-là pose dans son Eglise la première pierre de l'édifice monstrueux qu'on appelle *mérite des œuvres*. Vous avez beau vous en défendre, vous l'avez fait; vous marchez sur le tranchant d'un sabre, et ce sabre vous l'avez posé sur un abîme; vous vous croyez le pied sûr, mais si l'on y regardait bien, on verrait que tel qui pense être encore debout, a déjà roulé jusqu'au fond.

Point de vœux! — Pas plus que dans maintes corporations romaines, pas plus que dans l'ordre religieux de miss Sellon. Pas plus et pas moins. Toute vocation qu'on déclare sainte, est une vocation qui lie les âmes délicates.

Point de pauvreté. — Pas plus que chez les sœurs de Saint-Joseph, pas plus que chez les *sisters of Mercy*; plus que chez les sœurs de la Charité, qui reçoivent un salaire.

Point d'obéissance. — Ici, le développement veut être reproduit : Point d'obéissance, car les sœurs « ne restent dans l'association et *sous la règle qui est instituée* qu'autant que leur conscience le leur permet. » Cela me semble un peu naïf : Il n'y a pas d'*obéissance* chez nous, car s'il ne vous convient pas d'obéir, vous pouvez vous en aller. C'est exactement ce qui se passe dans l'ordre de Saint-Joseph, dans l'ordre de la Charité, dans l'ordre de la Mercy, et c'est ce qui indigne l'Angleterre évangélique. Ajoutons que c'est ce qui se passe dans toutes les corporations de la France depuis l'abolition des vœux perpétuels. Je ne sais, mais il me semble que la preuve de l'indépendance individuelle au sein de nos corporations, reste encore à faire.

Pas de célibat! Argument de même force : Car « les diaconesses, vu la nature des services qu'on attend d'elles, *ne peuvent être choisies que parmi les femmes non mariées.* » En voilà l'aveu libre et franc. « L'institution loin de rehausser le célibat, *honore le mariage!* » Elle le considère même comme une des causes de démission qu'elle approuve.

Reprenons le raisonnement : Il n'y a pas de célibat chez nous, car si l'une de nos sœurs se marie, nous la renvoyons! — Nous élevons le mariage officiellement, parce que nous le trouvons excellent sans doute, et puis parce que nous sentons bien qu'un des gros vices de notre institution est là, dans cette terrible question du célibat. En revanche, nous célébrons la vie de sœur, cette vocation exclusive du mariage comme la vie consacrée par excellence ; c'est le cri de notre cœur, nous y revenons sans cesse, le reste n'est qu'un correctif, qu'une suite de déclarations *ad hoc,* commandées par l'extrême péril de notre situation. Oui nous honorons le mariage, oui si la critique nous y contraint nous marierons très volontiers une, deux, trois diaconesses dans le cours de quatorze années; mais les marier toutes, mais en marier le plus grand nombre comme cela se ferait naturellement si la vie suivait son cours ordinaire, oh! cela, non! Vous n'y pensez pas; il faudrait fermer notre maison, notre institution ne serait plus qu'une école normale, nous en serions réduits à nous traîner sur le tracé apostolique, il faudrait nous contenter des vieux principes de l'Evangile et de la Réforme! Non, non, nous voulons autre chose, nous vous l'avons dit, nous voulons quelque chose de nouveau, nous voulons faire un emprunt à cette Rome trop dédaignée, nous voulons : *réintégrer* (lisez *introduire*) dans nos Eglises, pour les œuvres de charité active, la vie *en commun* et l'emploi des dévouements individuels *sous une même direction* [1]. » — On ne peut pas être plus explicite.

Point d'engagement, même temporaire. — Nous réservons l'examen de cette assertion à l'article des bourses et demi-bourses.

Point de cloître. — Ni plus, ni moins que dans la plupart des ordres religieux catholiques.

Point de domination sur les consciences! Et ici une raison de la force des précédentes : « Dieu seul ayant le pouvoir d'agir sur elles et d'y lire, a seul le droit de les dominer. » — Le droit est certain, les supérieurs catholiques l'établissent aussi nettement que vous. Seulement, autre chose est le droit, autre chose est le respect du droit. Or il est impossible que dans la carrière de sœur, que dans une vocation qui entraîne la consécration absolue de la vie avec l'entière soumission des volontés; la conscience ne soit pas habituellement dominée. L'autorité fait la base de votre institution, vous êtes contraints d'exiger l'obéissance, forcés de l'ériger en vertu, votre machine ne marche qu'à ce prix, vous décidez des aptitudes, vous faites faire abdication de leur jugement individuel à vos sœurs, vous les appliquez à tel ou tel emploi selon qu'il vous convient, vous jugez de la légitimité des demandes de congé ou des causes de sortie, vous avez assumé une responsabilité dont Dieu ne veut pour aucun homme, et vous seriez

[1] Troisième rapport. 1842.

certains de n'avoir jamais attenté à la liberté de conscience! Vous errez de bonne foi, mais vous errez. Il est impossible que votre corporation se soutienne trois jours sans que vous pesiez à quelque degré sur la conscience de telle ou telle sœur, novice, aspirante ou diaconesse.

Vous ne faites, dites-vous, que ce qu'un père fait à l'égard de ses enfants. Qui vous a créés *pères* ici? Vous-mêmes. Prenez garde, c'est justement une tentation pareille que Jésus prévoit quand il dit : N'appelez personne *votre père.* —Vous avez dépossédé les pères temporels pour vous faire pères spirituels; avec quelque tendresse, avec quelque délicatesse que vous le soyez, vous l'êtes malgré Dieu qui ne veut pas que vous le soyez, et l'étant, *vous dominez les consciences.*

Point de tyrannie sur les volontés; où est l'Esprit du Seigneur là est la liberté. — Quelle sorte de liberté; celle d'user pleinement en toutes circonstances du bon sens, du jugement individuel; celle de ne pas rester dans une éternelle enfance; celle d'agir en chrétien qui n'a d'autre directeur que son Rédempteur; celle d'examiner toutes choses, éloignant ce qui est mauvais et retenant ce qui est bon? Une phrase assez significative, malgré les circonlocutions, va nous l'apprendre. La liberté dont il s'agit, celle qu'on promet aux sœurs, n'est point « cette liberté qui *est selon l'homme charnel* (la liberté de se conduire selon les lumières de la Révélation, du Saint-Esprit et de la raison); mais cette glorieuse liberté des rachetés de Christ qui ne devient point un prétexte pour mal faire; (mal faire, c'est être en doute sur la légitimité d'un ordre ou y résister); mais un moyen de se conduire comme des serviteurs de Dieu, instruits par lui-même à s'assujettir *les uns aux autres par la charité*; (les uns aux autres, cela veut dire *tous à la supé-*

rieure; comme *se confesser les uns aux autres,* c'est, dans le même esprit romain, se confesser au prêtre.)

Voici qui va jeter plus de lumière sur la nature de la liberté soigneusement réservée aux sœurs.

: « C'est par cette charité que nos sœurs *s'assujettiront à l'autorité établie dans l'œuvre,* car sans autorité, l'ordre ne peut être durable dans aucune société. Et cette soumission, *entière il est vrai,* mais libre, consciencieuse, raisonnée, à des statuts qui dominent et celle qui dirige et celles qui *obéissent*, deviendra la *garantie de la vocation des sœurs,* et de *la durée de l'association.* » — Reprenons par ordre ces points importants.

L'autorité établie dans l'œuvre.—Qui a établi cette autorité? On ne nous le dit pas. Serait-ce Dieu, oseriez-vous le déclarer? Non. Si ce n'est pas Dieu, c'est donc l'homme; l'homme qui l'a fait par une usurpation directe sur la souveraineté de Dieu, sur les droits de l'individu; et si c'est l'homme, si c'est une usurpation de l'homme, comment exigez-vous une obéissance *consciencieuse!*

Cette soumission, *entière il est vrai,* sera *libre, raisonnée.* — Qu'est-ce que cela veut dire? Vos sœurs seront-elles *libres* de discuter un ordre, *raisonneront-elles* sur une injonction, et si cela leur est défendu, que signifie l'exercice de leur liberté et de leur raison?

L'obéissance est envers les statuts, et ces statuts *dominent et celle qui dirige et celles qui obéissent.* — Les plus rigoureuses lois des ordres religieux les plus despotiques ne disent rien d'autre. Elles aussi parlent de soumission consciencieuse et raisonnée; elles en parlent au jésuite comme elles en parlent au trappiste. Elles lui disent que l'obéissance n'est pas envers le supérieur mais envers la règle. Le supérieur n'est que la main du souverain, et le souverain, c'est la règle; le supérieur vit à la chaîne comme les autres; roi dans les fers, interprète responsable, à genoux aux pieds de ceux qu'il dirige : tous esclaves, esclaves par acte de suprême indépendance. C'est librement que le jésuite, c'est librement que le trappiste fait tous les jours abdication de sa volonté ; c'est par un mouvement consciencieux et raisonné de son âme qu'il renonce à raisonner et qu'il remet sa conscience aux mains d'un autre. Saint Ignace et M. de Rancé citent l'Evangile de la même manière que vous; comme vous ils écrivent en grosses lettres sur la porte de leurs couvents : « Mes frères, vous avez été appelés à la liberté, seulement ne prenez pas de cette liberté un prétexte pour vivre selon la chair! assujettissez-vous les uns aux autres! »

Et cette soumission deviendra la garantie de la vocation. — C'est évident. Sans cette obéissance-là, obéissance envers l'homme, absolument opposée à l'obéissance biblique qui est envers le Seigneur et les pouvoirs institués par le Seigneur, point de sœurs.

Aussi vous avez raison de rattacher la durée de votre institution au maintien d'une pareille loi. Telle qu'elle est, elle ne subsisterait pas une heure avec le régime de saine indépendance que Dieu veut à ses enfants. La liberté la tuerait. Votre institution supporterait qu'on lui ôtât même le renoncement au salaire, même le costume, même le célibat : l'obéissance absolue, jamais. Du reste, le célibat est inhérent à l'obéissance; l'autorité conventuelle ne s'exercera jamais qu'à de très rares exceptions sur des individus mariés.

Vous nous montrez les diverses œuvres chrétiennes et vous dites que toutes elles réclament une certaine obéissance. — Oui, une *certaine*, mais non la soumission enfantine que vous exigez de vos frères et de vos sœurs. On obéit dans les limites très larges de la raison et de la pleine possession de soi, au comité directeur de l'œuvre des missions, à celui de l'évangélisation. Employé à ces œuvres-là, on se marie, on se gouverne, on va, on vient sans bout de chaîne; on est homme ou femme indépendante, on n'est pas enfant à la lisière. L'obéissance est exigée dans les écoles normales; mais on traverse l'école normale, on ne s'y fixe pas; l'autorité cesse dès l'heure nettement déterminée de la sortie. L'école est une école, c'est-à-dire un établissement essentiellement transitoire; les élèves y entrent très jeunes, y passent rapidement, y achèvent une éducation qui, terminée, les laissent en face de tous les devoirs et de tons les droits d'hommes faits. L'institution monastique est définitive, les frères et les sœurs y arrivent enfants, ils y *restent enfants;* l'âge de l'assujettissement y dure toute la vie; et tandis que Dieu nous a tous destinés à arriver à l'âge de la force, au plein développement de toutes nos facultés, à la direction de nous-mêmes, tandis qu'il nous veut pleinement émancipés; l'institution monastique nous retient dans les langes, elle nous veut éternellement débiles, éternellement mineurs; elle établit une sainte et perpétuelle tutelle des âmes, des intelligences et des volontés.

Le but, on ne s'en cache pas, nous l'avons déjà dit, le but de la création, c'est d'inoculer à nos Eglises l'emploi *des dévouements individuels sous une même direction;* l'institution donc « formera et *dirigera* ces femmes chrétiennes qui se seront faites volontairement *servantes du Seigneur* pour le soulagement de toutes les misères *spirituelles et temporelles.* » — Le champ est vaste, il ne s'agit de rien moins que de l'envahissement pur et simple de toutes les œuvres qui s'accomplissent partout et qui se sont partout accomplies sans le principe monastique.

Ici se terminent les principes fondamentaux. Abordons les statuts ; ceux des statuts du moins, qui méritent une attention particulière.

EXTRAIT DES STATUTS.

[1] L'œuvre est extérieurement dirigée par un conseil, composé des fondateurs, des fondatrices, et de la supérieure, seule sœur admise dans ce comité qui fait les règlements, décide toutes les questions importantes, prend et exécute toutes les mesures. Les sœurs n'ont pas même voix au chapitre, pas un mot à dire, pas une observation à faire ; elles n'ont aucune garantie contre l'autorité de la supérieure.

Un comité de surveillance formé par le choix du conseil de direction, veille au maintien des principes, à l'observation des statuts et à l'examen des comptes ; les membres de ce comité qui sortent de six en six ans sont rééligibles, ce qui équivaut à dire qu'ils ne sortent pas du tout.

En résumé, l'œuvre est gouvernée par ceux-là justement qui l'ont créée, et surveillée par leurs amis. Ce n'est pas très rassurant.

L'institution (art. 2) appartient aux Eglises protestantes de France. — C'est un don qu'elles n'ont pas demandé, qu'on leur impose, et que la plus grande partie d'entre elles repousse en fait, les unes par leur opposition déclarée, les autres par leur froideur, plusieurs par la *réintégration* dans leur sein, du véritable diaconat apostolique.

Art. 16. La sœur directrice est établie *en autorité*, pour faire observer les statuts et *règlements* (il y a donc des règlements intérieurs), sans qu'il lui soit permis

[1] Statuts, art. 3, 4, 6.

d'y rien retrancher ou ajouter de son chef. — Mot pour mot les attributs des supérieurs de couvent.

Art. 17 : « C'est en elle, en tant que déléguée du conseil, que se *résume pour les autres sœurs toute l'autorité agissant visiblement dans l'œuvre.*

Art. 18. Une autre sœur, *choisie par la supérieure*, acceptée par le conseil, lui est adjointe sous le titre de *sœur suppléante.* Elle reste sous l'autorité immédiate de la supérieure, qui lui confie telle partie de la direction qui lui convient.

Art. 19. La sœur *suppléante peut être maintenue dans sa charge*, elle peut être appelée aux réunions du conseil, mais sans voix délibérative.

On voudra bien remarquer qu'il n'y a pas jusqu'ici l'apparence d'une garantie pour les sœurs ; on chercherait en vain celles même qu'assurent à leurs religieuses, les règles des ordres romains. Dans ces dernières, ce sont les sœurs qui élisent la supérieure ; elles tiennent chapitre, elles proposent des modifications à la règle que plus tard elles soumettent à l'approbation de l'autorité ecclésiastique. Ici, rien de semblable ; le conseil s'est nommé lui-même, il a nommé la supérieure, il a nommé les membres du comité de surveillance, il prend les décisions, il fait les règlements ; le rôle des sœurs est fort simplifié, elles *subissent*, voilà tout.

Art. 20. On ne peut être admise dans l'association que de vingt et un à trente-cinq ans.—Vingt et un ans était un âge bien tendre pour tourner visage à la vie normale et à ses devoirs. On ne l'a pas trouvé, et voici qui ouvre la porte aux vocations précoces : « Il s'agit ici d'admission à l'emploi de *diaconesse* et non de *l'entrée dans la maison pour s'y former. On peut être reçue avant vingt et un ans* sur la demande de sa famille. » — Il n'est rien de tel que de s'entendre. Point d'admission avant vingt et un ans, mais si les parents le veulent, s'ils trouvent utile, chargés qu'ils sont d'enfants, de profiter des demi-bourses ou des bourses libéralement offertes, ils peuvent envoyer dès l'âge de seize ans leur fille à la maison mère; on l'y *préparera* sœur, et ce sera un souci de moins pour les parents. Ces vocations-là peuvent sembler un peu improvisées, un peu mal mûres, mais l'exercice donnera le goût; puis on est plus sûr de posséder le fruit quand on le cueille vert.

Art. 22. A son entrée, la postulante devient sœur aspirante; elle le demeure pendant six mois *au moins.*

Art. 23. *Lorsqu'on lui a reconnu les dispositions nécessaires pour passer sœur adjointe* (novice), elle doit en remplir les fonctions pendant un an *au moins.*—Partout l'arbitraire dans l'appréciation des dispositions nécessaires pour passer d'un degré à l'autre, comme dans la fixation de la durée du temps d'épreuve.

Art. 24. Ce n'est qu'après ces dix-huit mois d'essai, et connaissance *mûrement acquise de ses devoirs,* qu'elle peut, par *délibération du conseil,* être admise à l'emploi de diaconesse.

Art. 25. Lorsqu'une sœur n'est pas *reconnue capable* de passer *d'un degré à l'autre,* elle est soumise à *un nouveau temps d'épreuve qui ne peut durer moins de trois mois.* — On ne dit pas au delà de quel terme l'épreuve devra s'arrêter, et voilà où est le mal. Il est clair que toute école a le droit de faire passer des examens, il est clair que tout élève qui manque ses examens a le droit de redoubler son année, il est clair que les classes redoublées et l'inaptitude constatée, les directeurs de l'école ont le droit de renvoyer l'élève. Mais dans tout établissement normal, ce temps d'étude est rigoureusement fixé, il ne dépend de l'arbitraire de personne;

c'est une règle connue de tous, identique pour tous; elle ne prête dans aucun sens; les examens décident, rien qu'eux; les proviseurs, les directeurs ne peuvent ni éloigner ni rapprocher à leur gré les limites. Ici au contraire, si le *moins* est fixé, le *plus* ne l'est pas; le temps de noviciat durera un an *au moins*, le temps d'épreuve ou de redoublement ne pourra durer *moins de trois mois;* on ne nous dit point à quel temps il s'arrêtera, et comme il y a une question de finance au bout, question énorme puisqu'elle engage la liberté de la sœur; l'affaire est très grave. Et voyez un peu quelle puissance l'élasticité de votre période d'épreuve donne à la supérieure, le seul membre de la communauté qui fasse partie du conseil : une velléité d'indépendance, de résistance, un doute émis, une répugnance manifestée, le simple bon sens qui s'émeut, la spontanéité qui se réveille..... Bon! vous n'êtes pas mûre, vous n'avez pas encore les *dispositions nécessaires*, encore trois mois, encore six mois avant de passer *sœur adjointe*! mêmes retards pour passer *diaconesse* ! et la pension court, ou la bourse, ce qui revient au même!

Art. 26. Les sœurs portent un costume uniforme, qu'elles prennent seulement en devenant *sœur adjointe.* — Comprenez-vous la solennité de cette prise d'habit? En mesurez-vous l'influence? Je vous affirme que le cœur de ces pieuses femmes bat fortement le jour où elles revêtent votre robe monastique; elles sentent qu'elles font quelque chose de significatif, de très grave, elles sentent qu'elles prennent un engagement d'un caractère tout particulier; et, en effet, ce jour-là elles font un pas de plus, pas immense, hors de la simplicité évangélique.

L'article 27 renferme le catalogue des œuvres auxquelles les fondateurs destinent leurs sœurs. Ces œuvres sont toutes les œuvres, sans exception.— Souvenons-nous-en, c'est le conseil, d'après les avis de la supérieure qui seule est compétente en cette matière, puisque seule elle connaît bien les sœurs, c'est le conseil éclairé par la supérieure qui décide de leurs aptitudes; c'est le conseil qui applique l'une au soin des malades, l'autre au refuge, une troisième à la surveillance des enfants vicieux, qui envoie celle-ci et celle-là dans des postes éloignés; de là résulte une domination absolue contre laquelle les sœurs n'ont d'autre recours que leur rupture avec l'institution.

Art. 29. Chaque sœur, pendant la durée de son *aspirance* et de son *adjonction*, paye pension à l'association, à raison de quatre cents francs par an. — Le temps de l'aspirance, le temps de l'adjonction dépend absolument, quant à sa durée, du bon vouloir de l'autorité. Toute désobéissance doit nécessairement le prolonger puisque la *soumission entière*, *raisonnée*, *consciencieuse* figure au premier rang des dispositions requises. Toute résistance produit un retard, tout retard produit un accroissement de dépense, et si finalement la sœur ne passe pas diaconesse, il y a banqueroute. Je sais une personne que ce motif seul a forcée de prolonger son séjour dans la maison mère où l'on avait besoin d'elle. Elle avait, par son aspirance et son noviciat, contracté une forte dette envers la corporation; des répugnances prononcées l'empêchaient d'y entrer, l'impossibilité où elle était de s'acquitter, la délicatesse qui lui interdisait de partir sans payer, la retenaient esclave; de guerre lasse, le temps s'écoulant, la dette restant, elle s'est faite sœur. J'ignore quels sont les sentiments de cette chrétienne à l'heure qu'il est, je les ai fidèlement reproduits tels qu'ils étaient il y a quelques années, tels qu'elle me les a manifestés à plusieurs reprises.

Art. 31. Dans les cas exceptionnels, le conseil de direction accorde *des bourses* et *des demi-bourses.*

Art. 32. « Toute personne qui obtient une bourse ou une demi-bourse, *contracte. volontairement,* par cela même, *l'obligation morale* de se *dévouer comme diaconesse* au service de l'œuvre, pendant *quatre ans,* pour une bourse entière, et *deux ans* pour une demi-bourse. Si elle se sépare plus tôt de l'association, elle *doit chercher à l'indemniser* d'une manière ou d'une autre, selon que le Seigneur lui en fournira les moyens. » — Or voici ce qui se passe. La corporation se recrute dans les classes peu fortunées de la société ; la bourse, la demi-bourse est une amorce ; la bourse persuade plus aisément les parents de la vocation de leur fille de dix-sept ans ; la demi-bourse les fait plus aisément consentir à se priver de leur enfant, lorsque naturellement ils y répugnent et que c'est elle qui le veut. La bourse court un an, deux ans, peut-être trois ; si c'est une bourse entière, cela fait 1,200 francs à payer en cas de retraite ; si c'est une demi-bourse, cela fait 600 francs. Où les prendre ? Comment songer même à se les procurer ? Voilà deux ans, voilà trois ans pendant lesquels on n'a rien gagné, au bout desquels se trouve une vocation manquée ! Et l'on ira dire à des parents qui ont compté sur la corporation pour les soulager d'un enfant : Me voici, je n'ai pas réussi, je n'ai pas de vocation, ces règlements me semblent un esclavage, je ne vois rien de pareil dans l'Ecriture et je n'en veux pas ! Je n'en veux pas, mais je sors avec une dette de 400 francs, de 600 francs, de 1,200 francs ! Et avant tout, il faut que je me libère ; ma conscience me l'ordonne ; mes premiers gains iront là ; je mettrai sou sur sou afin de m'acquitter, ma paix intérieure n'est qu'à ce prix!

Et ce discours, assez mal reçu de parents qui se sont déchargés d'un enfant sur la corporation; on l'ira tenir à ce père, à cette mère qui n'ont laissé partir leur fille qu'à regret: — Me voici, père, me voici, mère; vous aviez bien raison, la consécration est partout où est le Seigneur; je me suis trompée, j'ai pris une invention d'hommes pour l'œuvre de Dieu; je reviens. Hélas! je reviens, avec une dette de 400, de 600, de 1,200 francs! Ne comptez pas sur moi, il faut avant tout que je rembourse à la corporation les frais qu'elle a faits pour moi; mes économies lui appartiennent pour trois, pour quatre, pour cinq ans!

Pensez-vous qu'à la pensée d'un tel retour, pensez-vous qu'à l'aspect de ces embarras inextricables, une novice de vingt et un ans ne sente pas son courage l'abandonner. Ne faut-il pas qu'elle soit douée d'une énergie inouïe, d'une netteté de vues bien rare chez les jeunes filles, pour marcher à la rencontre d'un blâme en tout cas certain de la part de sa famille, d'une série de difficultés presque insurmontables. Tandis qu'au début de leur carrière les jeunes filles appelées à gagner leur vie, si elles n'ont rien, au moins ne doivent rien; elle devra, elle, travailler sous l'oppression d'une dette considérable!

Mais je veux que l'aspirante ne profite ni de la bourse ni de la demi-bourse; je veux que ses moyens lui permettent de payer la pension de 400 francs tout entière; croit-on que si la somme, vrai capital pour une fortune médiocre, croit-on que si la somme qu'entraînent deux ou trois années d'expérience est perdue en fin de compte, les parents le trouvent beaucoup meilleur?

Il y a là, bien à l'insu des fondateurs sans doute, un véritable piége. La jeune fille qui s'y est laissé prendre y reste. Elle y reste malgré la révolte de ses convictions ; elle dérobe ses combats, elle souffre en secret, elle se dit que deux ou trois ans sont bientôt écoulés, elle revêt l'habit, la voilà diaconesse ; on l'applique à telle ou telle œuvre qui ne peut plus se passer d'elle, elle entend répéter que sa vocation est le propre et particulier service de Jésus, le plus souvent elle finit par le croire, et si elle ne le croit pas, au bout de quatre années elle se trouve comme au début de la vie, sans dette il est vrai, mais sans épargne, bien réellement novice à la vie ordinaire [1].

Vous avez supprimé les engagements, je le regrette ; ils n'engageaient pas davantage, et ils présentaient plus nettement le fait de la dépendance.

Les articles 33 et 34 établissent à la fois le renoncement au salaire, et l'équivalent du salaire assuré aux sœurs sous forme d'entretien tant qu'elles resteront dans la corporation.

L'article 35 détermine un cas d'indemnité pour la diaconesse qui sort. C'est le cas où, démise de ses fonctions *par le conseil*, elle aurait passé plus de quatre ans dans l'emploi de *diaconesse*. La moitié des sommes qu'elle a versées pour prix intégral ou partiel de sa pension lui est restituée, plus 50 francs pour chaque année de service *actif* à partir de la cinquième année de son emploi *comme diaconesse*. L'indépendance de la sœur n'est en rien sauvegardée, puisqu'il s'agit ici, non d'une démission donnée librement par elle, mais de son renvoi par le conseil.

[1] La presque totalité des aspirantes ou novices reçoit des bourses ou demi-bourses. M. Vermeil, sur quinze sœurs dont trois diaconesses en titre, en compte douze dont la pension est ainsi payée.

L'article 36 réserve au conseil le droit d'accorder une indemnité quelconque à la diaconesse qui, après quatre ans de service *au moins*, quitterait la corporation *par un motif que le conseil approuve.* Pas plus de garantie dans cet article que dans l'autre, puisque l'appréciation du cas et le chiffre de l'indemnité dépendent uniquement du conseil.

Art. 37. Toute diaconesse est libre (dans les conditions que lui font les bourses, demi-bourses ou pensions,) de se retirer de l'œuvre; seulement, dans l'intérêt de l'emploi qui lui est confié, elle doit autant que possible faire connaître au conseil sa résolution, *assez longtemps à l'avance pour être convenablement remplacée.*— C'est-à-dire qu'avec cette clause, on peut prolonger d'un an, de deux et de plus, le service de la sœur, son affiliation, et pendant ce temps travailler sa conscience.

Art. 38. Le conseil peut en tout temps démettre une diaconesse de ses fonctions pour cause de grave mécontentement (dont lui seul est juge). — Du côté de la direction, arbitraire sans restriction; du côté de la sœur pas une garantie.

Art. 39. « Une diaconesse *peut obtenir un congé pour motif valable.* » (Miss Sellon assure chaque année à ses sœurs un séjour régulier chez leurs parents) « Mais tout déplacement ou voyage en dehors du service est à sa charge, *à moins d'une décision spéciale du conseil.* » — Vous le voyez, s'écrie-t-on, la cage a une porte! Eh sans doute, toutes les cages en ont, seulement ici comme dans toutes les cages ce n'est pas l'oiseau qui tient la clef : tout est là.

Art. 40. « Tout le temps qu'une diaconesse fait partie de l'association, *quoique placée en dehors de la maison de Paris*, elle demeure *sous l'autorité du conseil et en rapport avec la sœur directrice...»* — Indépendamment de la domination sur l'individu relevée ailleurs ; il y a là un principe de surveillance générale, d'action universelle, qui ressemble fort au principe jésuite : une tête, avec des yeux et des bras partout.

Art. 41. « Le conseil de direction, auquel les demandes doivent être faites et les besoins des sœurs signalés ***décide du placement des diaconesses, de leur mutation, de leur appel dans les diverses œuvres***, en tenant compte non-seulement de leur aptitude, mais de leurs répugnances et de leurs sympathies *légitimes*. » — Qui sera juge en dernier ressort de la ***légitimité*** de ces sympathies et de ces répugnances ? Le conseil, toujours le conseil, renseigné par la supérieure !

Une de ces œuvres, un refuge par exemple, un asile pour les vieillards réclamera une directrice ; vous avez reconnu, vous avez cru reconnaître des aptitudes pour cet emploi chez telle de vos sœurs ; la pénurie est grande, cette sœur-là, sœur Claire, sœur Justine reste seule disponible, seule elle vous paraît convenir à la vocation que vous lui destinez ; mais il arrive cette fois ce qui arrive souvent : les goûts de la sœur ne s'accordent pas avec ses aptitudes, la tâche que vous lui imposez est celle justement qui lui inspire le plus de répugnance. Savez-vous ce que je crains alors ; je crains que cette répulsion ne vous paraisse *illégitime ;* j'ai peur que vous ne traitiez de puéril l'éloignement que lui inspirent des devoirs qu'on remplit mal, des devoirs qui sont un insupportable fardeau si le cœur ne les accepte pas ; j'ai peur que vous ne vous attachiez à la convaincre qu'elle se trompe, j'ai peur que vous n'y réussissiez, j'ai peur que vous ne pesiez sur elle de toute la puissance d'une influence un peu trop paternelle.

Voilà l'ensemble des statuts. J'ai peine à croire qu'une règle intérieure ne détermine pas les rapports journaliers des sœurs avec la supérieure et entre elles, le degré d'obéissance exigé, le droit aux réclamations, les habitudes de la vie ; je ne puis croire que l'arbitraire qui règne dans les statuts généraux gouverne despotiquement les détails de l'existence pratique. Si un tel corps de règles existe, il serait à désirer qu'on le connût, non tel qu'il sera peut-être, mais tel qu'il est à l'heure où j'écris.

L'édifice se présente à tous les yeux dégagé des ornements qui tendaient à en masquer le dessin. Est-ce, oui ou non, un ordre monastique ? Je le demande aux esprits nets, aux âmes loyales.

Entrons.

Comme pour Kaiserswerth retournons de dix ans en arrière, à l'année 1844 [1].

Le plan d'envahissement général est nettement tracé. Les fondateurs assurent que dans *toutes les Eglises* se fait sentir le besoin d'un *personnel désintéressé* et pieux, qui se rattache aux autorités ecclésiastiques, qui soit à portée *de maintenir et de défendre* nos croyances ; c'est pour cela qu'ils ont organisé *sous une même direction* (qui n'est pas l'autorité ecclésiastique), un corps de femmes *servantes* du Seigneur ; et c'est quand l'institution sera en pleine activité, c'est *alors seulement*, qu'on pourra subvenir au *soulagement des indigents et des malades protestants*, à l'*éducation des enfants pauvres*, à la ferme direction *de nos diverses institutions charitables;* c'est

[1] Cinquième rapport. 1844.

alors seulement qu'on pourra réclamer l'entrée dans les prisons, hospices et autres établissements publics, d'agents appartenant au culte réformé. — Les sœurs donc sont destinées à remplir tous ces emplois ; sans les sœurs point d'écoles, point d'hospices, point d'asiles, point de revendication possible de nos droits ; tout pour elles, tout par elles.

L'institution, outre ses autres œuvres, crée une ***Retenue***, destinée aux mineures séquestrées.

Il faut une extension matérielle d'accord avec l'extension de l'activité ; une grande maison à louer s'offre dans le voisinage, mais voici qu'une congrégation catholique vouée au même travail va l'acquérir pour la somme de cent mille francs; qu'à cela ne tienne, les fondateurs en donnent cent dix mille, l'ordre monastique romain cède la place à l'ordre monastique protestant.

Le président du conseil, M. le pasteur Vermeil, hâte de ses vœux le moment où la corporation enracinée dans le sol, aura pris une importance qui lui permettra de demander l'autorisation du gouvernement. On l'agrandit, on la boursoufle pour mieux dire dans ce but. On sent ici qu'il ne s'agit pas de se prouver, mais d'exister. Sur le terrain biblique on est certain d'être battu, sur le terrain du raisonnement on le serait peut-être, mais dès qu'on aura les faits, beaucoup de faits pour soi, tout sera fini, la majorité se porte du côté qui la dispense de réfléchir. Une fois l'institution autorisée : « sa durée sera *définitivement garantie*, son caractère *irrévocablement déterminé*, et son existence *légalement liée à celle de notre Eglise elle-même.* » De par le roi..... ou l'empereur. Vous protestants, vous êtes mal sûrs de la légitimité de cette invention, vous chrétiens bibliques vous demandez que le caractère en soit transformé, vous Eglises vous n'avez point accepté le don qu'on veut vous faire, vous n'avez rien statué sur cette énorme affaire; ne vous mettez ni les uns ni les autres en peine; une bonne autorisation ! et vos doutes, vos irrésolutions, vos répugnances sont tranchées du coup; l'institution devient *définitive*, le caractère de la confrérie *irrévocable*, et bon gré mal gré, les Eglises la voient légalement liée à leur existence. Cela s'appelle agir de haut.

Il y a six diaconesses officielles. Trois d'entre elles sont extérieurement employées à des œuvres qui se passaient fort bien d'elles : maison d'orphelines, asile de vieillards, salle d'asile.

Les sœurs qui habitent la maison mère visitent les indigents du quartier, elles le font suivant que le leur permettent leurs fonctions à l'intérieur : « Dieu veuille, nous dit M. Vermeil, accroître le nombre des chrétiens *qui songent à faire passer par leurs mains une partie des bienfaits qu'ils destinent aux pauvres.* » Cela aussi ne pouvait manquer ; cette branche-là était dans le tronc de l'arbre que vous avez planté. Vous avez créé la spécialisation du dévouement, vous avez déchargé d'autant les consciences. Mettez des sœurs près des malades, et les parents iront à leurs affaires, laissant volontiers père et mère aux mains *de la sœur*. Appliquez vos sœurs au soin des indigents, et les chrétiens riches, qui regardaient comme un devoir sacré les visites aux pauvres, l'application directe de leurs aumônes par leurs propres mains, ces chrétiens-là vous remettront une *partie des bienfaits*, bientôt *tous les bienfaits* qu'ils destinent aux malheureux. Les bonnes raisons ne leur feront pas défaut : La sœur a plus d'expérience que moi, elle n'a pas d'autres devoirs, c'est sa vocation, à chacun son métier, moi dans le salon, elle dans les mansardes! j'irai bien aussi, quelquefois ; en attendant voici mon argent, c'est ce qu'on me demande, c'est ce que j'ai le moins de peine à donner! Jésus me demande autre chose... il est vrai... mais au temps du Sauveur la charité n'était pas organisée, elle l'est, profitons-en.

Cela ne se dit pas si crûment, cela ne s'analyse pas, cela se sent en gros et cela se fait.

Les sœurs ont, ni plus ni moins que les *sisters of Mercy*, distribué des Nouveaux Testaments et des traités.

Chaque œuvre contenue dans la maison mère, a pour la diriger, *sa sœur supérieure.*

Vient un appel adressé par la Supérieure générale aux femmes et aux jeunes filles des Eglises de France.

Toutes les femmes, ainsi s'exprime l'appel, ne peuvent jouir *du doux et si inappréciable privilége* de se donner *sans restriction et sans réserve* au service du Seigneur.— Car remplir les devoirs de mère, d'épouse, de fille, de chrétienne, souvenez-vous en bien, c'est apporter *une réserve*, une *restriction* à l'entière consécration de l'âme. Jésus ne faisait pas cette distinction ; nous, inventeurs d'un dévouement plus raffiné, nous la faisons, et faite qu'elle est, nous pouvons impunément parler après de la *sainteté* des obligations qui retiennent quelques femmes loin de l'œuvre par excellence. — Mais que ces chrétiennes condamnées à une incomplète consécration disposent au moins de quelques heures par mois ou par semaine, « pour s'occuper de la grâce *si grande et si inattendue* que notre divin Maître a faite de nos jours à quelques femmes protestantes, de pouvoir se *consacrer tout entières* à ce service, au sein de nos Eglises... Nous ne vous disons point *à toutes: Venez!* Le Maître seul a le droit et le pouvoir de désigner et d'appeler *ses servantes !*»

Le rapport se termine par la liste des sœurs. La plupart y figurent sous leur nom de baptême : « sœur Fanny, sœur Lydie, » le nom de famille est relégué entre parenthèses.

En 1846 —[1] Le rapporteur, M. le pasteur Vallette, signale les changements qui ont modifié le personnel de l'œuvre depuis ses débuts. Sur vingt-sept sœurs, tant diaconesses (en très petite minorité) qu'aspirantes, novices ou adjointes, une est sortie pour cause de maladie, une a été retirée par la mort, une a quitté l'institution à la fin de son premier engagement, quatre autres ont quitté la maison, et cinq ont été éliminées *comme ne convenant pas à l'institution*.

M. le pasteur Vallette regarde comme : « une étroitesse de vue la tendance qui porte des chrétiens à mettre une haute importance à un local, à un *costume* ou à l'*absence* d'un costume, à une *forme* ou à l'*absence* d'une forme, à certains *tours* de phrases ou à l'*absence* de ces phrases.» — J'ai cette étroitesse-là, je m'en confesse. J'attache une haute importance à faire ce que faisaient mon Sauveur et ses apôtres, à ne pas faire ce qu'ils ne faisaient pas. La *présence* de formes qu'ils n'ont pas instituées m'épouvante, et je tiens à maintenir l'*absence* de caractères significatifs *absents* de leur organisation ecclésiastique. Je me dis, un peu niaisement peut-être, que les chrétiens respectables qui traitent, avec miss Sellon, ces formes-là de *puérilités*, au fond pensent là-dessus exactement comme nous, car sans cela, pourquoi les maintiendraient-ils envers et contre tous? — Et puis j'ai encore la naïveté de croire que sous tous les mots, quelque insignifiants qu'ils paraissent, il y a une

[1] Sixième rapport. 1846.

idée, et que lorsque le mot a une couleur, que lorsque la phrase a un certain *tour*, que lorsque la forme affecte une certaine tendance, c'est qu'il y a par-dessous une force qui s'appelle *principe* et qui la modèle à son image. Je m'imagine avec un de nos meilleurs esprits, que chaque pensée se fait sa carapace, et quand je vois une carapace, je me dis il y a là-dessous un être vivant, dont toutes les molécules correspondent à cette morte enveloppe.

M. le pasteur Vallette s'élève avec beaucoup de Pères monastiques contre l'idée d'une sainteté particulière attachée à la vocation de sœur.

L'institution s'élargit toujours. Ne trouvant pas sa raison d'être dans la Parole de Dieu, il faut qu'elle la trouve dans son action ; aussi les locaux se préparent : on va ouvrir des écoles, des ouvroirs d'apprentissage, des ateliers de couture, de buanderie et de repassage.

Chaque œuvre, on le répète, est placée sous l'autorité d'une supérieure qui reste dans la dépendance de la Supérieure générale. Les œuvres sont divisées en trois branches ; on les dit distinctes de l'institution mère ; on essayera un moment de les en maintenir séparées, au moins en ce qui concerne la comptabilité ; cette tentative échouera vite ; il n'y a en réalité qu'un chef : la maison mère ; tout le reste en dépend.

Les sœurs ont des *aides ;* c'est-à-dire qu'il y a dans l'institution des *converses*, ou mieux des *servantes* qu'on n'appelle pas servantes de Jésus parce qu'elles reçoivent un salaire, parce qu'elles ne portent pas l'habit, parce qu'elles vivent dans les conditions très honorables de la domesticité, mais qui n'en remplissent pas moins auprès des malades et dans toutes les parties de l'institution le véritable office de *sœurs*, d'autant plus *saint* qu'étant plus humble et tout à fait ignoré, il exige un plus intime renoncement.

Vous vouliez des servantes du Seigneur proprement dites, et pour ces servantes, à côté de ces servantes qui devaient faire ce que personne ne faisait et ne pouvait faire sans elles, il vous faut d'autres servantes, de pauvres vulgaires dévouements auxquels personne ne dresse d'autels, qu'on ne célèbre point, qu'on ne costume point, pour lesquels on n'a point encore imaginé de règle monastique ! Il me semble qu'on pouvait s'en tenir à ceux-là, qu'on avait sous la main, et auxquels forcément on revient.

Chaque œuvre est placée sous la surveillance d'un comité particulier. Les fondateurs y voient une *garantie des tendances de l'institution* ; nous l'y voyons aussi. Les comités partiels sont nommés par le conseil, il les a créés à son image, le même esprit y préside, les mêmes illusions y règnent, les mêmes membres à peu près y figurent, les fondateurs de l'œuvre les président, la sœur supérieure y siége : pour des intelligences mal faites comme les nôtres, il n'y a rien là de très rassurant.

L'institution ouvre un emprunt énorme ; il lui faut 250,000 francs outre les dons annuels et considérables ; il les lui faut, elle les aura ; il n'y a que les idées fausses qui passionnent à ce degré ; la corporation verra des millions passer par ses mains ; si je ne me trompe, elle en a déjà dépensé ou administré au moins un depuis sa naissance. C'est fort bien, seulement nous nous permettons de penser qu'avec une somme égale et sans avoir recours à l'imitation romaine, on aurait pu doter les Eglises de France d'un nombre à peu près pareil d'établissements utiles.

M. le pasteur Vermeil fait son rapport sur la maison

mère. Les fondateurs ont éprouvé des *mécomptes;* ces mécomptes *leur sont venus du manque de persévérance de quelques âmes.* La nécessité où ils se sont trouvés de se séparer de quelques sœurs chez lesquelles ils n'avaient pas rencontré *ce que cette œuvre exige,* a accru la somme de leurs désappointements ; enfin ils ont eu à regretter la sortie d'une diaconesse que *sa conscience a poussée dehors.* Ces mouvements dans la corporation se rattachent aux attaques dont elle a été l'objet, c'est-à-dire à la liberté d'examen dont on a usé envers elle[1].

M. le pasteur Vermeil signale comme une cause particulière de tristesse le *nombre si restreint* des sœurs, *malgré les prières et les appels.* M. le pasteur Vermeil comprend bien d'où vient cette discordance obstinée entre le zèle des fondateurs et le zèle des Eglises protestantes, entre les proportions toujours plus ambitieuses de l'institution et la pauvreté du personnel, entre les triomphes que semble proclamer le nombre croissant des œuvres réunies autour de la maison mère, et l'insuccès bien autrement positif que constate le silence qui répond à ses appels. M. le pasteur Vermeil sait que les ordres religieux monastiques ne sont pas encore acceptés par le protestantisme français ; il sait qu'on repousse son institution parce qu'on la prend pour ce qu'elle est, et il va s'efforcer, pour lui-même autant que pour les autres, à prouver qu'elle est ce qu'elle n'est pas.

M. Vermeil a fait des recherches sur la question : « Il en résulte que l'institution des diaconesses, *fondée par les apôtres sur des principes tout à fait analogues à ceux qui sont à la base de la nôtre,* s'étendit et se conserva dans une grande pureté jusqu'à la fin du troi-

[1] Discussion avec M. Coquerel.

sième siècle. » — Nous ne suivrons pas M. Vermeil dans le tableau très sommaire et passablement arbitraire qu'il nous présente, de la dégénérescence du diaconat des femmes. Le fait apostolique est le seul qui nous importe, parce que seul il oblige les chrétiens. L'institution des diaconesses s'altéra bien plus tôt que ne le pense M. Vermeil ; elle s'altéra comme s'altérait le christianisme tout entier dès l'instant même où les hommes s'écartèrent du modèle apostolique, et ils cherchèrent à s'en écarter du vivant même des apôtres. Il y a là une leçon, il n'y a pas un modèle, le modèle est dans l'organisation apostolique ; il n'est que là. Or M. Vermeil nous déclare que l'institution des diaconesses *fut fondée* par les apôtres, *sur des principes tout à fait analogues* à ceux qui figurent à la base de sa création. Je m'arrête, je me frotte les yeux, et je me demande ce que cela veut dire. — Il y a de ma faute certainement, j'avoue humblement mon *imbécillité*, comme on s'exprimait autrefois; mais il m'est impossible, absolument impossible, de découvrir dans le type du diacre marié que contient la Révélation, dans les quelques mots qui se rapportent aux diaconesses bibliques, ni obéissance, ni renoncement au salaire, ni célibat, ni communauté *des dévouements individuels assujettis à une direction unique*, ni costume, ni rien en un mot de ce que vous avez inventé, ou pour être vrai, *imité* de Rome. Croyez-moi, laissez comme l'ont fait quelques-uns de vos collègues mieux avisés, laissez ces dangereux rapprochements avec le diaconat apostolique. Rappeler ainsi l'institution des apôtres, cet esprit si désespérément anti-monastique, ces diacres mariés gouvernant bien leurs enfants, c'est jeter dans l'esprit de vos lecteurs des idées indiscrètes. Car enfin, ils pourraient comparer, ils pourraient de bonne foi s'inquiéter des points de ressemblance, et alors!... Croyez-moi, vous êtes imprudents; écartez, écartez tout à fait la Bible ; près d'elle il fait trop clair pour vous. Allez plus loin ; réfugiez-vous à l'ombre de quelque bonne tradition catholique, là seulement vous pouvez vous épanouir en paix.

Pas plus de ressemblance entre la corporation moderne et l'*association* des demoiselles de la Charité fondée à Sedan, par Robert de la Mark, converti en 1559 au protestantisme. — Pas un trait commun. Autant vaudrait dire que le comité des demoiselles protestantes de Paris est identique à l'institution des sœurs, parce que d'un côté comme de l'autre, on s'occupe en commun du soin des pauvres. Ceci est un fait ; ce n'est un argument ni pour ni contre. Nous n'en sommes plus à la tradition je pense, et que le prince de la Mark, récemment échappé au catholicisme, eût ou n'eût pas importé dans la communion où il entrait quelque pratique de la communion dont il sortait, cela ne signifie rien aux yeux de gens qui professent ne reconnaître d'autre autorité que la Bible, d'autres précédents que les ordres de Jésus et que la conduite des apôtres.

On a peur, dit M. le pasteur Vermeil ; on se tient à l'écart; on voit à tort dans l'œuvre une reproduction des corporations romaines. — C'est cela justement. Oui, la France protestante, la France des classes moyennes est trop fraîchement sortie des tenailles du catholicisme, elle a trop récemment échappé aux tendresses des sœurs de la Charité, des sœurs de Saint-Joseph, et des bons religieux dévoués au prochain, pour n'avoir point gardé quelque levain de défiance à l'endroit des organisations monastiques. Que les fondateurs se rassurent pourtant, si les tendances romaines de leur institution écartent les *aspirantes*, si dans le fait on *aspire* peu ou point à se mettre la chaîne au cou sous prétexte de dévouement chrétien ; ce cachet-là leur assure le succès auprès d'une classe plus haut placée, fertile en protecteurs, et qui en France de même qu'en Angleterre, promène un regard de convoitise et de regret sur les cérémonies, sur la discipline, sur les coutumes romaines.

Nouvelle invitation aux riches de déposer leurs aumônes dans les mains des sœurs. J'y reviens parce que les fondateurs y reviennent sans cesse, et que suppléer le chrétien dans l'exercice de ses devoirs, c'est le propre comme c'est la condamnation de toute organisation monastique.

— «Sans doute, s'écrie M. Vermeil, là où l'intervention directe du riche auprès du pauvre est possible, elle est un saint devoir et le vrai moyen que l'aumône porte tous ses fruits. *Malheureusement* cette intervention-là n'est pas toujours *au pouvoir des personnes les plus charitables;* des circonstances particulières, l'état de leur santé, des absences prolongées, etc., etc., y mettent souvent obstacle, et quelquefois même elle ne pourrait avoir lieu *qu'aux dépens d'autres devoirs plus directs et plus sacrés, ou du moins aussi sacrés...»* En conséquence, M. Vermeil s'écrie : «Nous recommandons à nos frères avec instance, *ce moyen de faire du bien par l'intermédiaire de nos sœurs.»* — Voilà des restrictions et des distinctions que ne connaissait pas Jésus. Jésus n'a pas dit : J'étais en prison et vous avez envoyé une sœur pour me visiter ; j'étais malade, et vous avez envoyé une sœur pour me soigner ; j'étais pauvre et vous avez envoyé votre argent à une sœur pour qu'elle m'achetât des vêtements ou de la nourriture. — Jésus dit *vous, vous* êtes venus !

—Je suis souffrant, alléguez-vous, je suis absent !...

Alors faites pour vos aumônes comme vous faites pour vos emplettes, adressez-vous à un ami, à un parent; vous savez bien lui donner l'ennui de courir vingt magasins pour vous choisir un chapeau ou une robe; procurez-lui cette joie, faites-lui ce bien de lui confier une aumône à dispenser, une pauvre famille à visiter; il vous en remerciera, vous l'aurez initié à un bonheur qu'il ignorait peut-être.

— Mais ces devoirs sacrés dont on me parle, ces devoirs plus directs qui me retiennent chez moi! — Ces devoirs-là ne vous empêchent ni de manger, ni de dormir, ni de sortir pour vos affaires. Les visites aux indigents sont une affaire et la première de toutes.

En terminant son rapport, M. le pasteur Vermeil nous donne sur une des œuvres de l'institution, sur le Refuge, un détail qui fixe le caractère essentiellement monastique qu'elle imprime à toutes ses branches. Je rencontre à l'article *b* ce trait du *règlement particulier* du Refuge.

— «Toute repentie, à son entrée dans le Refuge, passe *en cellule le temps jugé nécessaire par la sœur conductrice.* (La sœur conductrice est la sœur préposée à la direction de chaque œuvre spéciale.)

Dans tous les établissements protestants destinés à la réforme d'individus vicieux, la cellule ne figure qu'à titre de châtiment. On ne se croit pas le droit de débuter par la cellule. La cellule à Sainte-Foy punit certains délits, le temps de l'emprisonnement cellulaire est fixé, il est limité, il ne dépend jamais de l'arbitraire d'un des agents de la direction.

Le même fait de *retraite* se retrouve dans les établissements analogues placés sous le gouvernement des ordres religieux romains; il se retrouve encore dans l'ordre de la Mercy, à Clewer, où miss Sellon a fondé un refuge, et où il a tout dernièrement excité la réprobation du *Record*[1].

1847. Le septième rapport s'ouvre par les éloges habituels aux diaconesses. L'auteur du rapport les appelle nettement *sœurs de charité*, il enregistre avec soin les louanges que leur prodigue le préfet de la Seine, il signale l'affluence des notabilités à la séance annuelle, entre autres la présence de plusieurs pairs, députés et celle de l'ambassadeur de Sa Majesté le Roi de Prusse; c'est une institution qui décidément en France comme en Angleterre, a la fashion pour elle.

Indépendamment de l'œuvre pour les individus vicieux : refuge, retenue, disciplinaire; indépendamment de l'œuvre pour les malades : maison de santé, infirmerie des enfants ; il y a l'œuvre pour l'éducation : crèche, salle d'asile, école, ouvroir, apprentissage. — M. le préfet de la Seine avait raison de dire dans son rapport que l'institution *prend l'enfant au berceau* pour ne le lâcher qu'à *l'âge de raison*. C'est une fabrication complète, tant pour les natures corrompues que pour les natures ordinaires.

Les parents sont enchantés! — Je crois bien; ils le seront toujours quand on les déchargera saintement de leur tâche.

Ceci me rappelle le mot ingénu d'une mère au jeune homme pieux qui voulant former une école du dimanche lui demandait son enfant : « Volontiers, Monsieur..... il suit déjà une école! — Alors c'est trop de deux, je ne le prendrai pas, il ne faut pas le fatiguer! — Oh, Monsieur, qu'est-ce que cela fait! prenez-le, prenez-le, je serai bien *heureuse d'en être débarrassée.* » — Je crains que nous ne débarrassions un peu trop ceux que Dieu *embarrasse* dans sa sagesse.

[1] Le *Record*, 19 janvier 1854.

La crèche ne devait recevoir les petits enfants que pendant la journée; telle quelle, c'était déjà une détestable bonne œuvre; les fondateurs se demandent si leur crèche se fermera *le soir* pour tous les enfants! si l'on devra rendre à *sa mère*, replacer dans *son entourage*, l'enfant qu'attend un logis glacé? — Hélas tout le monde est socialiste, à commencer par les ennemis du socialisme: le procédé mis à la place de l'action consciente, la manufacture au lieu de l'éducation individuelle, le commode avec l'utile détrônant le vrai, les conséquences passagères jetant à bas les principes immuables; voilà ce que vous trouvez partout, et surtout dans les institutions monastiques. Le socialisme est leur élément primitif.

Je passe sous silence le côté financier de l'établissement, observant seulement que la *maison mère* est seule propriétaire, que c'est elle qui fournit aux autres œuvres, *moyennant rétribution*, les *locaux*, le *personnel*, le *matériel*, tout enfin. Chaque œuvre donc, verse une somme quotidienne de... par enfant qu'elle élève, par malade qu'elle reçoit, par repentie qu'elle abrite, par sœur qu'elle emploie, par local qu'elle occupe; c'est de la gratuité fort régulièrement payée. — Il importe de le constater, pour montrer que ce qu'on appelle: doter notre Eglise d'institutions qui ne lui coûtent rien, c'est faire tout simplement ce que font tous les établissements charitables: recevoir d'une main pour donner de l'autre. Sans compter que la maison mère garde seule un capital qui va toujours croissant.

Le comité de surveillance, choisi par le conseil directeur, nous rassure sur les dangers et sur la marche de la corporation. Il cède la place à M. le pasteur Vermeil, qui tout de nouveau, affirme que l'œuvre est *chrétienne, protestante et française*. Nous sommes persuadés que M. Vermeil le croit ainsi. Il exprime la reconnaissance des fondateurs pour la famille royale [1], il le fait dans les termes les plus chaleureux, il y revient plusieurs fois, et des gens un peu moins prompts à l'enthousiasme, regretteront qu'en 1848, un an après, aux débuts de la République, M. Vermeil admire avec la même ardeur la *coïncidence* de la naissance de l'institution avec *l'ère nouvelle de liberté et d'égalité pour tous les cultes qu'ouvre à la France la Révolution de Février !* [2]

M. Vermeil déplore le petit nombre des sœurs ; il n'y en a que dix-huit, dont quatre aspirantes.

Plusieurs œuvres viennent s'abriter sous les ailes de la maison mère *sans en relever directement*, mais en lui demandant quelque secours. Ainsi le pensionnat des jeunes filles protestantes (qui existait depuis plus de dix ans), une maison destinée à loger des ménages pauvres, une école primaire pour les garçons vont se placer sous la direction plus ou moins immédiate des sœurs.

Les fondateurs ont créé un *noviciat* proprement dit; une diaconesse, *sœur conductrice des aspirantes* en prend le gouvernement.

On annonce la formation bien plus importante d'une école de jeunes filles, placées *avec les novices*, sous l'autorité de la même sœur. Ces jeunes filles, élèves payant pension, se formeront à divers emplois. Cette école « pourra *décider les vocations*, et dans certains cas, nous être comme une *pépinière de sœurs.* » Nous y voilà, comme à Kaiserswerth, comme partout où l'œuvre créée sous prétexte de satisfaire les vœux de l'Eglise, se trouve en fin de compte opposée à l'esprit des membres de l'Eglise.

Les fondateurs sont sur le point d'ouvrir une école normale de *garde-malade*, qui, sans être diaconesses,

[1] Pour *Sa Majesté notre auguste et bien-aimé monarque, notre pieuse duchesse*, etc.

[2] Rapport. 1848.

dépendraient cependant *de l'institution pendant un certain temps.* — : Même chose avec d'autres mots; diaconesses moins le nom, moins le costume peut-être, vivant dans l'assujettissement pour le temps que fixerait le conseil; c'est un essai de tiers-ordre; on s'en est tenu là; le projet n'a pas eu d'exécution.

M. Vermeil veut absolument doter les Eglises du dévouement « *affranchi des entraves inhérentes à toute position individuelle*, et *décuplé* par une direction *une*, et par le *principe de l'association.* » — Malheureusement il ne nous est pas prouvé que les *positions individuelles entravent* le dévouement : le dévouement monastique, oui; le dévouement biblique, non. Il ne nous est pas mieux démontré que le fait de la *direction une* et de *l'association*, décuple les forces! Je suis, pour ma part, souvent étonné de ce que peut et de ce que fait un individu, je le suis beaucoup moins de ce que peut et de ce que fait une association. Ici je vois des sommes énormes, une organisation qui ressemble à celle d'un ministère public, des rouages à l'infini, des aides, des portiers, des infirmiers, et au bout de tout cela, quelques œuvres qui, prises isolément, ne demandaient pas tant d'appareil. Donnez-moi ces capitaux, donnez-moi un homme de bonne volonté, et je vous montrerai bien autre chose [1].

Les horizons de l'institution s'élargissent d'année en année. *Visites de pauvres à domiciles, faibles à raffermir dans la foi, petits enfants à instruire, jeunes filles à diriger, apprenties à former, malades à soigner, enfants d'*HONNÊTES FAMILLES *à élever* (notez ce point), *pécheresses à ramener*, telles sont les œuvres que M. Vermeil destine à ses sœurs; aussi s'écrie-t-il — : « Il nous faut

[1] Voyez Sainte-Foy; voyez ce qui se fait partout où il y a de la vie et de la fidélité à l'Evangile.

des diaconesses, il nous en *faut beaucoup*, il *nous en faut partout.* » — Je le crois bien, dès qu'il s'agit de remplacer les parents honnêtes aussi bien que les parents vicieux, dès qu'il s'agit de prendre l'enfant à la mamelle, dès qu'il s'agit de faire du phalanstère, dès qu'il est nettement établi que les sœurs feront en outre l'ouvrage de toutes les chrétiennes indépendantes, à quelque position qu'elles appartiennent et quelque vocation que Dieu leur ait mise au cœur ; il est évident qu'il faut des diaconesses, qu'il en *faut beaucoup*, qu'il en faut *partout*.

1848 [1]. Le rapport de 1848 nous montre les sœurs au milieu des événements de février ; elles ont reçu des blessés, elles ont porté du pain aux familles nécessiteuses, elles ont fait leur devoir et je les en loue ; elles ne l'ont fait ni plus ni moins que les autres chrétiens vivant à Paris alors, chrétiens dont la charité s'est exercée avec autant de fidélité, avec autant de courage et beaucoup moins de bruit.

J'évite de reproduire les invitations à remettre les aumônes individuelles dans les mains des sœurs, chaque rapport les ramène, j'ai tout dit là-dessus.

Durant les journées de juin, on a apporté nombre d'enfants aux sœurs. Ici je ne puis m'empêcher de penser que si on laissait peser un peu plus rigoureusement sur les mères l'obligation de soigner leur progéniture, celles-ci donneraient peut-être moins de temps à la construction des barricades : d'après le rapport même, elles y travaillaient avec ardeur.

L'institution voit le nombre de ses souscripteurs s'accroître, les sympathies du *gouvernement*, des *administrations*, des *sommités sociales*, des *notabilités de l'Eglise* lui sont acquises.

[1] Huitième rapport. 1848.

Douze aspirantes sont arrivées, deux ont quitté l'œuvre.

La direction a *permis* à six de ses subordonnées de visiter leurs familles ; les fondateurs tiennent à ce que les sœurs soient toujours en rapport avec leurs parents : « Tout en leur assurant dans notre association, dit M. Vermeil, les *joies*, les *attentions*, les *habitudes* et les *devoirs d'une véritable famille.* » — C'est fort bien ; le meilleur moyen pour renverser une institution, c'est d'en élever tout contre une autre, à peu près pareille, exclusive de la première.

Les aides mentionnées en passant, « presque toutes amenées dans la maison, ainsi s'exprime le rapporteur, pour y recevoir les soins de nos sœurs, soit pour leur corps, soit pour leur âme, y ont été *retenues par un sentiment de reconnaissance et de foi*, et ont regardé comme une précieuse faveur *de s'y dévouer loin du monde et de ses dangers aux plus humbles services.* ».

Après avoir salué l'ère nouvelle de la liberté, M. Vermeil établit que les Eglises *appelées à se reconstituer*, à se *suffire peut-être à elles-mêmes*, auront besoin de l'institution des sœurs « qui mettra au service des troupeaux, des consistoires et des pasteurs, des femmes chrétiennes, agents dévoués pour les œuvres religieuses, et pouvant sur *divers points* et pour *de nombreux emplois, suppléer les pasteurs.* » — Le pastorat même, n'est pas à l'abri du zèle de la corporation ! Si nous n'ouvrons pas les yeux, ce ne sera pas faute d'être avertis.

1849. Le neuvième rapport débute comme les autres par la série des œuvres rangées autour de l'institution. Ces œuvres lui servent de rempart ; on dit qu'elle les abrite sous ses ailes, c'est elle qui se retire à leur ombre. Elle se sait suspecte, un hospice ne l'est point, des écoles, un refuge, des ouvroirs ne sauraient l'être; on l'environne de cette triple ceinture; on dit : Nous voilà; le public pour arriver jusqu'à la création moderne est obligé de traverser les régions de la charité, son cœur s'amollit, et ses yeux, obscurcis par de douces larmes, n'y voient plus clair quand il pénètre au centre de la place. Alors, s'il lui reste quelque méfiance, si le fantôme romain le hante encore, on se fait simple, on se fait petit, on ne veut que servir, on proteste très sincèrement de l'horreur qu'on sent pour Rome, on déclare comme miss Sellon qu'on est protestant, on condamne l'esprit qui cloître nonnes et moines, et puis on revient aux œuvres, c'est là qu'il faut examiner l'institution, point ailleurs, c'est par là qu'il la faut juger... et l'on oublie que les corporations romaines en font autant, que les ordres religieux portent tous à cette heure la même couronne d'établissements utiles, que depuis longtemps ils les ont donnés comme leur raison d'être, et que le terrain des conséquences, choisi exclusivement à celui des principes, est tout juste le terrain catholique.

Les fondateurs déploient une habileté extraordinaire pour trouver des fonds; ce sont des emprunts par actions, ce sont des cellules, des lits, des places patronées. Un tel zèle est louable, seulement je remarque en passant que la vérité n'en excite guère de pareil; la passion est plus industrieuse que la conviction; la propagation des inventions humaines va plus vite que la diffusion des révélations de Dieu; les monastères ont mis moins de temps à envahir le christianisme que le christianisme n'en avait mis à convertir les nations païennes.

Cette année-ci, tous les comptes des comités et des œuvres spéciales se fondent dans la comptabilité de la maison mère; le dernier simulacre d'indépendance s'évanouit, la corporation reste définitivement maîtresse absolue et propriétaire exclusive.

Le comité de surveillance continue à rassurer les esprits inquiets. Les sœurs protestantes « ont *leur libre arbitre, leur pleine et entière liberté.* » Ce comité oublie de nous dire où réside cette *liberté pleine et entière;* les fondateurs l'ont placée dans le *droit à l'obéissance,* nous l'y laisserons jusqu'à nouvel ordre.

Dans son compte rendu de l'*œuvre centrale,* c'est-à-dire de la situation de l'ordre en lui-même, M. Vermeil renchérit sur les éloges habituellement prodigués aux sœurs en leur présence.—Qui doute de leur dévouement, qui doute de l'excellence de leurs intentions, qui doute de leur courage dans des circonstances analogues à celles des journées de juin! Mais est-il chrétien, est-il prudent de réciter chaque année à ces jeunes filles, en face du public, une ou plusieurs odes en l'honneur de leurs vertus? Elles ont pansé des blessures, elles ont dirigé des asiles et des hospices, c'est bien, beaucoup de femmes en font autant; de quel droit condamnez-vous vos sœurs, qui n'ont pas fait divorce avec l'humilité chrétienne, à la pompeuse énumération des actes de leur charité. Vous leur imposez le costume de la consécration, vous les revêtez du philactère et des longues franges; du plus loin qu'on les voit, on s'écrie : *Voilà la sœur!* c'est-à-dire voilà une personne assez parfaite pour avoir rompu avec la vie, afin de s'appliquer exclusivement aux bonnes œuvres! vous forcez leur main droite à savoir toujours ce que fait leur main gauche; et ce n'est pas assez, et à chaque occasion, chaque année, de la bouche du rapporteur de chaque comité, successivement, devant la chrétienté protestante, vous leur infligez la célébration de leur renoncement exceptionnel! Où voulez-vous qu'elles cachent leur rougeur, je vous le demande? Qui gardera leur cœur contre l'enflure de la sainteté? Vous les mettez au régime des sœurs de la Charité romaines, chantées par les poëtes, par les savants, par les philosophes, par l'incrédule lui-même. On ne chantait pas les apôtres, on ne chantait ni les diacres ni les diaconesses bibliques, on ne chante pas la chrétienne qui se dévoue comme maîtresse d'école, comme missionnaire, comme femme de pasteur, comme diaconesse d'Eglise à la façon de l'Evangile. Pourquoi? parce que si le propre de l'humilité monastique, c'est de fleurir au grand jour; le propre de l'humilité évangélique, c'est de se dérober à elle-même. Point de silence, point de mystère pour celle qui fait *profession* de consécration exclusive; sa vie n'est plus un parfum subtil tout imprégné de la saveur du christianisme qui se trahit plus qu'il ne se révèle; c'est une proclamation criée aux quatre coins de l'univers.

M. Vermeil déplore la pénurie de sœurs: « Une seconde misère de l'œuvre, ajoute-t-il, a été l'inutilité de ses appels pour attirer dans la maison des chrétiennes qui viennent s'y former comme institutrices ou garde-malade. » M. le pasteur Vermeil attribue cette langueur aux préjugés dont son institution est l'objet.— La France protestante a lu les statuts, elle les a médités, elle a suivi la marche de l'œuvre; c'est pour cela qu'elle ne fournit pas de sœurs ou qu'elle en fournit peu. Ce n'est pas égoïsme; on trouve dans nos Eglises, et des institutrices, et des directrices, et des femmes qui mettent leur bonheur à consoler ceux qui souffrent; il ne faut pour les produire que l'Evangile pris au sérieux; pour créer des sœurs il faut que la tradition humaine ait obscurci la Bible : Dieu merci nous n'en sommes pas encore là.

Les diaconesses ont fait *des instructions religieuses* sous la surveillance de leurs directeurs. Décidément elles suppléeront les pasteurs qui le voudront bien.

1850[1]. — La corporation présente son bouclier d'œuvres aux attaques parties de la Suisse dès la fin de l'année 1849. Elle ne discutera point, elle n'entrera point dans l'examen des principes, elle montrera ses fruits, elle s'efforcera d'en produire le plus possible. Outre les motifs de sincère charité qui l'animent, c'est ici la seule politique à suivre, c'est celle qu'a définitivement adoptée Rome.

Vous n'avez pas le droit de créer une institution ecclésiastique contraire au plan divin, vous n'avez pas le droit d'établir le célibat, l'obéissance, le costume, la règle du renoncement au salaire! — : Voyez nos écoles d'adultes, voyez nos fabrications de chapeaux de paille, de buanderie, de couture, voyez nos orphelinats, voyez nos refuges! chaque année nous vous ménagerons quelque chose de nouveau, ce seront autant de racines que nous planterons dans le sol, les fibres de notre maison mère seront mêlées d'une inextricable façon au tissu de ses bonnes œuvres, et quand vous nous supplierez de l'effacer du sol chrétien, nous vous montrerons *ses rameaux* et nous vous dirons: Voulez-vous tuer l'arbre?

La *crèche* nous fournit un trait qui rentre dans l'esprit général. Une dame avait confié quelque aumône aux directrices de la crèche. Va-t-on l'appliquer à ranimer la famille là où elle meurt; donnera-t-on cet argent à la mère, afin qu'au lieu de se séparer de son petit enfant et de son ménage, elle puisse, restant chez

[1] Dixième rapport du 30 avril 1850.

elle, l'allaiter et se livrer à quelque travail sédentaire? Point, on le verse dans la caisse de la crèche, afin que les femmes obligées de garder *de temps en temps leurs enfants chez elles* (faute de pouvoir payer une place dans l'établissement), se voient totalement délivrées des soins maternels, et s'en aillent librement à *leurs* journées. On pouvait faire une mère, on met un berceau de plus dans la crèche.

Des distributions régulières d'aliments ont lieu cette année, elles avaient eu lieu la précédente; c'est le corollaire de toute œuvre monastique, à Kaiserswerth, comme à Devonport, comme en Italie.

Au rapport sur les œuvres, succèdent des communications fraternelles. M. le pasteur GrandPierre prend la parole. Un instant il avait pensé que le silence était un tort en présence des attaques; il ne le pense plus, on ne prouve pas le soleil. Faudra-t-il prouver *qu'il est chrétien* de ramener au bien des femmes égarées, de corriger des enfants vicieux, de soigner des malades! — Toujours même procédé. Parlez corporations, on vous répond œuvres. C'est commode, et c'est concluant.

Quant à l'institution elle-même, M. GrandPierre en dit peu de chose: si elle n'existait pas, il faudrait la créer « parce que *seule elle montre la charité en action*; » les autres établissements n'offrent que le côté dogmatique et missionnaire du protestantisme.—Et ces mille hospices, et ces mille asiles pour toutes les infirmités, et ces mille écoles, établissements d'orphelins, refuges, maisons d'ouvriers qui couvrent le sol de l'Angleterre, de l'Amérique, de la Suisse, de la France protestante; qu'est-ce donc? Et ce fait désormais acquis de la supériorité de la charité protestante, de la charité laïque, individuelle, spontanée, évangélique, sur la charité monastique de Rome, qu'en faites-vous ? — Rien. On répète qu'avant les sœurs il y avait du zèle dogmatique, qu'il y avait des œuvres d'évangélisation, qu'il n'y avait pas de charité proprement dite. Les faits ont beau proclamer le contraire, on n'a pas d'oreilles pour eux et l'on passe outre.

M. Vermeil exprime la profonde douleur que lui a causée l'opposition récente. Il ne répondra pas, les objections n'ont pour appui que des *principes mal appliqués, que des hypothèses gratuites ; les garanties que présentent l'esprit et les lumières de notre époque, les principes fondamentaux de l'Eglise, la dépendance dans laquelle l'œuvre elle-même est placée à l'égard des chrétiens*, voilà qui le tranquillise sur les caractères de l'institution.

L'esprit et les lumières de notre époque, assez puissamment entraînée par une réaction catholique, emportée loin de l'obéissance à l'Ecriture par le rationalisme n'ont rien qui nous rassure beaucoup. *Les principes fondamentaux* de notre Eglise ne sauraient agir sur ceux qui s'y dérobent ; et quant à la *dépendance de l'œuvre* à l'égard des chrétiens, elle ne se manifeste jusqu'ici que par un refus persévérant d'écouter les observations d'un très grand nombre d'entre eux. Il n'y a rien là de très consolant.

Les éloges aux sœurs se reproduisent. Pas une d'entre elles *ne s'est séparée de l'œuvre* pendant cette dernière année.

Il y a dix ans que l'institution s'est formée, et pendant ces dix ans, *pas une diaconesse mariée*. Je signale ce fait important. L'année qui vient amènera un mariage. Elle s'est ouverte sous le feu d'une critique sérieuse ; on ne veut pas répondre, on ne le peut pas ; on a la Bible contre soi, les raisonnements seraient forcément empruntés au dossier romain; mieux vaut se taire et montrer quelque incident nouveau. Le célibat des sœurs a frappé tout le monde; il faut un mariage, il le faut dans l'intérêt de l'œuvre, sans un mariage elle porte au flanc une blessure mortelle; on aura le mariage.

Les sœurs commencent à se répandre dans les départements, c'est l'événement saillant de l'exercice. Les fondateurs attendent de l'emploi des diaconesses dans diverses Eglises les progrès, la prospérité de l'œuvre, et l'accroissement des souscriptions : « Ainsi s'ouvre pour l'institution une phase nouvelle.— » Les fonctions sont les mêmes qu'en Allemagne : directrices de maisons de santé et d'asiles.

Après avoir loué les sœurs, M. Vermeil loue l'œuvre. L'œuvre, dit-il entre autres choses, bien que *liée aux Eglises constituées* conserve néanmoins son indépendance d'action (la maison a *son oratoire, son culte, ses écoles, ses pasteurs*). L'œuvre offre une aide à la charité publique et privée mais ne s'y substitue pas; et il cite à l'appui la ville de Tonneins, qui vient justement d'appeler une sœur pour s'y appliquer à *des visites aux pauvres*. L'œuvre donne aux femmes qui dans bien des cas ne pourraient agir seules (c'est-à-dire ne pourraient ni tendre la main aux indigents, ni s'asseoir au chevet des malades, ni assister le prochain d'aucune manière), « des moyens, des ressources, une *indépendance indispensables*. » — Les ressources, les moyens seront contestés, l'*indépendance* fera sourire.

L'œuvre développe chez les sœurs le sentiment des rapports de famille (on leur permet d'écrire à leurs parents, parfois de les aller voir aux conditions que j'ai mentionnées); enfin l'œuvre fournit *gratuitement* des agents dévoués à toutes les œuvres chrétiennes. — *Gra-*

tuitement, cela signifie que les émoluments dus à la sœur seront versés dans la caisse de l'institution.

M. le pasteur Boucher appuie la corporation, il lui prêche le *support*, la *crainte du scandale*, la *discussion sans bruit*, et termine en déclarant que notre réveil a eu *trop peur des bonnes œuvres*. — Je ne connais pas ce réveil-là. Ce n'est pas celui qui avait à sa tête les Pytt, les Rochat, les Gaussen ; ce n'est pas celui qui partout où passait son souffle vivificateur, faisait jaillir la charité sous toutes les formes. Ce réveil-là, il est vrai, a eu le grand tort de rester l'esclave de la Parole écrite ; il n'a point rêvé d'institutions grandioses, d'établissements officiels. Il n'était point *faiseur*. Nous avons avancé dès lors, et beaucoup d'entre nous pensent à cette heure que l'amour fraternel qui ne bâtit pas d'édifices, qui n'organise pas, qui ne fonde pas de l'extraordinaire, qui n'élève pas son prochain de *la crèche* à la tombe est un pauvre amour. Les mains ouvertes au frère pauvre, les dons fréquents appliqués directement et dans l'ombre, l'action individuelle sur les œuvres et sur les vies, la dépense journalière de soi-même, l'exercice modeste et spontané de la foi : qu'est-ce que cela, qui s'arrêtera pour regarder cela, quel honneur cela fera-t-il au protestantisme? Cela se mesure-t-il en large ou en long, cela se palpe-t-il, cela a-t-il un corps, cela porte-t-il un uniforme, cela peut-il publier des rapports? Hélas non. — Pourtant j'ai fortement dans l'esprit que c'est cela surtout qui s'appelle *des œuvres*.

L'année 1852[1] nous présente un caractère nouveau, qui se révèle dans deux des fondations : l'*apprentissage* et le *disciplinaire*. — Sur quinze jeunes filles qui

[1] Douzième rapport. 1852.

sortent de l'apprentissage, *quatre* demeurent à titre *d'aspirantes* ; et désormais, l'apprentissage s'ouvrira aux jeunes filles de *quatorze à seize ans.* — Que dire de ces vocations, venues en serre chaude, obtenues de la part de jeunes filles qu'on met sous couche dès l'âge de quatorze ans !

Mais ce n'est pas tout. Le disciplinaire reçoit des enfants de sept à quatorze ans, et parmi celles-là, *six* ont inspiré assez de confiance pour être employées dans la maison ! — Que signifie cette phrase? Faut-il voir dans le disciplinaire comme dans l'apprentissage *une pépinière de sœurs?*

Le refuge va bien ; on a renoncé pour les repenties à la buanderie, on les applique à des travaux *sédentaires*, on ne peut leur donner des *occupations actives*, elles s'y *dissipent* et y *perdent le sérieux.* — Avant l'introduction des sœurs et du principe monastique dans le *Magdalenum* de Berlin, les repenties y avaient l'état de blanchisseuses ; elles allaient chercher le linge, elles le rapportaient aux clients de la maison, elles partaient, elles rentraient, on les élevait dans la vie, pour la vie, et au bout de quelques mois, plusieurs devènues honnêtes femmes, se mariaient ou se plaçaient. J'ai plus de foi dans le principe régénérateur de l'Evangile que dans la discipline conventuelle.

M. Vermeil a passé six mois en Italie ; il en est revenu mieux convaincu de l'excellence de l'institution. Son séjour en Italie l'a *rassuré* sur les tendances romaines de la confrérie. Il a vu d'un côté de vaines pratiques, des cloîtres, des vies sans but ; de l'autre il voit une charité dévouée soutenue par un pur sentiment d'amour et de foi !

Je crois que M. Vermeil a regardé d'une manière un peu sommaire. S'il avait mieux examiné, il aurait en

Italie comme en France, admiré le renoncement, le zèle des nombreuses corporations qui ne lui inspirent que dégoût et que pitié. Il aurait vu que toutes ou presque toutes sont vouées à quelque œuvre particulière, il aurait vu que dans la Péninsule, les aumônes, l'éducation passent par leurs mains; qu'elles font à peu près tout ce qui se fait, que rien ne se fait sans elles; il aurait vu les religieuses, les religieux, cloîtrés et non cloîtrés, instruire les enfants, nourrir les vieillards, soigner les malades, se rattacher maintes fondations pieuses, et je ne suppose pas que ces faits incontestables l'eussent rendu partisan avoué de l'ordre des Ursulines, de celui de Saint-Dominique ou du Sacré-Cœur.

Quant au cloître, la plupart des ordres catholiques ne s'y soumettent plus; quant aux vœux, plusieurs les ont éliminés; et d'ailleurs il serait étrange que les corporations protestantes commençassent par où les corporations romaines ont fini. Et puis il y a une question qui prime toutes les autres, la question d'existence. Or, vous qui avez été obligés d'effacer l'engagement inscrit dans vos statuts, de le remplacer par un semblant de liberté; vous qui dans les conditions actuelles, pouvez à peine trouver seize diaconesses en titre; en auriez-vous trouvé *une*, avec des vœux? Vous ne vouliez pas, vous ne voulez pas de vœux officiels, nous le croyons de toute notre âme. — Vous ne *pouvez* pas en vouloir, cela est non moins sûr.

M. Vermeil avoue la ressemblance de son institution avec celle des sœurs de la Charité; il semble se rassurer sur cette identité en rappelant que l'ordre des sœurs de la Charité est postérieur à la Réforme — ... comme celui des Jésuites.

Ah laissons les raisons d'utilité; avec ces armes-là Rome nous battra, nous autres protestants chrétiens, nous ne sommes forts que fondés sur l'Evangile. Quittons le terrain des conséquences, c'est le champ clos du diable. Quand il veut perdre une âme, une Eglise, il l'y mène, une fois entrée elle est plus d'à moitié vaincue. Jésus ne s'y est jamais placé. Rappelez-vous la tentation. Qui parle de conséquence? Satan : Je te donnerai les royaumes de la terre. — Que répond Jésus : *Il est écrit*, pas un mot au delà.

Montrez-moi où *il est écrit* que nous devons avoir des ordres de femmes et d'hommes célibataires, faisant profession de charité, profession d'obéissance, profession de renoncement au salaire, portant un habit uniforme, vivant en communauté; montrez-le-moi, je m'humilierai, j'adorerai la volonté de mon Dieu, je pleurerai mon aveuglement. — Tant que vous ne me l'aurez pas montré, tant que nous devrons vous montrer, nous, la condamnation de votre œuvre inscrite dans l'épître de Paul, au chapitre des diacres; nous vous combattrons avec douleur, mais sans relâche.

Une des difficultés de l'œuvre, c'est que la plupart des sœurs appartiennent à des positions sociales *où le bénéfice d'une instruction soignée est inconnu;* les sœurs n'apprennent qu'avec peine *à lire couramment la Parole de Dieu, à écrire une lettre ou un petit compte rendu.* — La classe qui fournit les sœurs est très honorable; on conçoit cependant que leur entrée dans la corporation loin d'être un sacrifice sous le rapport des conditions sociales, est au contraire une incontestable amélioration.

Tous les mercredi soir, les sœurs se réunissent et s'exercent sous la direction d'un pasteur à lire et à *méditer à haute voix* la Parole de Dieu. Ce dernier point nous paraît de trop. Si une institutrice, si une garde-malade est croyante, elle en saura toujours assez pour expliquer la Parole à des enfants, à des vieillards;

l'Evangile, toutes les fois qu'il pénètre dans le cœur de la plus humble villageoise et de la plus illettrée nous montre quels miracles il sait faire ; il y a dans toute intelligence éclairée par la Révélation, comme un irrésistible *fiat lux.* S'il s'agit de créer des prédicateurs femmes, à quelque degré que ce soit, il faut une préparation particulière, il faut l'exercice de la méditation à haute voix, et nous pensons que cela ne convient nullement aux chrétiennes invitées à écouter dans le silence, qu'elles s'appellent *sœurs* ou non [1].

Deux sœurs, une aspirante, une diaconesse qui *ne se sent plus la vocation*, vont sortir ; deux ont été rappelées par le Seigneur ; une quatrième va se marier. *Premier mariage !* Ce mariage, indispensable à l'œuvre, a comme on le comprend la pleine approbation du Conseil. En guise de dot, le Conseil remet à la sœur 600 francs qu'elle *devait à* l'établissement (pour bourse ou demi-bourse).

Voici dans quelles circonstances s'est contractée cette union, elles ne sont pas sans importance. L'instituteur pieux qui épouse la sœur n'est point venu la chercher dans la maison mère. La sœur avait obtenu un congé, elle avait passé *quinze mois* chez sa mère malade, et c'est au bout de ces quinze mois de vie normale, c'est au sein de sa famille que des propositions lui ont été adressées.

Voilà donc une diaconesse mariée, dans la douzième année de l'institution ; dites encore que la corporation organise le célibat ! et si vous êtes assez opiniâtre pour le soutenir, si vous poussez l'aveuglement jusqu'à prétendre que puisque le mariage fait sortir la sœur de l'institution, que puisqu'il lui ôte son titre et ses fonctions de sœur, il reste incompatible avec notre œuvre,

[1] A Kaiserswerth, on réunit dans une salle de l'hospice les malades (*hommes*) en état de s'y transporter, et là une sœur leur fait le culte. Cela me paraît absolument déplacé. *Hospitals and sisterhoods.* Note, p. 138.

que notre œuvre seule parmi toutes les autres, introduit cet élément monastique au sein de notre Réforme, nous vous ferons entrevoir la possibilité de maintenir le diaconat comme nous l'entendons avec le mariage, nous établirons un tiers-ordre s'il le faut. Nous le ferons, car nous avons besoin d'une diaconesse mariée qui reste mariée, et comme l'autre, nous l'aurons. — C'est bien, ayez un tiers-ordre, M. Fliedner en a un, miss Sellon aussi, les ordres romains aussi, et quand vous l'aurez vous n'aurez pas *de diaconesses mariées,* vous aurez tout simplement ce qu'a l'ordre de Saint-Dominique, l'ordre de Saint-François, ou l'ordre des Ursulines.

Des *catholiques éclairés* ont exprimé leurs sympathies pour l'ordre, ils lui ont adressé des dons, « ne réclamant en retour de leurs libéralités *que les prières de nos sœurs et de ceux qu'elles secourent.* » Ces catholiques éclairés qui réclament des prières en retour de leurs libéralités, font ce qu'ont toujours fait les fondateurs et les protecteurs de couvents; c'est sur cette base-là que reposent les assises de tous les monastères.

M. Vermeil cite un discours du révérend John Cumming, ministre de l'Eglise nationale d'Ecosse. Le révérend Cumming ne peut voir les sœurs de la Charité marchant deux à deux dans Londres, sans désirer que son Eglise possède aussi des sœurs de la Charité, non de création papiste, mais protestantes et attachées à l'Eglise. — Dieu veuille ouvrir les yeux du révérend pasteur Cumming et lui faire voir les milliers de frères et de sœurs *sans costume* qui parcourent les rues de Londres, d'Edimbourg, toutes les villes de l'Angleterre croyante, et qui, partout, vont porter *la bonne nourriture anglaise* avec le bon aliment biblique, aux corps et aux âmes en détresse.

La seule chose qui manque à la corporation de Paris, ce sont des diaconesses. Il en faut pour *la glorification de la foi*, pour *l'édification des troupeaux* auxquels ne peuvent suffire les pasteurs. Toujours le vice-pastorat à l'horizon. M. Vermeil supplie ses frères *de favoriser, de préparer, d'affermir* les vocations des sœurs qui, « *nous le savons*, dit-il, *sont nombreuses*. »

M. le pasteur Berthe de Luneray a été heureux de répondre à un ecclésiastique catholique qui lui demandait : Où sont vos sœurs de la Charité? « par l'énumération de nos maisons de diaconesses et du bien qui s'y rattache. »

J'espère que le même esprit aidant, nous pourrons répondre aux catholiques qui nous demanderont : Où sont vos confessionneaux, où sont vos tableaux, où sont vos croix? en montrant chez nous la réintégration de la confession auriculaire, des ornements d'église, des pompes du culte et des fêtes du calendrier romain.

Insensés que nous sommes! notre gloire, notre force, n'était-ce pas de pouvoir nous écrier : Non, nous n'avons ni vos ordres, ni vos corporations, nous avons l'Evangile, nous n'avons d'autre organisation que la sienne, et nos malheureux sont mieux consolés que les vôtres, nos malades mieux soignés, nos pauvres plus comblés d'aumônes, nos populations plus heureuses mille fois, parce que tous, nous tous qui croyons, nous pratiquons, parce que tous nous sommes *frères*, nous sommes *sœurs* de la Charité.

Voici le dernier rapport (avril 1853).

La corporation renferme en tout seize sœurs en titre et dix-huit aspirantes ou novices. L'œuvre a beau s'élargir par ses dimensions, elle ne peut se fortifier par son personnel.

M. le pasteur Goguel prend la parole dans la séance annuelle de l'institution Les sœurs, dit-il, appliquent « le véritable patronage chrétien..... qui ne se fait bien que dans la voie d'une *égalité chrétienne* qui fait que l'on traite le pauvre en frère, et comme le *représentant de Jésus-Christ* sur la terre. »

Je ne comprends pas bien l'idée de M. le pasteur Goguel. S'il s'agit en effet de l'*égalité chrétienne*, de l'égalité de tous les pécheurs devant Dieu; je ne pense pas qu'il soit besoin de se faire sœur pour l'avoir profondément empreinte dans l'âme et pour traiter le pauvre en frère. S'il s'agit non de l'égalité chrétienne, mais de l'*égalité sociale*, si l'habit de sœur a cela de bon qu'il passe le niveau sur tous les rangs, qu'il détruit une classification ordonnée dès le commencement du monde, c'est le point de vue monastique, et je me borne à le constater.

Traiter le *pauvre en frère*, l'Evangile nous l'enseigne, tout cœur chrétien s'y sent porté; mais le traiter *comme le représentant du Christ sur la terre*, ceci est une autre affaire et veut qu'on s'explique. Je la connais cette idée-là, c'est encore l'idée monastique, c'est la mère des aumônes aveugles, c'est un mensonge funeste à l'âme du pauvre. Ah! dites ce que Jésus a dit : En tant que vous l'avez fait à l'un de ces petits vous me l'avez fait à moi-même! Mais ne résumez pas, ne systématisez pas, ne prononcez point le mot que Jésus n'a pas prononcé, prenez garde à l'idolâtrie du pauvre telle que la pratiquaient les Pères, prenez garde à la déification de l'aumône, ne dites pas de l'homme qui mendie : C'est le Christ qui vous tend la main! Non, aimons sainement le pauvre, aimons-le comme Dieu nous aime, traitons son âme comme nous traitons la nôtre, ne faisons pas de la magnanimité aux dépens de son éternité, n'érigeons pas la misère en vertu. Soulageons, patronons, donnons, et ne changeons pas les termes dont Jésus s'est servi.

La *crèche* ne s'est ouverte que dix mois *à cause de l'insuffisance toujours douloureuse du personnel des sœurs.*

« Les fondateurs le regrettent surtout parce que la crèche sert *à former les diaconesses au soin des enfants.* » — Elles ont une crèche tout ouverte dans le sein de leurs familles, là elles se formeront au soin des enfants en soignant frères et sœurs; cet apprentissage en vaut un autre. Cependant les regrets des fondateurs sont contre-balancés « par les inconvénients que des personnes sérieuses *signalent dans cette institution.* » Toutefois, la clôture n'en est que temporaire. Les sœurs ne prennent que les enfants appartenant à des mères travaillant hors de leur domicile. — Dès qu'il y a une crèche, les mères s'arrangent pour travailler hors de chez elles; tout comme dès qu'il y a des sœurs pour soigner officiellement les pères et les mères, tous les fils et toutes les filles se voient dans l'impossibilité de rester au chevet de leurs parents.

Nous retrouvons à propos des écoles, de l'arbre de Noël, des déjeuners ou des goûters partagés par les enfants avec leurs camarades, ce système louangeur que tant de fois nous avons dénoncé : « Leur charité expansive s'étendit jusque sur les petits oiseaux, pour qui ils semèrent d'abondantes miettes de pain!... » — Rapports, assemblées publiques, besoin de réussir à tout prix, ce sont là de vos coups! Quoi, des enfants qui avaient un panier bien garni ont donné un morceau de leur pain à l'enfant qui n'avait rien; quoi, ils ont répandu des miettes aux oiseaux! Mais ne savez-vous pas que partout où il y a une école dirigée par une maîtresse ou par un maître chrétiens, les mêmes faits,

Dieu merci, se reproduisent! Quoi, vous écrivez sur les murs de vos salles d'école ces mots du Seigneur : Que ta main droite ne sache pas ce que fait ta main gauche ; et puis en pleine séance, vous allez redire à la France protestante, à ces enfants assemblés et qui vous écoutent bouche béante, qu'ils partagent leur pain d'épice avec des amis, et que leur *charité expansive* s'étend jusqu'à nourrir des moineaux! — Je ne ris point, je n'en ai pas envie, mais je vous supplie de laisser vos enfants faire dans l'ombre ce que font tous les enfants de toutes les écoles évangéliques.

L'apprentissage a reçu une jeune fille qui occupe la place patronée de Montpellier ; elle ne sait ni *lire* ni *écrire*, mais *elle désire devenir diaconesse ;* à l'âge de quatorze ou quinze ans!

L'œuvre jouit d'une certaine aisance sous le rapport pécuniaire. Elle a payé ses dettes ou à peu près ; elle commence à rembourser ses actions, l'amortissement s'en trouve singulièrement facilité par l'abandon de vingt-huit actions. Il ne reste guère que 200,000 francs à trouver pour libérer entièrement l'institution, et on les trouvera. En dépit de tous ses caractères, ses fondateurs s'obstinent à l'appeler *école normale.*

M. le pasteur Vermeil insiste sur la prospérité financière de l'institution. La corporation va être reconnue comme établissement d'utilité publique, apte à posséder, *à recevoir des legs.....* ce qui importe essentiellement à son avenir. Dans un précédent rapport, M. le pasteur Vallette avait invité les fidèles à se souvenir de la maison dans leurs dernières dispositions.

La direction annonce « qu'elle peut compter à l'avenir sur le concours de *plusieurs pasteurs,* amis de l'œuvre, pour agir efficacement, chacun dans un certain nombre d'Eglises, en faveur de l'institution. Ce n'est pas seulement un accroissement de ressources ni même de sympathies qu'elle en attend; *c'est principalement de nouvelles vocations de sœurs. Leur trop petit nombre est la vraie difficulté et le souci continuel de l'œuvre.* » — S'il plaît à Dieu ce le sera toujours. Il vous manque des sœurs, rendons-en grâce au bon sens des chrétiens français, à la pureté relative de notre Réforme. Il ne manque ni de femmes humbles, ni de femmes dévouées dans nos Eglises. Elles connaissent vos appels, les vocations qu'ils excitent peuvent librement arriver à vous, si ces vocations ne le font pas, c'est qu'elles n'existent pas; ne parlez donc plus d'encourager des vocations, dites simplement, comme vous l'allez faire entendre du reste, qu'il vous en faut à tout prix, et que vous en fabriquerez au besoin.

Si votre institution n'était qu'une collection d'œuvres chrétiennes; si vous en arrachiez jusqu'au dernier vestige d'esprit monastique, alors vous verriez arriver des servantes du Seigneur toutes prêtes à devenir vos aides. Si, là où il en est besoin, en province par exemple, vous provoquiez la création d'hospices, de refuges, d'asiles indépendants dirigés par la seule règle biblique; si vous engagiez les pasteurs à choisir parmi les femmes de leur paroisse, quelque diaconesse selon le modèle apostolique, les *ouvrières* ne feraient pas défaut: au lieu d'introduire chez nous par force, un élément romain dont nos protestants fidèles ne veulent pas, vous auriez vaincu Rome en lui montrant une fois de plus le triomphe de la vérité par ses fruits.

Trois sœurs (on ne sait presque jamais si ce sont des aspirantes, des novices ou des diaconesses), trois sœurs sont sorties, une jeune aspirante est morte dès le premier mois de son service.

La maison renfermait en outre trois étrangères, une

Anglaise qui l'a quittée, et deux Allemandes de Kaiserswerth qui viennent y apprendre le français.

Il y a peu de diaconesses formées : « les autres sont pour la plupart fort jeunes et peu expérimentées. » La direction revient souvent sur le fait de l'extrême jeunesse, de l'inexpérience, de l'ignorance des sœurs. Le caractère essentiellement monastique de l'institution commande, je le sais, de prendre les sœurs aux débuts de la vie, elles ne sont malléables qu'alors, et sans l'inexpérience dont on se plaint elles ne viendraient pas à la maison mère. Telles quelles, elles sont, je le répète et je ne me lasserai pas de le redire, arrachées à la vie naturelle dont elle ne connaissaient pas le premier mot ; en outre, elles ne peuvent apporter quelque secours à l'établissement qu'en y restant attachées. Supposez que ces jeunes filles se marient à l'âge où l'on se fixe d'ordinaire, de vingt à vingt-cinq ans ; l'institution croule. Les sœurs ne peuvent utilement servir la corporation avant l'âge de vingt et un ans, par conséquent vous ne chercherez pas à les marier, tant s'en faut ; toutes les fois qu'une de vos sœurs se mariera à l'âge où l'on se marie, ce sera une espèce de banqueroute pour la maison mère. Et si toutes prenaient au sérieux vos déclarations en faveur de l'union conjugale, en moins d'un an, par ce simple fait, la sœur supérieure se trouverait seule en face du Conseil, et vous n'auriez plus à diriger que de simples aides, rémunérées, pareilles à tous les agents chrétiens de nos œuvres. Voilà le caractère du célibat, clairement établi par les faits.

Quatre sœurs préparées pour l'instruction primaire ont échoué dans leurs examens, elles avaient été trop souvent détournées par l'œuvre matérielle ; — il aurait mieux valu pour elles, s'instruire tout simplement au milieu de leur famille.

Faute de sœurs, la direction n'a pu répondre aux demandes que lui ont adressées plusieurs Eglises. Si ces Eglises, que je ne nommerai pas, n'ont parmi leurs membres ni quelques femmes, ni quelques jeunes filles qui puissent consacrer une partie de leur temps à visiter les pauvres et les malades, si dans leur sein elles ne trouvent pas une seule chrétienne capable, après les études convenables, de diriger une salle d'asile ou une école, certes une pénurie aussi étrange ne fait pas l'éloge de leur vie intérieure. Là où il y a un peu de foi, il y a toujours, infailliblement, de l'activité chrétienne. Nous connaissons de petites Eglises composées de vingt, de cinquante membres, où il y a, et des diaconesses, et des maîtresses d'école, et tout ce qu'il faut pour marcher; on l'y trouve parce qu'on l'y cherche.

Arrivons au fait principal; au mariage d'une sœur qui reste dans l'œuvre. On nous l'avait annoncé, on le voulait, on l'a obtenu. Tel qu'il est, il ne change absolument rien ni au caractère, ni à l'esprit de l'institution.

Une des sœurs épouse l'administrateur économe de l'établissement, M. Jacques Letourneur.

Comme on le conçoit, pour qu'une diaconesse reste diaconesse en se mariant, il faut qu'elle se marie *dans l'œuvre*, c'est-à-dire avec un agent de l'œuvre, et j'ajoute avec un agent principal.

En effet, la sœur ne peut se marier en dehors de l'œuvre, car alors il lui faudrait vivre séparée de son mari, ce que n'admettent pas, je pense, les fondateurs de la corporation. De plus, il faut qu'elle épouse un des directeurs ou l'équivalent, car il est impossible que mariée, et par conséquent soumise à l'autorité du mari qui est pour une femme et de par la Bible le premier des pouvoirs terrestres, elle reste assujettie à une domination autre que celle-là, à une domination qui, d'après les constitutions même, a droit de juger souverainement de ses aptitudes, de l'appliquer à telle ou telle œuvre intérieure ou extérieure, de disposer de tout son temps, de gouverner toutes ses volontés, de régler sa vie comme il lui plaît. Cela saute aux yeux, et un mariage contracté dans d'autres conditions, en dehors du cercle des membres de la direction demeurant dans la maison même, un tel mariage serait pour la sœur, avec les statuts tels qu'ils existent pour toutes les sœurs, une monstruosité, une révolte ouverte contre la Parole de Dieu qui donne à la femme son mari pour chef, et qui lui ordonne de le regarder comme son seigneur.

Les fondateurs de la corporation, s'ils ne l'ont pas encore compris l'ont pressenti du moins. Le conseil a pris la délibération suivante : « Une diaconesse qui se marie peut rester diaconesse si son mari l'y autorise (ce qui va sans dire), et si le conseil, appréciant sa position nouvelle, *la reconnaît compatible* avec celle qui lui est faite dans l'œuvre. »

Eh bien nous le déclarons au conseil, excepté le cas que j'ai dit, cette position ne sera *jamais compatible* avec la vocation de sœur telle qu'elle existe.

Un homme quel qu'il soit, pour peu qu'il ait l'intelligence de ses devoirs, de ses droits, pour peu qu'il ait d'honneur et de dignité, un homme ne permettra *jamais* à sa femme de rester vis-à-vis de l'institution dans les rapports que vous avez fixés. Que vous fassiez de la sœur mariée une diaconesse d'Eglise travaillant à cinquante lieues de la maison mère, que vous en fassiez une maîtresse d'école, une directrice de refuge dans l'intérieur de votre établissement, que vous l'employiez au dehors ou au dedans ; ce sera toujours une sœur placée dans la dépendance étroite ou du conseil, ou de la supérieure, habituellement de tous les deux à la fois ; ce sera une femme qu'on placera, qu'on déplacera, qu'on fera aller et venir selon qu'il conviendra à une autorité qui n'est pas celle du mari ; ce sera une femme portant l'uniforme de l'obéissance, de la vie commune (les antipodes de la vie conjugale), de la consécration extraordinaire à un service extraordinaire ; ce sera une femme qui ne pourra gagner le pain de ses enfants, car votre règle l'oblige au travail en apparence gratuit ; et vous aurez beau prendre le mari au service de l'œuvre, si sa position est subalterne, l'esclavage en deviendra double, son caractère de mari en recevra une plus mortelle atteinte.

Evidemment vous n'y pouvez songer ; cela serait monstrueux, et votre institution ne marcherait pas deux jours dans ces conditions-là.

Cela est si vrai, que la sœur qui a épousé **M. Letourneur** a été immédiatement placée dans une position spéciale, investie d'une autorité égale à celle de la supérieure ; on *l'a adjointe* à cette dernière, elle partage la direction, et dans ce moment supplée entièrement la sœur supérieure, qui fatiguée, a pris un congé temporaire.

Vous dites qu'un ***instituteur***, qu'un ***évangéliste***, qu'un ***missionnaire pourraient dans certains cas, avoir pour femme une diaconesse restant au service de l'œuvre.*** Non, bien ***que rien ne soit plus facile à comprendre,*** rien ne sera plus impossible à réaliser. Un mari, autre qu'un agent en chef ou qu'un directeur, ne permettra pas que sa femme fasse partie à titre de sœur, d'une corporation dont la supérieure, dont la *tête* a domination sur elle, peut, la transférer d'un lieu à l'autre, lui imposer à elle, sœur, tel ou tel travail qui ne lui conviendra pas à lui, mari, lui ôter le droit de régler ses dépenses, d'être maître et d'elle, et de sa famille, et de son chez-soi. Un mari pareil ne serait tout au plus qu'un vice-mari. Il ne s'en trouvera pas et vous n'en voudriez pas. Le jour où il y aura l'apparence d'un conflit entre la direction et le mari, il faudra choisir ; j'ose espérer que la sœur choisira l'obéissance au mari, mais enfin il y a là une autorité de trop ; c'est enfermer trois personnes dans le lieu qui n'en doit contenir que deux.

Aussi M. Vermeil ajoute-t-il, en parlant de la délibération du Conseil : « Il faut reconnaître toutefois que ce n'est *que rarement, et dans des positions en quelque sorte exceptionnelles* que cet article peut s'appliquer. »

Je maintiens qu'il n'y en a qu'une, une seule, celle que j'ai indiquée, la position qui assure au mari sa grande part d'autorité dans l'œuvre, qui assure à la femme un pouvoir analogue, et je dis que ces circonstances-là ne se rencontrent que lorsqu'on les fait exprès, pour les besoins de sa cause.

Mais il y a un autre moyen, j'y ai fait précédemment allusion ; d'autres institutions monastiques : les ordres religieux romains, y ont eu recours. Ce mode, qui vous permettra d'avoir des sœurs mariées et des frères aussi, c'est le tiers ordre. Vous ferez des constitutions particulières, vous aurez des statuts d'où disparaîtront les éléments trop crûment conventuels, vous ne garderez qu'une espèce d'affiliation ; la chaîne amenuisée, légère, flottera sans serrer, et vous direz alors qu'on se marie chez vous ! Osez le dire, personne ne s'y trompera ; pour tous ce sera *le tiers ordre*, ce ne sera jamais que cela ; le tiers ordre renfermant dans l'une comme dans l'autre communion, des hommes, des femmes célibataires ou mariés, et vivant dans les conditions normales. Vous avez voulu faire un pas vers la liberté évangélique sans sortir de l'esclavage où vous tient l'esprit conventuel, et vous n'avez fait qu'un pas de plus dans l'identité avec la Rome monastique.

Cela est si vrai, que contraint par sa position, le conseil, au moment même où il semble triompher, est forcé de poser les bases du tiers ordre.

: « Il va sans dire, ainsi s'exprime M. Vermeil, que la direction *aura à déterminer, d'une manière toute spéciale, sous quel titre et avec quelle attache la diaconesse mariée restera dans l'œuvre, et en quel sens doivent être modifiés et entendus ses rapports avec l'institution.* »

L'œuvre a voulu violenter son principe, c'est son principe qui la violente ; elle a voulu prouver que le mariage était compatible avec son organisation, elle prouve une fois de plus que le célibat est la condition même de son existence. Le mariage, ou fait sortir la sœur de la corporation, ou la fait entrer dans le tiers ordre. L'institution est ainsi, ou elle n'est plus : *Sint ut sunt, aut non sint.*

Soyons entièrement droits , ne nous permettons pas les confusions de termes; si nous nous croyons dans la vérité, ayons pleine confiance en elle; appelons chaque chose par son nom ; *sœurs,* les jeunes filles assujetties à la règle monastique ; *membres du tiers ordre,* les femmes mariées ou célibataires qui s'affilieront à l'institution sans y entrer ; *directrices,* les femmes qui, mariées, resteront dans le sein de l'ordre parce qu'elles auront épousé quelqu'un des fondateurs ou des agents supérieurs.

« : Grâce à Dieu, s'écrie après cela M. Vermeil, l'adversaire a perdu toutes les positions, ou peu s'en faut, qu'il avait prises contre nous au sein de l'Eglise et dans d'autres Eglises évangéliques. » —

L'institution des sœurs de la Charité dans le protestantisme n'a pas d'autre adversaire que la Bible. Tant que l'œuvre ne se sera pas transformée, la Bible conservera contre elle toutes les positions qu'elle a prises au sein de toutes les Eglises. Vienne le jour où la corporation se dissolvant, les œuvres qui s'étaient groupées autour d'elle, j'entends les bonnes, resteront seules debout, et alors, pour peu que le pur esprit de l'Evangile les anime, détruisant de son souffle les dernières obscurités du principe monastique, alors la Bible sera pour vous, alors ses esclaves viendront à vous les bras ouverts, joyeux de vous tendre la main et de vous soutenir plus fortement qu'ils ne vous ont attaqués.

Le rapporteur se félicite de ce que l'œuvre *a pénétré partout où la Réformation a rétabli le pur Evangile.* L'erreur est grave. L'Allemagne a inoculé son infidélité à beaucoup de pays, dans la plupart de ces pays même l'infidélité reste à l'état d'importation. L'Eglise vivante d'Angleterre, la Low Church et les nombreuses Eglises dissidentes repoussent l'institution de toute leur puissance. En Suisse, dans le canton de Vaud, ni l'Eglise nationale, ni les Eglises libres ne l'ont adoptée, et celles-ci bien moins encore que celle-là. En France, vous répétez aux Eglises que l'institution leur appartient, mais elles n'acceptent point cette offrande. Vous intitulez vos sœurs *diaconesses des Eglises évangéliques de France*, mais si quelques pasteurs et si quelques consistoires, pris individuellement, vous témoignent des sympathies et vous demandent des sœurs, les Eglises, pas plus les nationales que les évangéliques, ne vous ont accordé leur pleine adhésion. Vous ne leur appartenez point, elles ne vous appartiennent pas davantage ; l'immense majorité parmi elles résiste à vos bienfaits, et parmi les Eglises évangéliques, beaucoup protestent, dans le canton de Vaud, à Genève, en France, en nommant dans leur sein des diaconesses d'après le mode apostolique. Quant à l'Amérique, vous savez ce qu'elle fait de votre corporation.

: « Après avoir peuplé les établissements de l'Allemagne protestante et les Etats du Nord, s'écrie M. Vermeil, elle, la seule institution de Kaiserswerth, est passée du continent en Angleterre, et de l'Europe en Amérique. Là s'élèvent pour elle de nombreux hôpitaux et souvent des prisons. En Asie même, elle a déjà des stations florissantes ; Smyrne lui confie des écoles et Jérusalem lui doit, outre des écoles un vaste hôpital. » —

La phrase est plus ample que ne le sont les faits. Le seul pays où se soit rapidement propagée l'institution, c'est l'Allemagne, sol fertile à toute erreur parce que le soc de la Parole de Dieu ne l'a pas assez profondément labouré ; c'est encore l'Angleterre, je veux dire cette portion de l'Angleterre qui forme la haute, la large Eglise et qui tourne visage vers l'organisation romaine comme jadis les Israélites vers les oignons d'Egypte ; passé cela, passé la faveur dont jouit l'œuvre auprès de certains esprits à tendances monastiques, les succès sont petits ; il y a une constante disproportion entre les moyens, entre les ressources pécuniaires, entre les horizons, et le personnel, et les sympathies des nations protestantes.

Partout où il y a un consul prussien on voit arriver l'œuvre ; à Smyrne, à Beyrouth, à Jérusalem, elle vient sur un signe de l'agent politique, s'implanter et faire ce que de simples ouvriers évangéliques faisaient avant elle ; qu'est-ce que cela prouve ? que les employés du roi de Prusse servent fidèlement leur souverain ; pas autre chose.

Quant à Pittsburg, on en sait la fortune ; l'œuvre, pour s'alimenter sur l'ingrate terre d'Amérique, est obligée de tirer ses sœurs de Kaiserswerth.

Vous triompherez peut-être, je m'y attends. Je crois que les Eglises nationales vous appartiendront en partie, je crois que le même flot qui nous détache du rocher des Ecritures nous pousse vers l'écueil des traditions romaines, je crois que notre siècle verra quelque grande apostasie; il la voit déjà, déjà des âmes sincères mais séduites aspirent à reprendre ce qu'elles avaient rejeté; je crois sur la terre et pour la terre à toutes les victoires du mensonge; je crois au succès final de la vérité. Heureux alors, ceux qui, pour elle, auront su se condamner à de douloureux revers.

Oui, des succès vous en aurez, je vous les prédis, ils dépasseront votre attente comme ils ont dépassé les espérances de tous les fondateurs d'ordres; vous en serez étonnés, vous en serez peut-être épouvantés; triste privilége de tout égarement, ils n'ont manqué à aucune erreur. Mais je vous l'affirme non moins fortement, tant qu'il y aura une Eglise, un individu qui professe l'obéissance à toute la Bible, cette Eglise-là, cet homme-là vous résistera.

M. Vermeil, en présence de la marche de la corporation en Allemagne ne peut « que gémir contre les lenteurs et les entraves que l'œuvre trouve autour de nous. » La pensée du fondateur ne s'en élance pas moins vers les plus lointaines régions, il rêve l'établissement des sœurs dans les centres de populations protestantes pour la *visite des pauvres*, la *diffusion de la Bible*, le *soin des malades à domicile;* — trois vocations envahies du même coup : celle de chrétienne pratiquant les devoirs de la charité, celle de colporteur biblique, celle de père, de mère, de membre de la famille soignant ses malades. M. Vermeil rêve l'établissement des sœurs dans les *Eglises de campagne*, où elles réuniront autour d'elles *les petits enfants*, *visiteront les vieillards*, *les malades, s'occuperont des catéchumènes, neutraliseront l'effort des sœurs catholiques*,—en faisant filtrer le poison monastique dans toutes les fibres de notre Eglise.

Chers troupeaux, paroisses des villes, et vous pauvres assemblées des campagnes, gardez-vous de tels présents; méfiez-vous des bonnes œuvres qui renversent le dessein de Dieu; cherchez autour de vous, ouvrez vos yeux, regardez, pour peu que vous ayez vie vous trouverez une pieuse fille, une pieuse femme qui tiendront votre école; vous trouverez des diaconesses selon l'Ecriture; vous tous chers amis, vous qui croyez et qui aimez le Seigneur, vous irez visiter vos vieillards, vous soignerez vos malades. Ayez foi en la puissance de Dieu, soyez certains que la fidélité est plus facile que la désobéissance; ne vous laissez pas débouter du droit de remplir vous-mêmes ces devoirs que Dieu impose à toute Eglise; agissez, votre action vous fera grandir; et bientôt de toute la France, réveillée, vigilante, ardente au labeur s'élèvera ce cri : Reprenez vos dons, nous n'en avons pas besoin, la Bible nous fournit au delà de ce que vous nous offrez; nous avons des diaconesses, nous avons des maîtresses d'école, nous avons des directrices pour tous nos établissement de charité, et nous-mêmes, nous tous, nous pratiquons la charité dans ses applications les plus variées, nous possédons ce que possédait l'Eglise apostolique, tout ce qu'autorise la Parole de Dieu, nous ne voulons rien de plus.

M. Vermeil oppose le service des sœurs au zèle des chrétiennes les plus dévouées, « mais qu'entravent si souvent les *devoirs de famille*, les *positions* et les *convenances sociales, le manque de direction et de ressources*. » — Nous y voilà revenus. On ne peut poser plus nettement, d'une part le but de l'œuvre qui est de suppléer partout l'action individuelle, de l'autre son caractère, qui est la dépendance et la machinisation des forces. Quant aux *convenances sociales* qui empêchent de visiter les pauvres et de faire du bien, je ne les connais pas.

Un pasteur s'est adressé à la direction, ce pasteur est à la tête d'une Eglise que M. Vermeil nous peint comme *nombreuse*, *aisée* et *zélée*. Dans cette Eglise, des sœurs de la Charité sont venues s'établir; par conséquent il faut au pasteur *une sœur* protestante, c'est clair. — Nous ne connaissons pas cette Eglise-là; cependant une paroisse *nombreuse, aisée, zélée*, où le *nombre des protestants dépasse la population catholique* environnante, et qui ne pourrait ni faire avec le secours de la société pour l'instruction primaire les frais d'une école, ni trouver dans son sein ou ailleurs une institutrice, ni déléguer à plusieurs de ses membres la mission spéciale de veiller au soulagement des pauvres, ni imposer à tous le devoir si doux de les visiter et de les soulager; une telle Eglise nous paraîtrait un phénomène heureusement unique en son genre; nous prendrons la liberté de la supplier de se secouer un peu, de s'examiner, et de voir si l'Evangile ne peut pas lui donner ce qu'elle demande à l'esprit monastique. Oui, nous osons le lui garantir; quand elle le voudra, elle aura une école; quand elle le voudra ses pauvres seront secourus, ses malheureux consolés, et si elle ne peut opposer sœur à sœur, costume à costume, célibat à célibat, obéissance à obéissance, si elle est en un mot battue sur le terrain de l'organisation conventuelle, elle pourra montrer au clergé romain des alentours ce que montre l'Angleterre franchement protestante au cardinal Wiseman, ce que montre l'Amérique du Nord à l'Amérique du Sud, ce que la Suisse réformée montre à la Suisse catholique : des œuvres, beaucoup d'œuvres, sans moines et sans nonnes.

M. Vermeil n'a pu répondre au désir du pasteur qui lui demandait une diaconesse : « Et il en sera ainsi, dit-il, tant que nos Eglises ne s'occuperont pas plus de nous que ne l'a fait jusqu'à ce jour cette chère Eglise elle-même, dont vous venez d'entendre le cri. »

C'est fort aisé à comprendre : — Envoyez-nous des jeunes filles et nous vous renverrons des sœurs ; envoyez-nous de l'argent et nous ferons de ces sœurs les institutrices de vos écoles, les visiteuses de vos pauvres.

Encore un coup, gardez vos jeunes filles et faites-en vous-mêmes des institutrices ; gardez votre argent et appliquez-le vous-mêmes à vos œuvres. Votre institutrice, si elle a du zèle, qu'elle s'appelle sœur ou non, sa tâche une fois terminée, visitera vos pauvres ; ce qu'elle ne fera pas, (et remerciez Dieu de ce qu'elle ne peut tout faire), d'autres le feront. Le nom de sœur n'a point de vertu magique pour donner des forces surnaturelles, pas plus qu'il ne communique un savoir particulier ou une charité supérieure. Les sœurs sont dans les conditions de toute autre mortelle, ni plus infatigables, ni plus dispensées de faire les études nécessaires, ni plus douées que d'autres femmes chrétiennes. Et quant à vos indigents et à vos malades, ils se trouveront mieux, croyez-le, des soins de voisines pieuses, de mères de familles expérimentées, au fait des exigences de la vie, connaissant pour y avoir passé les diverses situations de l'existence, que des secours très zélés, je n'en doute pas, que de l'affection très sincère mais très ignorante, de jeunes sœurs pour qui la plupart des accidents de la vie normale sont lettres closes.

M. le pasteur Rognon de Montpellier prend la parole après M. Vermeil. Il ne rentre pas dans la discussion ; il accepte franchement les trois tendances monastiques reprochées à l'œuvre, et déclare qu'elles remplissent trois lacunes du protestantisme. Nous aimons cette loyauté, elle nous dispense de beaucoup de travail.

La première tendance, ou mieux le premier fait d'après M. le pasteur Rognon, c'est *la discipline* (je pense qu'il veut dire l'obéissance). — On soupire dans le protestantisme après l'organisation, après la discipline, on regarde d'un œil de convoitise l'Eglise romaine, son organisation, *sa discipline*. — Eh bien, grâce à l'institution des sœurs on aura tout cela, on ne soupirera plus, on ne convoitera plus.

La seconde tendance est la *spécialité, la division du travail*. M. le pasteur Rognon l'approuve également.

La troisième est la *vocation*, la vocation de *sœur*.

M. le pasteur Rognon se demande si la *vocation de diaconesse existe réellement* ou si *elle n'est que fictive et contrainte;* il pense qu'elle existe, et qu'en conséquence, le *droit de tous*, c'est de la *discerner* et de l'*encourager*.

Arrêtons-nous, ne regrettons pas notre peine, la question veut être creusée.

La diaconesse de l'Ecriture est une femme qui, mariée ou non, mère ou non, veuve ou non, célibataire ou non, peut disposer d'une partie plus considérable de son temps que toute autre femme chrétienne, et qui est en outre par son caractère, par sa foi, mieux appropriée qu'une autre à remplir les fonctions du diaconat. En devenant diaconesse, elle reste ce qu'elle était avant, sauf une charge et des bénédictions de plus. — Dans ce sens-là, au sens biblique, il y a des vocations de diaconesse, il y en a beaucoup, discernons-les, encourageons-les, c'est notre devoir à tous.

La diaconesse de M. le pasteur Rognon est une jeune fille, une très jeune fille qui, à l'aurore de la vie, quitte la famille, le pays, la paroisse où elle est née et qu'elle pourrait directement servir, déserte la vie normale avant de savoir ce qu'elle avait à lui demander ou à lui offrir, entre dans une corporation où son jugement, où sa libre détermination, où ses facultés d'appréciation individuelle doivent s'abdiquer. Elle devra à la supérieure, au directeur, une soumission filiale, bien qu'ils ne soient ni son père ni sa mère, ni une autorité instituée par le Seigneur. Là, elle se laissera gouverner en tout et pour tout ; elle renoncera à la douceur de soulager ses parents, elle deviendra le rouage d'une grande machine, elle revêtira un costume, elle ne s'appellera plus de son nom de famille, elle ne se mariera point sous peine de renoncer à la corporation ; de toutes les conditions qui lui sont imposées, elle ne trouvera pas trace dans la Bible, pourtant elle y devra croire, elle devra les respecter et c'est là ce qu'on appellera *sa vocation, la vocation de diaconesse !*

Je vous le déclare, cette vocation-là est une invention d'homme, cette vocation-là est factice, et si elle existe réellement (hélas ! elle doit exister comme toutes les erreurs), il faut la discerner, la discerner mais pour la combattre et pour la détruire.

Et ne nous venez pas parler des femmes qui suivaient Jésus alors que Jésus montait à Jérusalem ; quel rapport a ce saint cortége avec votre institution? Qu'ont de commun, je vous prie, Jeanne, épouse de Chuzas, et les Marie, et les mères des apôtres qui durant le court ministère du Seigneur l'accompagnaient dans quelques-unes de ses courses, avec vos corporations, vos constitutions, vos supérieures, vos sœurs en titre, vos sœurs adjointes, vos sœurs aspirantes, votre célibat, votre obéissance, votre organisation romaine ? — Il serait plus sage de nous dire que parce que de saintes femmes se joignaient dans de certaines circonstances à la foule des disciples et marchaient avec eux derrière le Sauveur, nos pasteurs en voyage devront se faire suivre par de pieuses chrétiennes qui les assisteront de leurs biens tout en écoutant leurs prédications. Vous ne l'oseriez pas, cela pourtant semblerait se rapprocher des textes que vous avez cités, votre œuvre s'en éloigne absolument.

Le rapport se termine par quelques allocutions de divers amis de l'institution.

Après treize ou quatorze ans d'existence, l'ordre renferme seize diaconesses, vingt-huit sœurs adjointes ou aspirantes.

Vingt-six sœurs sont employées dans la maison mère outre les aides et autres agents dont on ne dit pas le nombre.

Huit postes sont desservis en dehors, sept ont été précédemment abandonnés.

Huit œuvres sont desservies au dedans.

Tel est l'état de la maison ; telle est la situation de l'ordre en France : protections puissantes, peu de sympathies parmi les troupeaux, des œuvres à l'intérieur pour le soutenir et lui donner sa raison d'être, des sommes énormes consacrées à obtenir un assez médiocre résultat, et comme dans toutes les corporations analogues, un dévouement positif, qui, sans avoir les caractères extraordinaires qu'on lui prête, est très sincère néanmoins. Nous nous plaisons d'autant mieux à le reconnaître qu'il est le fruit de la foi chrétienne et non la conséquence de l'infidélité.

J'en ai fini avec les rapports, je n'en ai pas fini avec l'institution parisienne. La séance annuelle, tenue au mois de mai de cette année, nous amène un incident nouveau, très grave, et qui demande l'examen.

M. Vermeil prend la parole[1] : Le moment ***est venu***, dit-il, de donner à l'œuvre ***un complément d'organisation***, en établissant dans le sein même de l'institution une ***école pratique de diaconesses !***

On y recevra des jeunes filles de ***dix-sept ans***. « Elles seront ***formées à la vocation de diaconesse*** en passant par les différentes branches d'instruction que comporte l'organisation de l'œuvre, mais ***seront néanmoins préparées dans la branche*** pour laquelle elles auront une vocation spéciale ! »

Voilà le grand pas, fait au grand jour.

On ne trouvait pas de sœurs. En vain avait-on abaissé l'âge d'entrée, en vain avait-on proposé des bourses, en vain avait-on essayé de transformer l'apprentissage en pépinière de sœurs, cela ne prenait pas ; la vocation effarouchait, on avait peur, on n'entrait point. Abaissons le pont-levis, abaissons-le tout à fait, créons une école pratique. Accourez ! nous vous ***formerons à la vocation de diaconesse***. A cet âge où l'âme est comme une cire molle nous appuierons fortement sur elle le sceau de la vie monastique, et puis cela fait, après trois ou quatre ans passés dans notre atmosphère de couvent, nous vous laisserons ***libres*** de choisir.

Libres ! on fait grand bruit de cette liberté, et il y a là une aberration inouïe. Quoi ! vraiment votre apprentie diaconesse sera libre d'entrer ou de n'entrer pas dans la corporation, votre aspirante est libre de devenir adjointe ou de vous quitter, votre novice est libre de se faire sœur ou de s'en aller ! voilà qui est merveilleux ! vous ne les contraignez point, vous ne les mettez point sous les verrous ; vraiment vous êtes de bons protestants, fidèles aux bibliques principes de la Réforme. Cependant attendez un moment, permettez

[1] *Espérance* du 18 mai 1854.

moi de jeter un coup d'œil sur les ordres religieux romains ; voilà qui est étonnant, j'y vois la même chose ! Je vois l'aspirante, je vois l'adjointe, je vois la novice parfaitement libres de rentrer dans la vie normale ou de se décider pour la corporation. En quoi donc différez-vous, je vous prie, des institutions romaines? Quelles garanties offrez-vous à vos pensionnaires, à vos novices, à vos aspirantes que les institutions romaines n'assurent aux leurs ? Vous venez d'ouvrir un séminaire, tout juste comme eux, aux mêmes conditions, ni plus ni moins ; c'est une pépinière de recrutement pour vous comme pour eux ; nos enfants y entreront au même titre, dans le même but, avec les mêmes droits que les leurs ; je vous défie de nous montrer une différence ; et c'est cette œuvre accomplie, c'est ce couronnement de votre entreprise posé, c'est arrivé que vous êtes à cette dernière, à cette inévitable conséquence du principe monastique, c'est quand vous faites trait pour trait ce qu'ont fait tous les fondateurs de couvents que vous venez solliciter l'acceptation générale des Eglises, que vous venez parler de la disparition de nos dernières défiances ! Ne dites pas nos défiances, dites notre répulsion, dites notre opposition raisonnée, biblique, immuable, et sachez que ce dernier acte y met le comble.

Vous avez écrit le mot *liberté* sur la porte de votre école pratique, vous ne l'avez pas écrit en plus gros caractère que l'Eglise de Rome sur la porte de ses séminaires. Et si vous ne l'aviez pas écrit, personne ne serait entré. Mais on entrera, peut-être, et c'est à vous que je m'adresse maintenant, pauvres jeunes filles enveloppées dans le filet. Vous y voilà, rompez-en les mailles si vous le pouvez. Ou vous tromperez le vœu de vos bienfaiteurs, l'espérance de vos directeurs, les soins de vos institutrices en refusant d'appartenir d'une manière quelconque à la confrérie, ou plus reconnaissantes, moins étrangement rebelles à l'éducation qu'on vous aura donnée, vous resterez unies à l'institution. Deux conditions s'offriront à vous alors : le tiers ordre et la vocation régulière. Si vous choisissez le tiers ordre, vous serez affiliées à la corporation avec de certains droits, de certains priviléges et de certains devoirs : on vous appellera *diaconesses correspondantes*, et comme le tiers ordre de Kaiserswerth auquel tout ce plan est emprunté, comme le tiers ordre de la Mercy, vous contribuerez à établir partout la confrérie. Si vous choisissez la vocation de sœur, vous entrerez dans l'institution aux mêmes conditions que les autres membres, car elle *reste dans l'avenir ce qu'elle a été dans le passé.*

Le prix de l'école pratique est de 400 *francs;* on va créer des bourses et des demi-bourses, c'est-à-dire des engagements.

J'ai tout dit sur ce système, j'ai tout dit à propos de la pépinière de Kaiserswerth, j'ai tout dit, et pourtant je veux le redire encore.

Vos bourses, vos demi-bourses, c'est l'achat de la consécration du pauvre qui sans cela ne se serait pas consacré, par le riche qui ne veut ou ne peut pas se vouer : « Il y a lieu d'espérer, dites-vous, que ce *développement des principes de l'œuvre sera favorablement accueilli* de notre public religieux, et que l'appel *fait en terminant* par M. le pasteur Vermeil *pour que les Eglises envoient promptement et abondamment des élèves* produira son effet ! » — Nous le voyons tous. Il ne s'agit plus de provoquer des vocations, il s'agit de les inventer, il s'agit de les contraindre. Il y a là une dîme prélevée de force sur les indigents ; oui, par la force que donne la pression de l'or.

— : Je veux que l'œuvre marche, je veux qu'elle entre dans la constitution de nos Eglises malgré la répugnance de nos Eglises ; j'ai de l'argent, et mon argent fera ce que mes paroles n'ont pu faire. Ma voisine que voilà est pauvre, elle est mère de quatre filles, je vais lui en prendre une, je payerai sa pension, j'en ferai une diaconesse, et cette mère qui n'a ni pain pour la nourrir ni habits pour la vêtir ne demandera pas mieux ! » — Cela est hideux ; vous qui l'avez imaginé, vous ne vous en êtes pas rendu compte ; vous voulez le bien, l'acte reste odieux : il attente à la conscience, c'est une injure à ce que vous appelez *la vocation*. Le séminaire tue la vocation, on a des séminaires quand on n'a point de vocation vraie.

Et vous églises, à qui on demande des élèves, pesez bien votre responsabilité. Ne vous dites pas que cette jeune fille que vous envoyez à la maison mère sera libre ; elle ne le sera point. On n'est point libre quand l'intelligence n'est éclairée qu'à demi, quand l'oreille n'entend qu'un son, quand l'œil ne voit qu'un horizon, quand les questions ne se présentent à l'esprit que par un seul côté. Je me trompe, votre jeune fille sera libre comme l'est une pensionnaire de couvent soumise à l'action journalière d'une supérieure et de sœurs qui ont tout intérêt à en faire une nonne. Voilà sa liberté. Au nom de Dieu, au nom des droits de la conscience, ne donnez pas la main à cette œuvre-là.

Tournons un peu nos regards et voyons quel chemin le principe monastique nous a fait faire. D'abord l'institution était une carrière ouverte aux existences manquées ; de ces existences-là, qui foisonnaient, pas une ne répond. On abaisse l'âge, c'est vingt et un ans, c'est seize ans, c'est moins encore ; on élargit le champ du travail; c'est l'école, c'est l'asile, c'est la direction de divers établissements, ce sont les visites des pauvres, c'est presque la charge pastorale. Il ne vient personne ou presque personne. On presse les appels, on leur donne la forme la plus impérative : rien. On s'adresse tour à tour au cœur des ministres de l'Evangile, des femmes du troupeau, des associations : rien. On transforme l'apprentissage en pépinière, même le disciplinaire : cela ne réussit que médiocrement. Enfin, enfin, on fait comme il faut faire quand on a quitté l'Evangile pour suivre Rome, on franchit la dernière limite, on a un séminaire, on achète (c'est le mot, il est dur mais il est vrai, et un jour vous nous remercierez de l'avoir dit), on *achète* des vocations d'enfants!

N'êtes-vous pas épouvantés comme nous. Oui je le sais, vous ferez pour vos pensionnaires de couvent ce que l'évêque fait pour ses novices. Après les avoir *formées pour la vocation,* vous leur demanderez de très bonne foi si vraiment elles l'ont; vous leur demanderez si vraiment elles embrassent de bon cœur l'état pour lequel vous les avez élevées; vous leur en peindrez les difficultés, vous les engagerez à réfléchir; elles vous répondront qu'elles ont réfléchi, qu'elles sont irrévocablement décidées, qu'elles ont tout comparé, tout pesé dans *leur expérience,* elles vous déclareront qu'elles ne sauraient vivre heureuses hors de la confrérie, elles vous diront ce que disent toutes les petites pensionnaires de couvent dont on a décidé de faire des religieuses; vous le croirez, et vous en ferez des sœurs. Vous en ferez des sœurs parce que vous n'ouvrez votre école pratique que pour cela, parce que vous êtes aux abois, et qu'il vous faut ou périr ou grandir.

Vous avez raison de dire que l'institution reste dans l'avenir ce qu'elle était dans le passé, il n'y a pas le moindre changement, sauf qu'elle n'acceptait les vocations qu'à vingt et un ans et qu'elle s'en empare dès l'enfance, sauf qu'elle les attendait et qu'elle les saisit, sauf qu'elle les provoquait bien inutilement et qu'elle les contraindra très efficacement. Voilà tout; ceux qui nous présentent cela comme une concession à l'esprit de l'Evangile ou sont victimes d'une inqualifiable hallucination, ou nous croient plus débonnaires qu'il n'est permis de l'imaginer [1].

Je n'insiste pas sur les caractères généraux de l'œuvre parisienne, ils sont dans tous les pays identiques.

[1] Nous recevons le rapport de 1854. L'extrême détresse de l'œuvre quant au personnel a commandé la mesure que viennent de prendre les fondateurs.

Le nombre des sœurs, qui s'élevait à seize en 1853, est tombé à quatorze. Celui des aspirantes et des adjointes, qui en 1853 était de dix-huit, n'est plus que de douze.

« C'est là, dit M. Vermeil [1], une situation très peu satisfaisante. Non-seulement nos sœurs sont en trop petit nombre, *mais nous perdons le plus souvent celles qui sont formées, et de là nos difficultés incessantes* pour suffire aux œuvres de la maison. »

Je ne vous le fais pas dire, c'est bien de vous-mêmes que vous le déclarez; dès que vos sœurs usent le moins du monde de leur liberté, dès qu'elles prennent des congés, dès qu'elles rompent avec la confrérie, dès qu'elles rentrent dans leur famille ou s'adonnent en dehors de vos liens à quelque œuvre de charité, dès qu'elles se marient (une d'entre elles l'a fait cette année), dès que cinq ou six d'entre elles, en un mot, prennent au sérieux vos protestations à l'endroit de leur parfaite indépendance, vous voilà aux abois; votre institution fléchit, vous êtes forcés d'imaginer des moyens héroïques pour sauver vos maisons mères : « Cette pénurie d'ouvrières est le mal profond dont souffre l'œuvre, *la plaie qui la ronge* [1]. »

Les écoles normales ne connaissent pas ces disettes d'agents. Elles se recrutent naturellement, parce qu'elles sont elles-mêmes une création naturelle.

Quant à vous, vous ne pouvez subsister qu'avec la persévérance finale de vos sœurs; leur indépendance, dès qu'elles s'en servent, vous tue. Ceci est frappant; pensons-y.

A tout prix donc, il fallait des diaconesses. L'adjonction, *l'aspirance*

[1] Treizième état de situation. 1854. p. 18.

[2] Treizième état de situation. 1854. p 18.

On a fait remarquer la marche particulière qu'imprimait à l'institution l'opposition de la généralité des troupeaux unie à l'action de la critique évangélique : peu d'entrées, beaucoup de sorties, surtout avant la consécration définitive. La situation est à peu près la même que dans

étaient là, les appels se succédaient, on n'y répondait point. Que faire? Frapper un grand coup sur les préventions. Au fond, on n'a rien changé; les conditions pécuniaires d'admission, les bourses, les demi-bourses, la prolongation ou même le redoublement facultatifs du temps d'épreuve, les noms d'aspirantes et d'adjointes, tout est resté identique [1]; mais on a écrit en grosses lettres les mots rassurants d'*Ecole préparatoire*, sur la porte de la maison mère ! Tout est dit.

Vous ne vouliez pas vous faire sœur. Venez, vous ne serez plus qu'élève. Une fois dedans, il est vrai, nous vous donnerons l'uniforme conventuel, nous vous nommerons *aspirante*, puis adjointe, nous vous placerons sous la direction immédiate de diaconesses conductrices. Ne vous effrayez pas! le noviciat terminé, vous aurez la liberté qu'ont toujours nos adjointes et toutes nos aspirantes, la liberté dont jouit toute pensionnaire de couvent, toute novice; la liberté d'entrer dans la corporation ou de n'y entrer pas. Hâtez-vous d'en user, car vous retirer après avoir définitivement pris l'habit, ce serait, nous l'avouons maintenant, ce serait *se donner un démenti, rompre un lien officiel, déposer un titre déjà porté, compromettre le présent et l'avenir.... toutes choses fort pénibles et qui nous ont souvent attristés et gênés* [2].

Vous partez, très bien; seulement attendez un peu, ne nous quittez pas tout à fait. Voici notre *tiers ordre*, nous venons de le créer tout exprès pour vous justement qui vous méfiez de notre confrérie. Entrez-y, vous ne vous appellerez plus que *diaconesse correspondante*, pourtant vous nous appartiendrez encore un peu.

Lisez l'article 25 de nos statuts de 1854. Voyez. « Les diaconesses correspondantes sont celles qui obtiennent *du conseil*, leur adjonction à l'association. Dans ce but, *elles s'engagent à se tenir dans l'esprit et les habitudes, dans la manière de vivre et de se vêtir que l'association adopte pour ses membres, à correspondre régulièrement avec la maison de Paris, à reconnaître au conseil de direction le droit de les surveiller et même de les reprendre*, et à PROCURER LE BIEN DE L'INSTITUTION partout où elles seront employées. »

Vous croyez, femme inexpérimentée, vous croyez que l'esprit de l'Evangile, que les habitudes chrétiennes suffisent à une servante de Dieu! C'est

[1] Treizième état de situation. 1854. p. 47 des nouveaux statuts, art. 13, note 1, art 16 et pag 21 du rapport où le redoublement du temps d'aspirance et d'adjonction est nettement spécifié.

[2] *Id., id.*, p. 22. L'article 24 fixe à *six mois* le temps que la sœur doit passer dans l'institution, après avoir donné sa démission.

la Suisse française; même Réforme, même esprit d'examen, même défiance.

A cette heure tournons-nous vers Strasbourg, second siége de l'ordre en France, nous y retrouverons la Réforme luthérienne, nous y retrouverons l'enthousiasme

une erreur, il lui faut encore *l'esprit, les habitudes, la manière de vivre et de se vêtir* adoptées par notre association.

Vous croyez qu'une entière soumission à Jésus, vous croyez qu'une parfaite déférence pour les conducteurs de votre Eglise sont tout ce que Dieu vous demande! Vous vous trompez, il faut encore *correspondre régulièrement* avec notre maison mère, reconnaître à notre conseil le droit de vous *surveiller*, même de vous *reprendre*, c'est-à-dire de vous *diriger*, ni plus ni moins.

Vous croyez n'avoir pas d'autre mission que de procurer partout où vous serez employée la gloire de Christ avec l'extension de l'Evangile! C'est vous faire une pauvre idée de vos devoirs; il faut encore, où que vous alliez, vous attacher à *procurer le bien* de l'institution des sœurs, en d'autres mots la gloire du couvent!

Impossible d'être plus net, impossible de copier plus hardiment les constitutions et l'esprit romains. — Vous pasteurs, vous Eglises qui appellerez dans votre sein ces diaconesses asservies aux habitudes, au genre de vie, au costume, à l'esprit d'un ordre religieux dont on ne trouve pas trace dans l'Evangile; vous qui introduirez chez vous, vous qui remettrez vos œuvres à ces jeunes femmes spécialement chargées de *procurer le bien* de leur corporation, pesez bien votre résolution, elle en étonnera plus d'un par ses conséquences.

Si de tels faits ne nous réveillent pas, nous tous gens de la Bible, un miracle du ciel ne nous tirerait pas de notre torpeur.

En échange de l'assujettissement qu'il impose aux sœurs correspondantes, le conseil leur offre sa protection; il leur trouvera des emplois; lorsqu'elles seront sans place, la maison mère les recevra comme pensionnaires à des conditions de faveur; elles iront s'y retremper dans la vie conventuelle; en cas de maladie, la maison mère leur donnera un asile au-dessous des prix les plus réduits.

Les fondateurs ont profité de cet apparent remaniement de leur œuvre pour relever la situation des diaconesses *unies* ou sœurs proprement dites.

Art. 19. Leur association constitue avec le conseil de direction et le comité de surveillance, le *corps* duquel l'institution dépend tout entière.

Ce corps a sous lui des employées laïques (art. 18), véritables converses astreintes à l'obéissance et traitées *comme les diaconesses, moins les avantages et les priviléges particuliers assurés à celles-ci.*

C'est d'une manière toute morale que la position des sœurs proprement qui caractérise l'Allemagne, nous y verrons l'institution reprendre ses franches coudées et se développer largement.

dites s'exhausse, car dans le fait et quoi qu'en disent les fondateurs, il ne leur est pas accordé un privilége de plus, pas même un de ces droits importants dont jouissent la plupart des sœurs catholiques, tels que choix de la supérieure, réélections, voix au chapitre lorsqu'il s'agit de la formation ou de la modification des règles [1]. Non, ici comme pour le noviciat le fond reste le même, il n'y a de changé que la manière de le considérer.

Le conseil continue donc de nommer la supérieure. Art. 20. Son choix peut tomber dans certains cas sur une personne qui ne serait pas diaconesses. Par le fait de sa nomination cette personne deviendrait sœur, d'un seul coup! — Elle recevrait les trois ordres à la fois, comme les évêques laïques du bon temps, saisis, ordonnés, sacrés, mitrés en un jour.

Une fois élue, la supérieure peut être maintenue indéfiniment *par le conseil.*

Art. 21. Toutes les diaconesses-unies votent pour la réception de nouvelles sœurs. Voilà le seul vestige d'un droit quelconque; la portée de celui-ci n'a rien d'inquiétant pour l'autorité directrice, présentation étant faite par le pasteur-président et par la supérieure.

Les fondateurs promettent tout de nouveau, p. 23, un asile à leurs sœurs : *la maison mère*, où elles trouveront *une famille*, *un intérieur*, *un avenir assuré*.

Par le fait du tiers ordre, la diaconesse unie s'élève d'un degré. Sa place est mieux définie, et M. le pasteur Vermeil qui signale ce progrès de l'œuvre s'en félicite. Les aspirantes, les adjointes vont dépendre plus nettement de la sœur; la supériorité de la sœur, et sur les novices, et sur les membres du tiers ordre devient un caractère plus saillant de l'institution, aussi je ne doute pas qu'une telle situation, bien faite pour réveiller le saint orgueil conventuel, ne séduise à leur insu les jeunes filles élevées dans la vénération des sœurs, dans l'obéissance aux sœurs.

A moins d'un grand réveil du bon sens chrétien, l'ordre va recevoir une forte impulsion.

M. le pasteur Vermeil affirme que le plan de ce qu'il appelle *l'école préparatoire* reposait en germe dans sa pensée dès les débuts de l'œuvre. Nous allons plus loin que lui, et nous affirmons que le noviciat sous cette forme, avec le tiers ordre pour corollaire, vivait, qu'il a toujours vécu au cœur même de l'œuvre, à la façon dont le bourgeon vit au cœur de l'arbre. Nous nous joignons donc à M. le pasteur Vermeil pour reconnaître dans son tiers ordre et dans sa pépinière de futures sœurs une conséquence parfaitement naturelle, parfaitement inévitable et parfaitement caractéristique des corporations monastiques, soit protestantes, soit romaines.

[1] Art. 21. « Toute diaconesse-unie s'engage à observer non-seulement les statuts et les règlements existants, *mais tous ceux qui pourraient être adoptés.* »

STRASBOURG.

Je passerai rapidement sur l'institution alsacienne; par l'esprit nous sommes en Allemagne; Strasbourg, c'est à peu de chose près Kaiserswerth.

Dès l'année 1836 [1], M. le pasteur Hærter, fondateur de l'ordre à Strasbourg, avait réuni quelques-unes de ses catéchumènes dans un but de charité. Parmi ces jeunes filles plusieurs entreprirent de visiter les pauvres; cela dura sept années, après quoi les diaconesses évangéliques devinrent diaconesses monastiques, c'est-à-dire sœurs, et séduites par l'exemple de Kaiserswerth qu'on prit pour modèle, elles quittèrent le service de Dieu selon la Parole pour la consécration exclusive selon la sagesse humaine.

C'est à Kaiserswerth que se forma la première sœur de Strasbourg. En 1842 la maison mère s'ouvrit dans cette dernière ville.

Les statuts ressemblent à tout ce qu'on connaît. Le but est le même : l'envahissement général des œuvres [2]. La profession la même : le dévouement par amour [3].

Le noviciat dure un an. Au bout de l'année la novice ou *Probe-Schwester* peut sortir, comme elle peut sortir de tous les couvents, en payant sa pension

[1] Premier rapport. 1843. [2] Art. 2. [3] Art. 1er.

(300 francs par année d'épreuve), sans compter le trousseau [1].

Une fois *diaconesse reçue*, la sœur de la Charité protestante de même que la sœur de la Charité catholique, est engagée pour un an, renouvelant à volonté sa promesse, comme la sœur romaine [2].

Elle ne reçoit pas de récompense *terrestre*, mais elle est défrayée de tout.

Lorsqu'elle est investie de son emploi, la sœur *promet solennellement devant le Seigneur, devant la confrérie* (Schwesternschaft) *et dans les mains du pasteur de l'établissement, de se conduire avec obéissance,* bonne volonté, fidélité dans son service, comme *suivante* de Jésus-Christ [3].

L'institution est extérieurement dirigée par un conseil; intérieurement, la corporation est placée sous l'autorité de la *sœur supérieure*, aidée par une *sœur* ou *mère économe* (Hausmutter) [4].

La maison en 1843, un an après l'ouverture, possédait *six* sœurs et *quatre* novices.

Cette même année, la première, une diaconesse se marie; c'est le seul mariage qui, à ma connaissance, se trouve mentionné dans les rapports durant l'espace de dix années. Il se place naturellement aux débuts de l'œuvre, au moment où les jeunes filles longtemps diaconesses à la façon de la Bible, sont mal accoutumées encore au joug monastique : cela viendra.

Qui a lu les rapports de Kaiserswerth, les lettres de miss Sellon, les comptes rendus de Paris a lu les bulletins de toutes les institutions du même genre.

En quelques mots je signalerai l'identité.

M. le pasteur Hærter, fondateur, appelle les sœurs

[1] Art. 5. [2] Art. 6. [3] Art. 7. [4] Art. 8.

Jüngerinnen Jesu (*Jüngern* est en allemand le nom donné aux *disciples*). Les sœurs sont donc spécialement nommées *disciples* du Seigneur.

M. Hærter se félicite de ce que le protestantisme peut montrer à l'Eglise romaine des *corporations* semblables à celles de Rome[1]. A mesure que se développe l'œuvre, le fondateur achète des maisons pour l'abriter; il établit au-dessous de la supérieure des sœurs directrices chargées des divers établissements réunis autour du centre; il dote la confrérie de sœurs *servantes* et de *Beischwestern* (converses).

Quelques critiques ont légèrement inquiété M. Hærter en opposant le diaconat évangélique à ses sœurs, mais M. Hærter se rassure en se disant que le christianisme vivant porte en lui quelque chose d'*admirablement organisateur*. Tout juste ce que se dit Rome. Et puis, le respectable fondateur ne cherche pas le christianisme biblique *dans les formes*, il le trouve *dans le fond;* cela achève de le mettre à l'aise.

La supérieure, qui à Kaiserswerth, à Paris, dans le canton de Vaud est nommée à vie sans le concours des sœurs; ici est élue ou mieux *réélue* à volonté par le vote des sœurs les plus *anciennes*, les plus *éprouvées*, qui pour cet office se réunissent au conseil. Le fondateur de Strasbourg emprunte aux ordres religieux romains cette garantie, ce droit des sœurs dont les fondateurs de Paris, de Kaiserswerth et du canton de Vaud n'ont jusqu'ici pas voulu pour elles.

Il est curieux de remarquer comment, dès le début, les légères différences de règles se dessinent. Nous aurons, de même que Rome, des ordres particuliers avec des constitutions spéciales renfermés dans la grande

[1] Deuxième rapport. 1844.

règle commune et générale : nous aurons la règle de Kaiserswerth, la règle de Devonport, la règle de Paris et celle de Saint-Loup, sans compter les autres.

M. le pasteur Fliedner se rend à la séance annuelle de l'œuvre de Strasbourg, il y presse à son ordinaire les *ouvriers oisifs* sur la place du *marché*, de se rendre *à l'appel du Maître*, il s'écrie que des *milliers de diaconesses* ne seraient pas de trop [1].

[2] M. Hærter a peu de défections à enregistrer, cependant il avoue que pendant son noviciat, la sœur a de *rudes combats à essuyer jusqu'à ce qu'elle soit guérie et purifiée de ce qui l'empêche de suivre entièrement le Sauveur*. Nous savons ce que c'est dans le langage des fondateurs que suivre le Sauveur, et nous savons aussi *ce qui en empêche*.

Les ordres se visitent en la personne de leurs supérieures ; comme dans les monastères romains ; ainsi la supérieure de la maison de Berlin et la supérieure de la maison d'Utrecht sont venues congratuler les sœurs de Strasbourg.

Partout la vocation est appelée *sainte*.

Les fondateurs reconnaissent qu'il peut exister d'autres institutrices que les sœurs, *mais les diaconesses sont bien plus propres à cette œuvre* (l'œuvre de l'éducation), *surtout parce qu'elles s'appuient sur la maison mère*, parce qu'elles y retournent, parce qu'elles s'y retrempent. *Elles sont aptes à diriger les écoles de tous les degrés, depuis les salles d'asile jusqu'aux plus élevées*.

On disait cela en 1848 [3]. En 1853 [4] il fallait avouer que les sœurs *n'étaient pas propres à l'instruction primaire ;* l'on manifestait l'intention de se borner à la direction des salles d'asile.

[1] Quatrième rapport. 1846. [2] Cinquième rapport. 1847.
[3] Rapport de 1848. [4] Rapport de 1853.

[1] L'œuvre grandit, et bien qu'en six années, 1842 à 1848, le nombre des sœurs se soit élevé de six à trente-huit, on déclare que le chiffre des jeunes filles qui se présentent est très petit, comparé aux besoins de l'institution.

[2] En 1849 l'envahissement continue; la corporation possède trois maisons à Strasbourg, Mulhouse est devenue une succursale importante, les sœurs sont placées dans plusieurs paroisses environnantes, elles y dirigent des asiles et y remplissent les fonctions de diaconesses d'Eglise; quelques hôpitaux du canton de Neuchâtel en ont demandé et obtenu. Une sœur, devenue orpheline, a quitté la confrérie pour retourner auprès de sa mère veuve, *avec la permission de l'établissement.*

M. le pasteur Hærter qui ne peut pas plus que ses collègues trouver l'analogue de son institution dans la Bible, va le chercher dans l'histoire, et assimilant avec beaucoup de candeur l'ordre des sœurs de Strasbourg avec les fondations monastiques du moyen âge, il fait l'éloge des âmes élues qui alors comprenaient une telle vie, qui abandonnaient tous les agréments de *l'existence et des relations mondaines, pour servir le Seigneur en le suivant comme les femmes dont parle l'Evangile. Des filles de princes ont quitté leurs palais pour se consacrer ainsi!...* Voilà qui est caractéristique.

M. Hærter adresse un ardent appel aux jeunes chrétiennes; il a peur qu'elles ne se laissent arrêter par la crainte des difficultés et des sacrifices. Ces craintes ne sont pas fondées «*car chaque jour les diaconesses expérimentent la vérité de cette parole du Seigneur : Celui qui laisse à cause de mon nom maison, père, mère, femme, enfant ou champ,* recevra cent fois plus avec la vie éter-

[1] Rapport de 1848. [2] Rapport de 1849.

nelle. » — Ceci est clair, et ceci est énorme. Vous voilà, et c'est votre châtiment, contraints, irrésistiblement contraints, de donner à cette déclaration de Jésus une application monastique. Vous avez fait comme les fondateurs de couvent, vous avez créé au nom de Dieu une organisation subversive de l'organisation divine, et ce que Jésus a dit de la conversion, ce qu'il a dit de la fidélité chrétienne, vous, comme les saint Bazile, comme les saint Ambroise, comme les saint Jérôme, comme tous les supérieurs de monastère, vous êtes obligés de le dire de *votre ordre*. Vous n'en êtes pas épouvantés, non, vous courez dans le sentier de votre égarement et vous vous écriez que le service de la sœur est de sa nature *le plus désintéressé!* La sœur ne fait *pas seulement par-ci par-là quelque chose pour son Sauveur, mais elle fait tout, elle le fait le matin et le soir, la nuit et le jour ; toute sa vie avec toutes les forces du corps et de l'âme lui sont consacrées!*

De quel droit faites-vous de cette consécration-là, l'apanage de vos sœurs? Est-ce Jésus qui du ciel a laissé tomber sur vos maisons ce plan de la vie parfaite? Depuis quand certains devoirs de la charité usurpent-ils le titre de service du Seigneur? Est-ce la Parole de Dieu par hasard qui vous a dit que la vie de la femme missionnaire, de l'institutrice de village, de la pauvre et pieuse garde-malade épouse ou veuve, de la simple mère de famille selon l'Evangile, ne fût pas une complète, une absolue consécration au Seigneur? Parce qu'elle veillera au chevet d'un vieux père, parce qu'elle élèvera ses propres enfants dans la crainte de Dieu, parce qu'elle nourrira, parce qu'elle vêtira sa famille, mangeant peu, veillant tard, se levant tôt, fatigant tout le jour et trouvant encore du temps pour aller voir un malade et lui accommoder son lit, sachant porter au pauvre quelques livres de ce bon pain qu'elle a pétri ; sa vocation, vocation que Dieu a créée, sa vocation la placera au-dessous de vos sœurs ! Dans cette journée passée sous le regard de Christ, avec l'esprit, avec le fait de la consécration, avec le fait du renoncement le plus intime, il n'y aura eu qu'un instant, celui de la visite chez le pauvre, réellement *voué au service de Christ!* Est-ce la Bible qui vous dit cela? Non, c'est l'orgueil monastique. Ayant corrigé l'œuvre de Dieu, il faut bien que vous corrigiez l'esprit du christianisme. Allez demander à Rome ses distinctions de vertus, son échelle de sainteté; la Bible ne connaît qu'une conversion, qu'une sanctification, qu'une perfection, la même pour tous, proposée à tous dans les conditions de la vie commune. Et sachez-le bien, Dieu, au dernier jour, tirera plus de gloire de la piété, des œuvres, de toutes les œuvres de cette pauvre femme engagée dans les liens de l'existence vulgaire, qu'il ne tirera d'honneur de vos consécrations aux dépens de l'obéissance scripturaire, aux dépens de la famille, aux dépens de l'humilité et des devoirs ordinaires comme il les a faits.

M. Hærter n'en reste pas là, il souligne dans le chapitre VII de la 1re épître aux Corinthiens, les mots par lesquels Paul, parlant de son propre mouvement, suivant sa propre sagesse, relève le célibat, abaisse le mariage, et conseille aux jeunes filles de ne se point marier *afin de servir le Seigneur sans empêchement.* — Impossible de mettre plus hardiment en relief le principe monastique du célibat, placé à la base de l'institution.

M. Hærter développe la pensée de Paul, il rattache la sanctification au fait du célibat et déclare que « parmi les avantages de la *vocation* de diaconesse, un des plus remarquables, c'est que le Seigneur élève *avec un soin particulier* les servantes qui se sont ainsi *entièrement consacrées.* C'est là le grand profit de ces *servantes du Seigneur;* car elles sont *introduites par là* dans la liberté glorieuse des enfants de Dieu : savoir dans la *délivrance du service du monde et du péché.* » — A Rome, cela s'appelle *faire son salut.*

Après cela donnez-nous toutes les explications que vous voudrez, noyez tant que vous pourrez votre pensée dans son contraire, affirmez que toutes les vocations sont bonnes, que partout on peut servir Jésus ; cela sera une inconséquence de plus, une de ces contradictions dont les âmes saintement infidèles à la Bible renferment un inépuisable trésor. Vous tiendrez le langage des Jérôme, des Dominique, des Benoît, vous le tiendrez parce que vous allez où ils allaient, que vous y allez comme ils y allaient ; vous prouverez une fois de plus qu'en dehors de l'obéissance littérale à l'Ecriture, il n'y a pour les âmes d'élite comme pour les âmes vulgaires, qu'un épouvantable chaos.

Au reste votre pensée est ici fort nette, c'est la glorification du célibat, c'est la sanctification par la profession monastique, c'est la consécration exclusive opposée à la consécration *partielle,* c'est la séparation du monde que Jésus ne voulait pas, c'est Rome sans voile.

L'année 1852 [1] nous amène la création d'un établissement que n'avaient pas imaginé les autres ordres, et qui n'a son pareil que dans les fondations romaines ; je veux dire une espèce d'asile, ou mieux de *béguinage* à la façon de ceux de Gand et de Bruges, dans lequel s'abritent les personnes âgées ou seules *qui veulent se retirer du monde ou des affaires.* On voit de ces pensions-là dans l'enceinte de beaucoup de couvents catholiques, c'est la première qui se place sous l'aile des couvents protestants. —

[1] Dixième rapport. 1852.

Le besoin en était généralement senti, nous dit le fondateur. Excellente raison, et qui justifiera bien mieux encore les prières pour les morts, les invocations à la Vierge, le culte des saints et tant d'autres belles choses après lesquelles soupirent beaucoup d'entre nous.

L'institution de Strasbourg ne s'est pas arrêtée là. Elle manque de sœurs, comme toutes les autres maisons, cela ne l'empêche pas d'étendre chaque année le cercle de ses œuvres, d'en entreprendre de nouvelles, d'accaparer même celles qu'accomplissaient des associations purement évangéliques.

Depuis plus de dix ans, les jeunes détenues protestantes de l'Alsace, étaient envoyées dans la colonie de Sainte-Foy. Là elles ne trouvaient ni sœurs, ni supérieures, ni règle conventuelle; elles y trouvaient une famille chrétienne qui les accueillait à bras ouverts, qui les élevait pour la vie ordinaire et dans les conditions de la vie ordinaire; beaucoup d'entre elles étaient sauvées, et sorties faisaient honneur à Christ. Malgré les prières des fondateurs de Sainte-Foy, on apportait une grande négligence à rechercher, à réclamer les jeunes détenues protestantes d'Alsace, de sorte qu'en dépit de son zèle et de ses constantes demandes, l'établissement était loin de recevoir toutes celles que renfermaient les prisons. Qu'a-t-on fait? On a formé un *disciplinaire* dans le sein de l'institution des sœurs. Ces jeunes filles qu'on laissait dans les maisons pénales de l'Etat lorsqu'il s'agissait d'échanger pour elles l'air vicié des prisons contre l'air libre de Sainte-Foy, on les a revendiquées, on les a obtenues, les voilà sous l'autorité de la corporation; au lieu d'aller à Sainte-Foy dans la famille, elles vont à Strasbourg dans le couvent; ici comme partout, l'esprit de confrérie a détrôné, a chassé l'esprit de l'Evangile.

Et puis on écrira dans les rapports que sans les diaconesses, le protestantisme n'avait à montrer que des œuvres de propagande religieuse, que chez nous la charité pratique était en baisse, que c'est grâce aux diaconesses que nous possédons des refuges, des disciplinaires, des hospices et des écoles. — Pauvres enfants, je ne vous regrette pas pour Sainte-Foy, la colonie ne manquera jamais d'hôtes; je regrette pour vous cette bonne atmosphère de la famille, cette action du père, de la mère, cette vie normale, ce salutaire apprentissage de tous les devoirs que Dieu vous destine, cette éducation éminemment biblique de fait et de pensée, que ne vous donnera jamais un ordre fondé au mépris de l'Ecriture.

La maison de Strasbourg dresse des sœurs destinées à établir la corporation dans d'autres pays. Ainsi, six sœurs de *Carlsruhe ont reçu la consécration à leur saint emploi*, elles vont transporter l'institution dans leur ville. Quelques femmes viennent comme à Kaiserswerth se former au soin des malades, et s'en retournent chez elles après un séjour dans l'établissement.

Il faut des sœurs, il en faut beaucoup, M. Hærter invite les parents à se réjouir lorsque leurs filles manifestent l'intention de se *consacrer au Seigneur*, il les prie de ne pas détourner leurs enfants de cette vocation.

L'institution est reconnue par l'Etat.

L'année 1853 et dernière[1] nous montre de nouveaux progrès; l'institution s'est transportée dans un local plus vaste, à peine y était-elle installée que le nombre des novices s'est *puissamment* accru. Le nombre des jeunes détenues dérobées à l'action de Sainte-Foy dépasse tellement les prévisions qu'il a fallu agrandir le

[1] Onzième rapport. 1853.

bâtiment; il n'y a d'échec que sous le rapport de l'instruction primaire, à laquelle il faut décidément renoncer.

Des fondations particulières se mettent sous l'influence de l'œuvre; bien plus, la directrice de l'une d'elles, d'un pensionnat pour les filles pauvres, *a manifesté le désir de devenir sœur*, en même temps que la supérieure de la corporation devenait membre du comité qui administre le pensionnat.

Strasbourg, à l'exemple de Kaiserswerth, met la main sur les missions en envoyant une de ses sœurs aux Indes.

L'administration des chemins de fer témoigne de sa sympathie pour l'ordre en accordant une réduction de prix pour les sœurs qui voyagent *en costume*. Phœbé qui ne portait pas *l'habit*, aurait été obligée de payer place entière.

M. Hærter en constatant les succès de l'œuvre fait entendre un nouvel appel; il espère que toutes les femmes qui aiment l'Evangile comprendront le devoir de regarder autour d'elles afin d'y chercher des personnes douées pour la vocation de diaconesses.

La corporation fondée en 1842 avec six membres, en compte *soixante* à l'heure qu'il est.

Elle occupe six postes à Strasbourg, cinq ou six en dehors de la ville et à l'étranger; elle a formé des sœurs envoyées dans plusieurs cités d'Allemagne; où l'ordre n'existait pas. Excepté l'instruction primaire, elle embrasse toutes les branches de la charité, et spécialement l'exercice de la bienfaisance individuelle, qu'elle supplée en établissant en maintes localités des sœurs *visiteuses de pauvres*.

Pendant ces onze années, une seule sœur mariée (à ma connaissance), et mariée quand l'œuvre n'avait pas une année de date!

On l'a vu, l'ordre, à Strasbourg comme en Allemagne, se donne pour ce qu'il est; il s'envisage hardiment, n'hésite point, ne dissimule rien, et va droit son chemin monastique.

De la Bible, de ce qu'elle a promulgué sur la question, on ne parle pas plus ici que là. Il faut convenir que des deux côtés cela serait difficile. Quand sur un point très net, très clairement fixé par l'Ecriture on fait le contraire de ce qu'ordonne l'Ecriture, il est malaisé de l'appeler en témoignage.

Cependant, comme on s'effrayerait de n'avoir pas un seul pauvre petit texte à citer, comme on sait que beaucoup d'âmes qui n'y regardent pas de près sont bien aises pourtant d'appuyer leur assentiment sur une parole de la Bible, on prend un passage isolé, qu'on applique dans un sens absolument opposé au sens vrai, on en prend deux, on en prend trois, on leur donne la signification que leur donnait saint Jérôme ou saint Dominique, et cela fait, on va de l'avant les yeux fermés, bien certain que la cohorte des aveugles suivra grand train!

LE PUSÉISME CHEZ NOUS.

Maintenant, examinons un peu l'état des esprits chez nous, protestants calvinistes.

Notre Réforme, notre protestantisme français ne sont pas responsables des sottises que nous faisons; toutefois, en France comme ailleurs les esprits sont amateurs de nouveautés, paresseux à l'étude des questions, rebelles au joug immuable de l'Ecriture, faciles au joug flexible de la sagesse humaine, portant en eux tout ce qui a créé Rome : mêmes soifs malsaines, même orgueil, même apocryphe sainteté.

Voyons quel secours ces tendances romaines ont tiré de l'explosion de l'esprit monastique dans les pays de langue française.

L'important et récent ouvrage de M. Matter nous fournira nos documents. Avant d'écouter cette voix très sonore qui se donne à juste titre pour l'organe d'un public nombreux, je recueillerai quelques symptômes répandus de tous côtés, et qui trahissent l'étendue avec la gravité du mal.

Il y a parmi nous un grand nombre de personnes, de personnes croyantes, vivantes et sérieuses, auxquelles l'organisation romaine, la discipline romaine, l'apostasie romaine sur des questions de premier ordre ne cause pas la moindre répugnance; loin de là, chez qui elle excite une vive admiration. — Ces personnes-là n'hésiteront pas à dire qu'elles regrettent les ornements dans les églises, qu'elles regrettent la croix sur l'autel, qu'elles regrettent les tableaux ; qu'à leur avis la confession auriculaire est une pratique touchante, émouvante, salutaire ; que les associations monastiques sont une excellente invention ; que le célibat du prêtre verse je ne sais quelle poésie sur sa figure, bien prosaïque sans cela ; que nous manquons de chefs d'état-major ; que des évêques ne nous feraient pas de mal, que des directeurs nous feraient assez de bien ; enfin, que les réformateurs ont beaucoup trop énergiquement manié le balai, et que dans ce gros tas d'usages, de cérémonies, de lois qu'ils ont lestement poussé dehors sous prétexte que ce n'étaient que souillures, il y a de l'or, il y a des diamants, il y a des perles, qu'il faut respectueusement s'agenouiller près de cet amas, qu'il faut y fouiller, et qu'il faut en retirer courageusement ce que des mains passionnées avaient jeté avec dégoût. Voilà ce que beaucoup de gens pensent en secret, voilà ce que plusieurs professent aujourd'hui.

S'il y a des partisans déclarés de certaines formes, de certaines pratiques romaines, et ils sont en nombre, il y a bien plus de gens indifférents à l'hérésie catholique, tout prêts à prendre ce qu'ils appellent *leur bien* où ils le trouvent, toujours gagnés par des raisons prochaines d'utilité, se déclarant ennemis des principes, attachant même à cette légèreté une idée d'élégance et de bon ton, au fond trouvant commode de se faire leur règle, et sous prétexte tantôt d'amour, tantôt de largeur, de se vouer au culte du commode. Ceux-là sont plus à redouter que les amateurs décidés de l'organisation catholique ; ils se donnent pour impartiaux et votent habituellement dans le sens romain; leur profession de foi ne les met ni à l'extrême droite ni à l'extrême gauche, mais quand vient le moment d'agir, ils marchent avec la droite: leur argent, leur influence appartiennent invariablement à ce côté-là. — Aux débuts de l'œuvre ils hésitaient, ils pesaient le pour et le contre, il accueillaient les doutes, ils en partageaient plus d'un, mais comme ils n'avaient pas en eux le principe immuable de l'obéissance littérale à l'Ecriture, leur barque démarrée a suivi le courant du fleuve : partie après les autres, elle les a dépassées. Ils contribuent plus que qui que ce soit à l'acclimatation des idées catholiques chez nous, parce que n'ayant arboré le drapeau d'aucun parti, nul ne songe à se défier d'eux. Indépendants en apparence, gagnés de fait à l'esprit que nous combattons, ils occupent successivement tous les points conquis par l'avant-garde.

Le regrettable et bien-aimé M. Vinet n'appartenait pas à ceux-là; oh! non, sa conscience scrupuleuse ne lui permettait pas l'indifférence; toutefois il subissait l'action des tendances catholiques fraîchement réveillées chez nous, quand naguère il tournait un regard d'admiration vers le célibat pastoral, et que concédant à regret le fait du mariage, il posait l'idée du célibat religieux comme un type idéal [1].

Il n'y a pas longtemps, un esprit d'une tout autre trempe, M. le pasteur Bost [2], nous faisait ingénument la confidence de ses affinités monastiques. M. le pasteur Bost soupire après l'*extraordinaire,* pas l'extraordinaire de la Bible, celui-là est trop ordinaire, mais l'extraordinaire des saint Bernard et des Rancé. M. le pasteur

[1] *Théologie pastorale.* [2] *Mémoires.*

Bost semble résolu à pleurer durant tout le reste de sa vie sa vocation de trappiste, de chartreux, ou de bénédictin... Heureusement qu'une famille de onze enfants, la plus belle couronne du vieillard, nous rassure un peu sur l'intensité de ses aspirations et sur la profondeur de ses regrets. Mais si nous sommes rassuré sur la personne de M. le pasteur Bost, nous ne le sommes pas du tout sur la maladie que révèlent de semblables symptômes.

Pour que de telles idées puissent s'implanter dans l'âme d'un Vinet; pour qu'un ancien adversaire de Rome, comme M. Bost, puisse sans sourciller nous faire confidence de ses tendresses pour la vie monastique et s'y complaire; pour que la chrétienté protestante, en Suisse et en France, n'ait pas tressailli à un son si nouveau, si étrange à ses oreilles; pour qu'elle ne se soit pas émue, pour que ce souffle empoisonné de Rome n'ait pas glacé notre sang, il faut que nous ayons fait à notre insu bien du chemin vers Rome, ou vers l'indifférence.

Or, rappelons-nous que ce qui appartient à l'indifférence appartient à l'erreur. Le cœur qui n'est point gardé ne se défendra pas. La maison était balayée, lorsque le diable qui en était sorti revint avec sept démons plus méchants que lui; il revint et y rentra. Elle était balayée, elle était parée, mais elle était vide. Aucun principe ne la défendait; et c'est parce que déserte, elle n'avait pas de maître; c'est à cause de cela que Satan s'en empara sans coup férir : ce dernier état fut le pire.

Oui nous avons marché, et M. Matter pourra nous entretenir de ses projets de retour à beaucoup de principes, à beaucoup de coutumes romaines sans que nos nerfs en soient ébranlés le moins du monde. Si d'aventure nous le critiquons, nous autres protestants tranquilles, oh! c'est avec toute sorte de bonne grâce. Nous lui ferons doucement entendre qu'il veut nous mener un peu loin, que ce qu'il nous propose c'est tout simplement du bon gros catholicisme, mais cela dit, nous nous garderons bien de nous en offenser; de nous indigner encore davantage! S'émouvoir, se fâcher! ah! fi! il n'y a que le misanthrope pour cela, et le misanthrope qui, au siècle dernier, était un redresseur de torts quelque peu mal appris, aujourd'hui est tout simplement un don Quichotte.

On ne s'enflamme plus, surtout on ne se fait pas le chevalier errant de la vérité; on sourit à propos et l'on montre par là qu'on n'est ni un aveugle ni un imbécile; plus, ce serait trop, et on en reste là.

On en est si bien resté là, qu'à l'exception du journal des *Archives*, pas un mot dans nos feuilles religieuses n'est venu relever la couleur sincèrement romaine du livre de M. Matter.

Je ne ferai pas une analyse détaillée du travail de M. Matter; j'en relèverai les traits les plus vifs. Ce sera comme une vue prise à vol d'oiseau, qui, sur cette question, nous montrera au vrai l'état spirituel du public sur lequel s'appuient nos institutions de sœurs.

Je conserve le plan de M. Matter, il nous ramènera fréquemment aux mêmes idées, c'est l'ordre qu'il a choisi, je ne suis pas libre d'en prendre un autre.

Dès l'entrée, M. Matter pose carrément ses intentions : « C'est un *fait admis* dans la région où je vis, dit M. Matter, que des *transformations essentielles* sont devenues opportunes dans l'*enseignement* et dans *le culte* de notre Eglise[1]. »

Nous savons d'emblée ce que veulent M. Matter et les habitants de la région où il vit; il ne s'agit plus pour vous d'aller chercher dans l'ombre un principe qui se cache et de lui arracher son déguisement; l'idée se campe fièrement devant le public, et c'est bien de la peine épargnée.

M. Matter, qui veut nous éviter le souci des conjectures, nous apprend quels seront les agents des métamorphoses que l'on rêve dans sa région[2]. « C'est toujours par les ministres de la religion que doivent passer toutes les idées de modifications et s'entreprendre tous les travaux de réforme. » — Et comme notre clergé actuel, encore imbu du vieux levain protestant n'est pas très propre au rôle que lui ménage M. Matter, il veut que l'on s'occupe de son éducation[3] « et de la réhabilitation la plus complète de son autorité ! »

Notre siècle a besoin, suivant M. Matter, d'être conduit par *toutes les énergies de l'autorité*[4] ! — Il serait difficile au savant professeur de trouver dans la Bible rien qui accordât au pasteur *ces énergies d'autorité* si nécessaires à notre siècle; aussi M. Matter laisse-t-il de côté l'institution évangélique du pastorat (comme les fondateurs de nos communautés laissent l'institution scripturaire du diaconat), pour aller chercher dans les siècles dégénérés de l'Eglise le mot de *sacerdoce* avec sa définition[5] : « Un état *de grâce et de capacité spirituelle sui generis*, d'une nature spéciale, ayant une mission divine, *supérieure à celle du fidèle le plus avancé*. » On le voit, le curé de M. Matter et de l'Eglise romaine est à l'ancien de saint

[1] *Du ministère ecclésiastique*, etc., par M. Matter. Ducloux, 1852. Préface, p. V.
[2] *Id. id.* p. VI. [3] *Id.* p. VII. [4] *Id. id.* p. X. [5] *Id. id*, p. 2.

Paul, exactement ce qu'est la sœur protestante ou catholique à Phœbé, diaconesse de Cenchrée.

Ne nous étonnons donc pas si M. Matter, de même que les fondateurs de corporations protestantes, prête au peu de textes dont il se sert un sens exclusivement catholique : — Celui qui aime son père ou sa mère plus que moi n'est pas digne de moi! crient nos supérieures aux jeunes filles chrétiennes qui hésitent à prendre l'habit : — A quiconque vous pardonnerez les péchés ils seront pardonnés, à quiconque vous les retiendrez ils seront retenus! crie M. Matter à ses prêtres, oubliant que cette parole solennelle, Jésus ne l'a pas seulement adressée aux apôtres, mais aussi à tout l'ensemble des disciples [1].

Ne nous étonnons pas davantage si, parmi les reproches qu'il fait à la Réforme, M. Matter insiste sur le levain fatalement libéral que la Bible a enfoui dans son sein. « Pour n'avoir pas constitué *une autorité*, propre par sa science et son caractère apostolique à faire respecter et prévaloir la doctrine des textes sacrés, *elle a livré* les règles de la foi aux individualités théologiques des laïques, aux fluctuations académiques ou pastorales. »

Et c'est un grand malheur, car enfin, tout chrétien croyant, sincère, s'arroge le droit d'aller lui-même chercher sa foi dans les Ecritures, s'imagine qu'il peut comprendre les textes avec le secours du Saint-Esprit, ne veut croire que ce que dit la Parole de Dieu, veut croire tout ce qu'elle dit, et la *Bible* devient alors *une sorte d'idole myriaglotte*, à qui chacun fait parler sa propre langue [2]..... — Qui tient un tel langage, injurieux aux Ecritures, à l'âme humaine, aux promesses de

[1] Matth. XVIII. 18. [2] *Du minist. ecclésiast.*, p. 7.

Jésus, à la sagesse du Dieu qui fit sa Révélation pour les ignorants? Est-ce l'*Univers?* lisons-nous une encyclique lancée par le pape contre les sociétés bibliques? Non, nous lisons un pieux docteur luthérien, entraîné par le mouvement puséyte qui soulève les nations réformées des deux côtés de la Manche.

Que répondra ce docteur aux évêques, quand les évêques tonnant contre nos colporteurs parleront du Livre de Dieu comme d'un livre à qui l'on fait dire tout ce qu'on veut? Hélas! il se frappera la poitrine en avouant que ce qui nous perd, c'est « [1] *l'absence* ou le mépris d'*une autorité juge de la doctrine*, l'absence ou le mépris d'un *sacerdoce dépositaire de l'une et de l'autre!* »

M. Matter tourne un regard complaisant vers l'Angleterre qui a conservé les termes consacrés de *prêtre*, d'*évêque*, d'*archidiacre*, d'*archevêque*. L'Allemagne qui n'a pas gardé ces dignités bien étrangères à l'Eglise apostolique, a pourtant une sorte de hiérarchie qui indique le triomphe de la tradition sur la Révélation, M. Matter lui en sait gré.

Rome et M. Matter déclarent tous deux que la consécration du prêtre est indélébile[2] : « Tout homme revêtu du caractère sacerdotal est considéré (dans la région où vit M. Matter), comme *consacré au service de l'Eglise pour toujours.* » — Vous demanderez au savant professeur d'où il tire cette doctrine-là; si c'est de l'imposition des mains qui accompagnait les diverses missions conférées au temps des apôtres? Point. Qu'importe du reste l'exemple apostolique? Nous avons mieux que la Bible, nous avons la tradition; la tradition, exécration du Seigneur Jésus, dieu des esprits qui ne veulent pas de la Bible pour idole, et cette idole-là, échafaudage d'idées

[1] *Du minist. ecclésiast.*, p. 9. [2] *Id.* p. 15.

humaines dressé contre la Bible par toutes les nations infidèles, cette idole-là vraiment *myriaglotte*, parle à chacun la langue de son propre cœur.

Voulez-vous rétablir *le vrai* dans une Eglise? poursuit M. Matter, prenez pour lumière les textes du saint Code, oui, sans doute, mais ayez bien soin de prendre les textes *des professions de foi*, *ceux des livres de théologie ayant crédit* [1], et votre affaire est faite. — Si cela ne s'appelle pas tradition, je ne sais comment il le faut nommer.

Revenons *à l'autorité* du prêtre. C'est l'idée favorite de M. Matter, elle se trouve partout sous sa plume, nous l'écartons parfois du bout de la nôtre, pourtant nous ne donnerions de ses doctrines qu'une infidèle esquisse, si nous ne fatiguions comme lui ce sujet.

M. Matter qui, à défaut de la Bible, a pour lui plusieurs confessions de foi, M. Matter établit que le prêtre est investi non-seulement *de l'autorité épiscopale mais de l'autorité apostolique, que son ministère est le ministère apostolique lui-même*, que la mission d'administrer les sacrements implique *un degré d'adoption* plus intime que la *simple pâture* du troupeau, et que ce sont là les fondements « d'une autorité considérée et définie par Jésus-Christ lui-même comme une faculté d'introduire dans le royaume des cieux. [2] » Il appelle cela le *pouvoir des clefs*, et n'oublie qu'une chose, c'est que la puissance de lier et de délier a été confiée par le Maître à *tous ses serviteurs indistinctement* [3].

Avec tous les docteurs romains, il attache aux sacrements une efficacité magique : Jésus communique son Esprit aux fidèles, par le prêtre, *dans ses sacrements* [4]. Avec tous les docteurs romains, M. Matter attribue au

[1] *Du minist ecclésiast.*, p. 16 et suivantes. [2] *Id.* p. 23. [3] Matth. XVIII, 18. [4] *Du minist. ecclésiast.*, p. 27.

sacerdoce un caractère indépendant de l'homme revêtu de cette charge ; le sacerdoce a « *des priviléges que n'a pas le simple fidèle*, ET DONT JOUIT MÊME LE PASTEUR INFIDÈLE, tant ils constituent une autorité personnelle [1]. »

M. Matter dit de fort bonnes choses et de fort austères sur la nécessité de la vocation. Ne vous effrayez pas trop cependant ; il est sans doute à désirer que la vocation précède la consécration [2], mais de *peu* ou de beaucoup, peu importe. Saint Paul ne voulait pas de *nouveau converti* pour ancien ; nous avons changé tout cela, nous avons fait nos expériences, qui contredisent la sagesse du Saint-Esprit. Et tenez, si l'on nous presse, nous dirons que, même sans vocation, pourvu qu'il y ait chez le prêtre une certaine *dignité interne*, Dieu l'acceptera ; car enfin, si la vocation n'est pas venue, ne peut-elle venir ? Que le pasteur passe de l'esprit *d'intrusion* à l'esprit *d'affiliation*, nous voilà tranquilles, même quand il n'y arriverait qu'à son heure dernière ! Ici, par exemple, nous ne reculons plus, non, pas au delà de l'heure dernière, et en vérité il y aurait déraison à nous demander davantage.

Cela peut vous émouvoir, jeunes ministres ! s'écrie M. Matter. — Les émouvoir ! eh ! comment ? Il faudrait être bien tendre à l'émotion pour s'effrayer. Cette route est aussi large que les chemins du monde ; tous ont la prétention d'aboutir à la conversion finale ; qui y marcherait sans cela ? tous portent sur leurs poteaux indicateurs les mots rassurants que M. Matter écrit à l'entrée de sa voie [3] : « La vocation pouvant venir encore même à l'heure dernière, on a la douce perspective qu'elle ne fera défaut d'une manière absolue à personne. » — Prenez l'habit, l'esprit du moine finira tôt ou tard par s'y

[1] *Du minist. ecclésiast.*, p. 28-29. [2] *Id.* p. 38. [3] *Id.* p. 39.

loger. C'est à peu près ce qu'on dit aux novices et aux sœurs.

Et M. Matter craint d'avoir trop effarouché les vocations! il reprend : « L'admission au ministère fût-elle même sollicitée témérairement et mondainement, par une double profanation... il n'y a pas lieu encore à désespérer ! » — Oh non ! sur cette terre il n'y a jamais lieu à désespérer ; mais quand on vient d'établir le caractère magiquement saint du sacerdoce, quand on vient de placer dans les mains du prêtre *le pouvoir des clefs ;* quand on vient d'en faire *l'intermédiaire* entre Jésus et *son troupeau*[1] ; quand on le rend *dépositaire de la foi* que les laïques devront humblement recevoir de lui ; quand en face d'une autorité nouvelle, inouïe, on place une vocation au rabais ; alors il y a lieu de s'épouvanter ; alors le temps est venu de courir au rocher des Ecritures pour s'y cramponner.

M. Matter ne veut pas qu'on fasse du futur prêtre *un philologue, un latiniste, un helléniste et un orientaliste*[2]. Il importe fort peu que le ministre de la Parole lise les textes dans la langue originale, il lui suffit de les bien connaître et de « *savoir les expliquer comme les expliquent les docteurs les plus fidèles.* » — C'est du Concile de Trente tout pur.

M. Matter veut, à l'exemple des directeurs de nos communautés, qu'on découvre des vocations, et qu'on *en fasse naître* dans les rangs des catéchumènes et sur les bancs des écoles[3]. Il lui faut *un noviciat* pour les apprentis pasteurs, comme il faut à ses amis une école préparatoire pour les apprenties novices[4].

L'élève prêtre, appelons les choses par leur nom : le séminariste, prendra pour modèles saint Paul et *saint*

[1] *Du minist. ecclésiast.*, p. 27. [2] *Id.* p. 41. [3] *Id.* p. 51. [4] *Id.* p. 52.

Augustin, Luther et *saint Bernard*, Calvin et *Bossuet*, considérés comme pasteurs, exerçant *charge d'âmes.* — Rappelons-nous un peu ce que c'est que la charge d'âmes, dans le sens où l'exerçaient Augustin, le saint suavement tyrannique ; Bernard, le moine superbement despote ; Bossuet, le directeur au bon sens impérieux et hautain ! Rien au monde, suivant M. Matter, qui apprenne mieux au prêtre ce qu'il *faut devenir et comment on le devient* [1]. Joignons à cela l'étude des lettres *de direction* qu'écrivaient saint Augustin, saint Jérôme (qui s'y entendaient) ; et nous aurons un aperçu du clergé que nous prépare M. Matter.

Les mots d'*ordination*, de *consécration* lui sont chers à cause *de leur ancienneté* ; il est bien forcé de convenir que ceux d'*imposition des mains* ont sur les premiers le droit d'aînesse, mais nos temps modernes, en en faisant usage les lui ont gâtés.

M. Matter croit à la succession apostolique [2]. Il établit que le pasteur seul a le droit d'enseignement public dans sa paroisse [3]. Il repousse énergiquement cette opinion faussement attribuée à l'Eglise protestante « que le ministère *ecclésiastique n'est pas juge en matière de foi* [4] ! »

Puis, effrayé de ce qu'il vient de dire, M. Matter s'applique à démontrer l'inviolabilité du droit à l'examen qu'il définit ainsi : *le droit de voir si une doctrine est ou n'est pas fondée dans l'Evangile.* Mais ce retour vers la liberté individuelle l'étonne encore plus que la hardiesse de ses aspirations catholiques, il se hâte de rebrousser chemin et s'écrie : « *Quand même* ce droit appartiendrait *en principe* à tout fidèle ; cependant, en

[1] *Du minist. ecclésiast.*, p. 51. [2] *Id.* p. 60.
[3] *Id.* p. 62. [4] *Id.* p. 86.

pratique, le théologien seul serait *en état de l'exercer*[1]. »

Devant le pauvre fidèle qui croit que Jésus ne l'a pas voulu tromper quand il a dit : Je te remercie, ô père, de ce que tu as caché ces choses aux savants et de ce que tu les as révélées aux ignorants et aux petits ! devant le chétif chrétien qui tient ses regards fixés sur la Bible comme sur l'infaillible lumière, M. Matter amoncelle les montagnes que Rome, avant lui, entassait sur les sentiers du libre examen.

Simple artisan, humble femme, quoi, vous faire vos convictions, vous les faire d'après les Ecritures... y songez-vous ? avez-vous compulsé les textes originaux ? avez-vous comparé les variantes ? avez-vous étudié les critiques ?... allons donc, braves gens, retournez à vos champs, à votre pot-au-feu, *la foi du curé*, mes amis, la foi du curé, c'est votre affaire et ce sera, croyez-moi, votre paix.

On nous le disait naguère : « L'indépendance absolue de la conscience n'est guère possible pour personne, *elle ne l'est pas du tout pour les masses.* » Cela ne se lisait pas dans l'*Univers*, cela se lisait dans l'*Espérance* du 2 mars 1854 ! cela n'était point signé du nom d'un curé nouvellement converti au protestantisme et mal habitué au libéralisme de l'Evangile, cela était signé du nom d'un ancien et respectable pasteur de l'Eglise réformée.

En voulez-vous plus, voulez-vous savoir quelle doctrine votre curé, je me trompe, votre pasteur, vous imposera ? La sienne ? Point ! *Celle de l'Eglise.*

Et si la conviction du curé, je me trompe, du pasteur, est sur un point contraire à la doctrine de l'Eglise, s'il se croit appuyé par la Parole de Dieu ? — Il se taira, car à

[1] *Du minist. ecclésiast.*, p. 87-89.

parler dans ce cas, il y aurait un acte *d'arrogance intolérable, car ce serait se mettre soi-même seul au-dessus de l'Eglise*[1] ! ce serait à vrai dire, tomber dans l'abominable péché de cet hérésiarque Luther, et je vous le demande, qu'en penserait-on à Rome?

M. Matter, car c'est lui qui parle et non quelque cardinal du saint collége, je l'avais un peu oublié, M. Matter secoue lestement l'exemple apostolique. Les fondateurs de nos communautés de sœurs l'ont rejeté de fait, M. Matter excessivement loyal parce qu'il est excessivement convaincu, établit la thèse[2] : « Le retour aux formes apostoliques, non-seulement est impossible, il ne serait pas utile. Chaque siècle a ses besoins et demande ses formes en vertu des mœurs et des goûts qui le dominent. » — C'est juste ce que dit l'Eglise romaine à propos des pompes de son culte et de ses règles disciplinaires. « Les formes varient de droit, portant leur légitimité en elles-mêmes et *dans le temps.* » — Avec cela on fait tout ce qu'on veut ; une fois que le temps appartient aux variations de l'esprit humain, nous pouvons bien laisser l'éternité aux principes, notre indépendance à l'égard de l'Evangile n'en sera nullement compromise.

A propos de la *catéchisation*, M. Matter rentre avec bonheur dans ses deux sujets favoris : la tradition, l'obéissance. Ce qui a puissance sur tous les esprits, c'est sans doute ce qui est vrai de fond, mais c'est autant ce qui *de forme est un peu consacré par le temps*[3].

Voulez-vous savoir quel catéchisme conseille M. Matter au prêtre soucieux d'avoir le meilleur de tous : « d'abord celui que *vous trouverez en usage, quel qu'il soit*, jusqu'à ce que vous ayez le crédit d'en faire adopter un

[1] *Du minist. ecclésiast.*, p. 100. [2] *Id.* p. 102. [3] *Id.* p. 11[illegible].

autre *sans étonner* personne.[1] » — M. Matter nous rappelle ici saint Augustin, alors que s'indignant de l'audace de saint Jérôme qui avait restitué à la Bible son sens textuel, il lui dépeignait le scandale des fidèles à l'ouïe de ces mots nouveaux, mots témérairement exacts qui osaient renverser la version italique pour laisser parler le texte.

Le pasteur prolongera l'instruction religieuse aussi longtemps que durera *la sainte docilité* qu'il a formée avec tant de soins[2]. Puis M. Matter jette un regard de convoitise sur ces diocèses romains qui possèdent chacun son catéchisme il est vrai, mais où la *surveillance est assez exacte, les esprits assez bien assouplis* à l'autorité pour que cette variété de catéchismes ne donne pas lieu à une complète divergence d'enseignement.

On le comprend, le savant docteur professe le culte des liturgies. Les composerons-nous ces liturgies, ou bien l'Eglise les écrira-t-elle?

Ni l'un ni l'autre[3] : « *n'affectez* jamais, nous dit M. Matter, de *créer* des prières d'Eglise! » Il permet *Notre Père* pour l'invocation particulière, Notre Père n'est qu'un *ornement* de la liturgie; la prière sacerdotale sera publiquement récitée *une fois par mois*, aux grandes fêtes encore, Noël excepté[4]. Où prendrons-nous donc nos prières? *Dans les anciennes collections*. Nous prendrons l'*Alleluia*, l'*Hosanna*, le *Gloria*, le *Dominus vobiscum*, le *Pax vobis*, et particulièrement *les litanies*, car *l'Esprit de Dieu y est*[5].

L'Eglise d'Angleterre a conservé les litanies, l'Eglise de *Prusse les a reprises*, M. Matter les en loue, et celle de Russie encore davantage parce qu'elle y a été plus hardiment.

[1] *Du minist. ecclésiast.*, p. 110. [2] *Id.* p. 104. [3] *Id.* p. 134. [4] *Id.* p. 135. [5] *Id.* p. 136.

Il nous faut dans nos temples des hymnes régulièrement chantés et des prières prononcées matin et soir [1]. — C'est ce que pense et ce que pratique miss Sellon, c'est ce qui se fait dans la chapelle des sœurs protestantes à Paris, où chaque matin se disent des prières publiques.

Il nous faut des mélodies alternativement entonnées par l'assemblée et par les chœurs [2].

M. Matter s'occupe des sacrements. Il veut *l'extrême onction,* qui n'est pas celle de l'apôtre saint Jacques, il le dit lui-même, mais qui est une *dernière* communion, une *dernière* bénédiction accompagnée ou non de l'imposition des mains [3].

Il met la *consécration* au rang des sacrements et dit qu'elle *confère les dons et la spiritualité que demande le ministère* [4].

Le baptême, suivant M. Matter, est *la régénération de l'humanité dans l'individu* [5].

« La sainte Cène est la *régénération* de l'individualité propre du chrétien et le *rétablissement* des rapports primitifs où il est entré avec Dieu par la profession de foi en Jésus-Christ lors de son admission à la première communion [6]. »

M. Matter veut une *confession* préparatoire à la communion [7].

Cela dit, M. Matter passe aux fêtes; « *les fêtes sont des jours de dogme, voulez-vous des fêtes, rendez-nous des dogmes; lesquels? Eh! ceux de nos pères, ou de meilleurs!* [8] »

M. Matter parle des fêtes nouvellement intronisées dans quelques pays, *fête des récoltes, fête des missions, anniversaire de la Réforme.* Il revient aux grands systèmes religieux *de l'Orient et de l'Occident,* c'est-à-dire

[1] *Du minist. ecclésiast.*, p. 137. [2] *Id.* p. 139. [3] *Id.* p. 145. [4] *Id.* p. 145. [5] *Id.* p. 146. [6] *Id.* p. 147. [7] *Id.* p. 149. [8] *Id.* p. 149-152.

aux Eglises grecques et latines, pour approuver leurs fêtes religieuses et arbitraires; il gémit de ce que la Réforme a laissé beaucoup de fêtes romaines; il demande les émotions, les cérémonies, les chants, les fêtes, à l'enthousiasme religieux d'abord, puis à l'Eglise *universelle,* notre mère commune, puis à l'Eglise apostolique, puis à *l'Eglise du moyen âge,* mises toutes trois sur la même ligne! — Quant au moyen âge, j'ai mes préjugés dont je demande pardon à M. Matter, mais s'il m'en souvient, les grandes fêtes de ce temps-là étaient quelque bel et bon auto-da-fé en Espagne, avec patients mitrés, cornés, revêtus de chemises soufrées, toutes couvertes de diables noirs; c'étaient en Allemagne quelques impériales brûlaisons de sorciers et surtout de sorcières, dûment torturés et disloqués au préalable. J'aime autant qu'un autre *les émotions,* pourtant celles-là me semblent de trop haut goût. M. Matter est de mon avis, j'en suis sûr; des mystères, quelque procession de flagellants feraient bien mieux son affaire!..... Mais laissons-le nous dire lui-même quelles fêtes il nous ménage.

Nous aurons *l'Avent;* nous aurons *le Carême* (on les a tous deux à Kaiserswerth). Nous aurons *un jour* spécialement consacré, parmi ceux que Jésus a passés sur la terre depuis sa résurrection [1]; nous aurons la fête *des saints,* et nos premiers saints seront des pasteurs : « Qui nous empêcherait, dans des localités très édifiées de la vie et de la doctrine d'un saint pasteur, de lui *consacrer une heure commémorative* dans une longue et uniforme année [2]! » — Qui nous empêcherait? Rien au monde dès que l'exemple apostolique n'oblige plus. Nous ne serons pas plus empêchés que ne l'ont été les

[1] *Du minist. ecclésiast.*, p. 156. [2] *Id.* p. 157.

chrétiens des troisième et quatrième siècles alors qu'ils célébraient l'anniversaire des martyrs. Les apôtres n'ont pas songé à faire la commémoration de la mort de saint Etienne. Qu'importe? Les apôtres avaient leurs idées et nous avons les nôtres; l'éternité appartient au principe, la forme est la reine du temps; elle porte sa légitimité avec elle : le roi est mort, vive le roi!

Nous aurons en entre le jour *des morts :* « Comment enfin n'avons-nous pas encore repris *ce jour des morts,* que nos frères d'Allemagne appellent le jour de toutes les âmes [1]? » (la Toussaint!) Miss Sellon l'a repris, comme les frères d'Allemagne.

Quel dommage que les apôtres ne se soient pas doutés de tout cela ; et comment avons-nous pu nous en tenir servilement à leur ignorance! Mais le temps est venu, nous allons secouer ce joug misérable, M. Matter ne veut pas qu'il comprime plus longtemps l'*esprit créateur de la piété évangélique.* — On a souvent reproché au protestantisme de n'être pas *créateur en matière de culte,* tout comme on lui reprochait de n'être pas créateur en matière d'organisation ecclésiastique, de n'avoir point d'ordres religieux, point de célibat monastique, point de perfection exceptionnelle, point de confession; on ne le lui reprochera plus; nos fondateurs de corporations, nos néo-catholiques le vont laver d'une telle honte; *l'esprit de création en matière de culte et de fêtes se montrera parmi nous aussitôt qu'on lui donnera libre allure* [2]*;* — je le crois avec M. Matter, et je me permets d'ajouter à son catalogue, *l'esprit de création en matière de dogme.* Sa fête *des morts,* son opinion *sur les sacrements,* sur *l'autorité du clergé en matière de foi,* tant

[1] *Du minist. ecclésiast.*, p. 157. [2] *Id.* p. 157.

d'autres nouveautés qu'il serait trop long d'énumérer, touchent il me semble plus aux dogmes qu'aux cérémonies et ne tendent à rien moins qu'à remanier les principes mêmes de notre foi.

L'Evangile est plein de symbolisme, d'esprit d'art, dit M. Matter ; et il demande si notre culte demeurera *à perpétuité froid comme un être de raison*[1] !

Pour tout disciple amoureux de la vérité scripturaire, il *le restera;* oui, froid comme le culte des apôtres dans la chambre haute, sans plus de draperies, sans plus de tableaux, sans plus de litanies, sans plus de commémoration des saints.

Sublime poésie du culte *de vérité*, faudra-t-il te voir toujours méconnue! Mâle beauté, profondeurs touchantes, solennité des humbles actes de notre culte, chant des cantiques entonnés à pleines voix, prière qui sort du cœur, table de communion d'où l'on s'approche en tremblant, croyant y voir encore Jésus assis, Jésus qui rompt le pain et qui bénit la coupe, beautés sérieuses, émotions puissantes parce que vous sortez des plus intimes retraites de l'âme au lieu de nous venir d'un accident extérieur, ne comprendra-t-on pas qu'en vous réside l'idéal suprême!

Couvrez vos autels de noires tentures au jour de la Passion, tapissez vos murailles de branches vertes au jour des Rameaux, illuminez des crèches au jour de Noël, les larmes pourront bien me jaillir des yeux, mais comme elles s'échappent quand un coup de théâtre inattendu vient ébranler mes nerfs ; c'est du trouble, ce n'est pas de l'amour.

J'ai pleuré aussi, un soir qu'à Rome, le soir du vendredi saint, j'étais entré dans une église catholique. De

[1] *Du minist. ecclésiast.*, p. 159.

sombres lueurs l'éclairaient : la flamme de quelques cierges placés derrière des transparents sillonnés de gouttes de sang jetait une teinte lugubre sur l'assistance. Un capucin prêchait, il décrivait les souffrances de Marie ; moins les angoisses de son cœur de mère et de croyante, qu'une agonie presque physique. La communauté tout entière gémissait, se lamentait et se déchirait ; on eût dit les femmes de Jérusalem revenant de Golgotha en se frappant la poitrine. Le capucin se tut, les flammes s'éteignirent, l'assemblée s'écoula. Hélas, une fois dans la rue, tout fut fini ; les hommes fredonnaient des cavatines, les femmes regardaient çà et là, on avait pleuré, c'était une affaire en règle, maintenant il fallait rire. Et quant à moi, qui avais pleuré comme les autres, je n'en valais pas mieux.

Oui, peu de chose suffit pour remuer la surface du cœur : une voix grave ou stridente, une décoration, du noir au lieu de rouge, du blanc au lieu de noir ! Seraient-ce là les arômes de la poésie, seraient-ce les sources secrètes de la vraie émotion ? non, non mille fois. Poésie tu siéges dans des régions plus hautes, tu descends vers nous, non pas comme une déesse d'opéra suspendue à des fils de fer dont le machiniste tient le bout, tu éclates dans l'âme, tout à coup, au sein du plus pauvre entourage ; tu étais dans la chambre où Jésus mangeait la pâque avec les douze, tu étais au bord de la mer quand Pierre courait à travers les flots vers le Seigneur ressuscité, tu marchais à côté des disciples d'Emaüs, alors que leur cœur brûlait au dedans d'eux ; tu étais au jardin près du sépulcre quand Jésus disait *Marie !* tu étais chez Marthe, quand l'autre Marie s'asseyait aux pieds du Sauveur ; tu es dans la plus pauvre demeure, dans les plus pauvres lieux de culte, tu es partout où l'on adore en esprit et en vérité !

M. Matter, au chapitre de la cure d'âmes, insiste sur la *direction* [1]. Les paroisses qui ne veulent pas de *directeurs* sont dans un état anormal que condamnait Grégoire de Nazianze.—Rappelons-nous bien que nous devons avant tout, nous autres protestants, nous mettre en règle avec Grégoire de Nazianze!

M. Matter veut qu'on fonde des *retraites ecclésiastiques* assises sur le *principe de la supériorité* [2].

Il faut en effet des prêtres élevés tout exprès et soumis à un régime particulier pour pouvoir *diriger et confesser;* car le directeur ne peut diriger sûrement s'il n'est en même temps *confesseur;* il faut qu'il ait *la connaissance de la vie intérieure, l'expérience des aspirations et des chutes de l'âme, le secret de ses rapports avec Celui qui seul en est le maître* [3].

Le jugement des cas difficiles, l'administration de la réprimande, de la *censure* et des *pénitences*, appartiendront aux consistoires [4]. Cependant en France, en Suisse, dans les pays qu'un élan *trop généreux a porté au delà du but,* ce ne sera pas au consistoire qu'on confèrera un tel pouvoir, ce sera *au pasteur.* Et M. Matter demande si nous voudrions empêcher le pasteur *de résoudre les cas de conscience de tous, d'éloigner un pécheur du culte, de l'exclure de la table sainte, de lui prescrire les humiliations, les prières, les aveux publics, les actes externes qui pourront motiver sa réadmission.*

Le pasteur invoquera sans scrupule le pouvoir de l'Etat quand il pensera en avoir besoin [5]. « Sans *l'assistance de la loi, la cure* d'âmes du pasteur rencontre dans les mœurs publiques des difficultés propres à frapper les plus belles œuvres d'une longue stérilité! » — C'est aussi l'avis de Rome.

[1] *Du minist. ecclésiast.*, p. 162. [2] *Id.* p. 169. [3] *Id.* p. 170. [4] *Id.* p. 181, 182. [5] *Id.* p. 188.

Y en a-t-il assez, faut-il encore, avec M. Matter, revenir sur la direction, sur la confession, sur l'autorité cléricale à propos de la cure d'âmes spéciale? Je ne le pense pas, je pense que ceux qui ont des yeux ont vu.

Je ne me suis pas arrêté à discuter avec M. Matter, je me suis borné à raconter. Je n'écris pas un livre de controverse contre Rome et par conséquent je n'ai pas à guerroyer contre M. Matter. Je m'adresse à mes frères protestants, et je leur demande s'ils sont las de la Bible, s'ils veulent redevenir catholiques? toute la question est là.

Nous venons de retrouver, nettement posés, les principes que nous avons dégagés de l'institution des sœurs. Nous avons retrouvé l'idée d'une consécration et d'une perfection spéciales, la liberté à l'égard de ce qui est écrit, la direction, la tradition, l'amour des inventions catholiques, l'impatience avec la négation du joug biblique, le dédain de la fidélité de nos pères, les ardentes aspirations pour tout ce qui a séduit, pour tout ce qui a perdu la chrétienté. Où nous mèneront de tels principes, étayés par les ordres religieux?

Les couvents protestants s'élèvent de toutes parts, à toute force on veut prendre nos filles pour en faire des sœurs; les saintes appellations monastiques, la sainte obéissance, la sainte vie commune, le saint habit, le saint célibat, toutes ces saintetés apocryphes sortent à la foi de notre sol avec l'autorité du clergé en matière de foi, avec la consécration indélébile, avec la confession, avec les pénitences, avec les fêtes de la Toussaint, de l'Avent, du Carême, avec le culte de la tradition, avec la direction des âmes, avec les cérémonies, avec les retraites, avec la hiérarchie ecclésiastique. A mesure que ce fantôme romain monte à l'orient, la Bible sombre au couchant ; elle sombre, et nous nous taisons ; et parce que son image reste quelques instants encore au-dessus de l'horizon comme le spectre du soleil, alors qu'il a déjà franchi les limites de notre hémisphère, nous sommes rassurés ! nous crions voilà la Bible, la Bible est là, il n'y a rien à craindre, et nous ne voyons pas qu'un instant encore et la vision même de la vérité s'éteindra.

Ah ! je le sais, il y a un bon nombre d'hommes qui n'ont pas fléchi le genou devant l'idole des tromperies romaines, je le sais et j'en bénis mon Dieu ; mais je sais qu'il y a une foule indécise, flottante, la foule des gens qui ne veulent pas savoir et qui ne savent pas vouloir ; celle-là n'a pas pris parti ; si elle n'habite pas tout à fait la région où vit M. Matter, elle ne campe pas loin, et en tout cas, elle suivra le vainqueur. Trouve-t-on là des motifs de se rassurer ? Est-ce le temps de replier ses bras ? est-ce le temps de laisser tomber sur l'oreiller une tête languissante ? Encore un peu de dormir, et la vigne se remplira de ronces, et la clôture tombera, et les bêtes sauvages ravageront le champ.

Je respecte profondément M. Matter, profondément les soldats de l'armée ennemie, toutefois, *c'est une armée ennemie ;* elle marche en bataille rangée contre les institutions de la Bible, contre l'esprit de la Bible, contre la lettre et contre l'exemple ; pauvre champion, jusqu'à mon dernier souffle je combattrai contre elle, heureux s'il faut mourir à la peine, d'avoir au moins sauvé la bannière.

TABLE DES MATIÈRES

contenues dans le premier volume.

PREMIÈRE PARTIE. — FAITS.

www.ingramcontent.com/pod-product-compliance
Ingram Content Group UK Ltd.
Pitfield, Milton Keynes, MK11 3LW, UK
UKHW021843190726
13855UKWH00001B/130